形聲多兼會意考

形聲多兼會意考 / 黃永武著. --初版. --臺北
市：文史哲, 民 105.1 印刷
172 頁 21 公分.
ISBN 978-957-547-132-3 (平裝)

形聲多兼會意考

著　者：黃　永　武
出版者：文　史　哲　出　版　社
http:// www.lapen.com.tw
e-mail：lapen@ms74.hinet.net
lapentw@gmail..com

登記證字號：行政院新聞局版臺業字五三三七號
發行人：彭　正　雄
發行所：文　史　哲　出　版　社
印刷者：文　史　哲　出　版　社
臺北市羅斯福路一段七十二巷四號
郵政劃撥帳號：一六一八〇一七五
電話886-2-23511028 · 傳真886-2-23965656

定價新臺幣三〇〇元

一九六五年（民五十四）六　月　初　版
一九七六年（民六十五）元　月　四　版
二〇一六年（民一〇五）元月（BOD）初刷

ISBN 978-957-547-132-3　81206

形聲多兼會意考

序

蓋聞經學之紹隆，端在小學之闡明，而小學之闡明，端在形聲義之通貫。清代自戴東原氏主倡形聲義三者未始相離之說，一時鉅儒輩出，而段氏說文注、王氏廣雅疏證、郝氏爾雅義疏，錢氏方言箋疏諸書，抉蘊深至，爲其翹楚，形聲載義之理，初具規模，所惜前型邈然，後儒因循，至今是說但存崖略，而未稱精完，推勘其故，厥有三端：歷來諸家之研究方法及體例，尚乏綜合評述之專著，以詳論其得失，故致是非相貿，未能折衷，此其一也。歷來諸家證發之凡例，典籍散見，未能彙選排比，充類至盡，故後儒偶有憬悟，詡爲發明，而實乃古人之陳說，以致因循緟複，鮮有進展，此其二也。歷來諸家多拘於疏證之體例，隨文發凡，少能遍徵諸例，勒成專書，此其三也。準斯三端，故今欲證成是說，首當綜覈舊聞，撮陳體要，揚其淸芬，剗彼瑕礫，務使銓條流之正緒，杜窘路之多歧，此第一章略史之所由作也。再則搜采前人小學諸書，爬梳抉摘，釐成條例，以聲紐爲綱，以時代爲次，凡理有創獲，必著遺美；義可互參，毋捐葑菲，期使異同可考，瑕瑜自見，此第二章彙例之所由作也。前儒方法之得失既已陳述於首章，前儒凡例之精要亦已截翦於次章，乃復運用先哲已然之理，證成諸家未發之奧，脫略疏證體例之拘限，勒成形聲載義之專文，此第三章示例之所由作也。余自奉手林師景伊、魯師實先治文字訓詁之學，已歷年數，二師指點形容，教思無限，因自忘疏淺，率爾成篇，淹雅君子，幸教益之。

中華民國五十有三年歲次甲辰端陽前一日嘉善黃永武識

目次

民國以還略述

第二章　前人所創形聲多兼會意說彙例……六〇

第一章　形聲多兼會意說略史

以聲載義之理，肇始古初，視聽動盪，天籟乃發，指麾萬端，聲在義存，故意同之言，往往音同。迨夫書契聿作，字𠬪孳衍，故音同之字，每每義近。如政者正也，咸者感也，經典貽其片羽；水者準也，火者化也，音訓導其濫觴。漢儒師承，違古未遠，典午播遷，大道始隱，逮宋王氏聖美著字解，創作右文之說，稍出其例，礙於字說，惜未傳述。明代黃生著字詁義府，宛然適發其端，然書刊行已晚，影響於世者不鉅。勝清戴氏主倡以小學通經，風氣所靡，臻於極盛，段氏若膺錢氏辛楣，二王懷祖父子一阮芸臺，乃炳創形聲多兼會意之說，焦理堂郝蘭皋錢子樂黃春谷，挺生先後，隨文發凡，理乃憭然。覃及民初，章太炎劉申叔黃季剛楊遇夫，超邁前哲，考求語源，得其本氏，而蘄春黃氏，講論古音最精，乃使假借孳乳之迹畢出，無聲字多音之故大昭，遂确證形聲字之正例必兼會意。邇來林師景伊，魯師實先，鎔鑄舊說，發明新例，於文字訓詁之學，皦如日星矣。今溯其歷史，邈逾千祀，考各箸論，散在十方，爰敢采輯眾說，以爲史論，攬咀英華，指陳瑕失，其有學力思致所不逮者，俟通學裁之。

晉代略述

楊泉物理論之發端

劉師培氏字義起於字音說曰：「字義起於字音，楊泉物理論述臤字，已著其端。」沈兼士氏亦云：「世謂是說爲開右文之端緒。」今依舊說，亦發端於是。

藝文類聚人部引晉楊泉物理論：「在金曰堅，在草木曰緊，在人曰賢。」

考今本說文臤部，緊堅二字，均屬會意，獨貝部賢字从貝臤聲，略存端倪而已。又考說文臤篆下曰堅也，从又臣聲，讀若鏗鎗，古文以爲賢字。是臤字得有堅意鏗意，又得用爲賢意，與楊氏之說隱合。

南唐略述

徐鉉徐鍇之校改形聲

南唐二徐氏，皆用心許學，然於形聲相從之例，未能悉通，輒多朊改，錢大昕氏於潛研堂集跋說文解字一文中舉例批評曰：

「如說文代取弋聲，徐以弋爲非聲，疑兼有忒音，不知忒亦从弋聲也。……虔取文聲，讀若矜，徐云文非聲，未詳。按古人眞文先仙諸韵，互相出入，高彪詩：『文武將墜，乃俾俊臣，整我皇綱，董此不虔。』此古人讀虔如矜之證。而徐亦未之知也。……徐氏不能校正，轉疑其非聲，亦過矣。其它增入會意之訓，大半穿鑿附會，王荊公字說，蓋濫觴於此。」

二徐氏之改易聲字，已增形聲多兼會意說研究時之歧惑，而況徐氏兄弟之前後，更多率爾刊定者乎，迨淸段氏玉裁注說文解字，重爲鳌定，於是諸本之从某，从某聲、某亦聲互見參差者益多：

如必，鉉本弋亦聲，鍇作弋聲，段改从八弋，八亦聲。

糾，鉉本丩聲，鍇作从糸丩，段改丩亦聲。

像，鉉本象亦聲，鍇作从人象，段改从人象聲。

若是者甚多，而迭經竄改，終成相互矛盾者：

如豈，敳省聲。　敳，豈省聲。

列，歺聲。　歺，列省聲。

形聲相从之例所以譌亂，蓋由二徐氏之不明古代音韻及形聲載義之理，徐鍇嘗論諧聲曰：

「江河四瀆，名以地分。華岱五岳，號隨境異，逶迤峻極，其狀不同，故立體於側，各以聲韻別之。六書之中，最爲淺末，故後代滋益多附焉。」

徐氏不知山川地名，因方爲號諸形聲字，並非形聲之正例，徐氏據此等字但別聲韻，無義可說，遂謂形聲於六書中最爲淺末，而聲符之有義可說者，每多以會意解之，如說文六篇下貝部云：

「販，買賤賣貴也。从貝反聲。」繫傳曰：「善販者旱則資舟，水則聚車，人棄我取，與常情反也。」

今人楊樹達氏於釋販一文中曰：「蓋反之言翻，翻覆變易之謂也。」且舉陶朱公之轉物（見史記越世家），子貢之轉貨（見仲尼弟子傳），荀子反貨爲商賈（儒效），及通俗恆言如今商人謂翻出翻進，以證翻覆之義，所謂反也。乃評楚金之說曰：「楚金以與常情反釋販从反聲之義，義殊淺陋，其說非也。」楊氏之釋販，留心語源，故較楚金之釋形聲爲會意者殊勝。至於二徐氏每見形聲之有義者，輒以爲衍聲字，則舛謬益鉅，故錢大昕以爲二徐導荆舒字說之濫觴也。

宋代略述

一、張有、鄭樵諧聲分母子說

宋代於形聲字之研究，殆可分爲六派。張有、鄭樵所倡之諧聲母子之說，於形聲多兼會意說本無發明，而後世學者信奉此概念者甚多，實爲形聲字研究中之一大歧途，今略述其說。

張有論諧聲曰：「諧聲者，或主母以定形，或因母以主意，而附他字爲子，以調合其聲者也。」張氏以半形爲母，以半聲爲子，自文字孳乳之進程觀之，恰爲本末倒置，此說深植於後世學者之心目，至清代猶多誤信之者。

高宗時鄭樵亦有母子之目，其六書略分形聲爲二類，曰正生、曰變生，正生之類一，而變生之類六：

一曰子母同聲。如啎從午吾聲，午吾聲同也。

二曰母主聲。如瞿從䀠隹，䀠爲義亦聲也。

三曰主聲不主義。如匏從包從瓠省，包爲主，以聲不以義也。

四曰子母互爲聲。如靡讀譕加切，從麻聲。讀忙皮切，從非聲也。

五曰聲兼意。如禮從示豊聲。豊、祭器、亦意也。判，從刀半聲，半物中分，亦意也。

六曰三體諧聲。如歸從止婦省。𠂤聲。奉從手從廾丰聲。

六類變生之中，除主母子之說外，且有「聲兼意」一類，鄭氏之所謂聲兼意，但指陳一二形聲字之有義可說者以爲會意，列諸變例之一，故未可謂鄭氏已得形聲之𩔖理。今覩焦氏筆乘卷六載鄭樵論六書數則，有云：

「記曰：祖者，且也。祖非从且，凡宜姐之類从且，但祖之類从且，但祖無且義，又曰：刑者、侀也。若刑之从井，而有侀之義，則㓝也、井也、耕也，亦可曰刑乎。又曰：富也者、福也。若富之从畐，而有福之義，則輻也、幅也、副也，亦可曰福乎？」所論涉乎偏執，其於形聲兼義之說，固無所知也。

二、王安石、陸佃主以會意說形聲

仁宗慶曆八年，王安石以所釋詩書周禮進呈，其間說解文字之條已多，後又作字說二十四卷，傳習天下，今字說已佚，散見於宋元人筆記中者甚多，如以竹擊馬爲篤，文王起於西方爲霸，咸憑臆測，致令鑿說橫流。王氏於周官新義卷一釋卿字曰：

「卿之字從𠂎，𠂎，奏也。從卩，卩、止也。左從𠂎，右從卩，知進止之意，從皀，黍稷之氣也。黍稷地產，有養人之道，其皀能上達，卿雖有養人之道，而上達然，地類也。故其字如此。」

考說文卿从𠨍皀聲，荊公則从皀以會意矣，殆不知卿之从皀聲，非必取自黍稷養人之義，自字形言之，皀固爲穀之馨香，自語源言之，皀之語根但含馨香章明盛多之義，其義均甚廣泛，不能專屬黍稷，卿从皀聲，豈必自黍稷養人取義哉，取義乎馨香章明或較爲近是，荊公望形生訓，取零星之形聲字，概以會意說之，故有坡公之譏也。宋李燾說文解字五音韻譜自序評荊公曰：

「安石初是說文，覃思頗有所悟，故其解經合處亦不爲少，獨恨求之太鑿，所失更多，不幸驟貴，附和者益衆，而鑿愈甚，蓋字有六義，而彼乃一之，雖欲不鑿，得乎？」所評最爲允當。

陸佃受業於安石，其所著埤雅、爾雅新義中，時摭字說，使按之理義不悖，每舍實證而尙獨斷，故學者非之。至如程子、朱子，論中心爲忠，如心爲恕者，猶失六書之本法，皆近安石之學也。焦循於易餘籥錄中評之曰：

「程伊川言雹字從雨從包，是這氣包住，所以爲雹。此卽六書同聲同義之恉，但宋人蹈空以臆爲說，遂成荊公字說一派。」

由是以知荊公字說一派，與今所探究之形聲多兼會意說者實迥然有別。

三、王觀國字母說

高宗時有王觀國著學林十卷，頗多辨文字正借之條，更從正借字中悟出字母之說，卷第五盧字條曰：

「按字書鑪從金爲鍛爐，爐從火爲火爐，甗从瓦爲酒甗，食貨志、相如傳所言盧，皆酒甗也。班固取省文，故用盧字……𥉷音盧、黑色也……黸者黑之甚也，於義無傷焉。……盧者，字母也。加金則爲鑪，加火則爲爐，加瓦則爲甗，加目則爲矑，加黑則爲黸，凡省文者，省其所加之偏旁，但用字母則眾義該矣。亦如田者字母也，或爲畋獵之畋，或爲佃田之佃，若用省文，惟以田字該之，他皆類此。」

盧爲字母，由盧所衍生之鑪爐𤮊黸諸字，但用字母而眾義可該，故用「省文」之字母即可通假各孳乳字。王氏之說，已隱合形聲字字母（聲符）爲先有，而偏旁（形符）爲後加之孳生程序。

四、吳淑有字義說

於王安石字說之前，太宗時有吳淑撰說文互義（焦氏筆乘作五義）三卷，見於宋史文苑傳，焦循易餘籥錄卷四亦載其事曰：

「宋史吳淑取說文有字義者千八百餘條，撰說文互義三卷，此在荆公字說之前，惜乎其不傳，今所傳者惟事類賦最顯，而江淮異人傳，鮑氏叢書刻之。」

所惜其書已佚，不知「有字義者」究爲何指，故今論宋代中形聲字之研究最有成績者，仍以荆公同時之王聖美爲首。

五、王聖美、張世南之右文說

王聖美曾作字解二十卷，見於宋人宣和書譜卷第六：

「文臣王子韶、字聖美，浙右人，方王安石以字書行於天下，而子韶亦作字解二十卷，大抵與王安石之書相違背，故其解藏於家而不傳。」

子韶字解之不傳，徒存想象惋慨於後世，今於宋沈括夢溪筆談卷十四僅存一節云：

「王聖美治字學，演其義以爲右文，古之字書，皆從左文，凡字，其類在左，其義在右，如木類，其左皆從木，所謂右文者，如戔、小也。水之小者曰淺，金之小者曰錢，歹而小者曰殘，貝之小者曰賤，如此之類，皆以戔爲義也。」

寧宗時張世南貶荆公而主右文之說，其游宦紀聞卷九曰：

「王金陵字說之作，率多牽合，固不免坡公之譏，建炎間，莆中鄭樵字漁仲、作六書略……約以簡易，而盡得作字之義矣。自說文以字畫左旁爲類，而玉篇從之，不知右旁亦多以類相從，如戔有淺小之義，故水之可涉者爲淺，疾而有所不足者爲殘，貨而不足貴重者爲賤，木而輕薄者爲棧。青字有精明之義，故日之無障蔽者爲晴，水之無溷濁者爲清，目之能明見者爲睛，米之去麤皮者爲精，凡此皆可類求，聊述兩端，以見其凡。」

張氏雖盛稱鄭樵，而其說當承襲於子韶右文之說，今考子韶之右文說，較荆公字說遠勝者，厥有三端：

㈠、右文說以聲母爲綱，凡字之義得諸其聲，故字義以右文爲重。荆公則合二文說之以會意。

㈡、右文說啓示後人重視形聲字聲符之研究，荆公則漠視聲符之存在，強就字形爲說。

㈢、右文說以一系列同字根（即形聲字之聲符）之形聲字，並比以證其義，荆公則任取一字爲說。

右文說之優點既如右述，至於右文說之缺點，章太炎氏文始略例庚剖析最詳：

「昔王子韶刱作右文，以爲字從某聲，便得某義。若句部有鉤笱，臤部有緊堅，丩部有糾茻，𠂢部有衇覛，及諸會意形聲相兼之字，信多合者，然以一致相衡，即令形聲攝于會意，夫同音之字，非止一二，取義于彼，見形于此者，往往而有。若農聲之字多訓厚大，然農無厚大義，支聲之字多訓傾衺，然支無傾衺義，蓋同韵同紐者別有所受，非可望形爲諭，況復旁轉對轉，音理多涂，雙聲馳驟，其流無限，而欲于形內牽之，斯子韶所以爲荆舒之徒張，而沾沾猶能破其疑滯。今者小學大明，豈可隨流波蕩，文始所說，亦有專取本聲者，無過十之一二，深懼學者或有錮駤、復衍右文之緒，則六書殘而爲五，特詮同異，以譴方來。」

依章氏所說，可知今日吾人所欲證成之形聲多兼會意說，與宋代右文說當有下列之改進：

(一)、不能依右文偏旁「一致相衡」，當注意其間有不能直說其義者，如形聲字之聲母爲假借者、以聲命名者、但爲狀聲詞者、以及由中土以外之方語譯音而成字者、以南北方語有殊後加音符以注別之者、無聲字多音而多義故其孳生字聲含義不一者，若斯之類皆不可「一致相衡」。

(二)、右文說但着眼於形聲之右旁，而今則當着眼於形聲之語源，所謂「同音之字非止一二，取義于彼，見形于此者，往往而有」之假借問題，必當詳爲求證。

(三)、所謂字從某聲多有某義，必當求「某聲」本有「某義」否，如「農聲之字，多訓厚大，然農無厚大義」之類，則當自語源求其假借。

(四)、凡假借及孳乳之軌迹，當以古聲古韵爲探求之依據，不能憑字形求之，所謂「非可望形爲諭」也。

章氏之說，要皆切中右文說之病，然其以荆舒之罪加諸子韶，不無過當，蓋子韶字解與荆公字說所見相違，以至未能傳世，且右文之說遠較荆公之說爲勝，諸項均條陳於前，不復贅述。

六、戴侗六書推類說

宋末理宗時戴侗有所謂六書推類之說，其六書故六書通釋曰：

「六書推類而用之，其義最精。昏本爲日之昏，心目之昏猶日之昏也，或加心與目焉。嫁娶者必以昏時，故因謂之昏，或加女焉。熏本爲煙火之熏，日之將入，其色亦然，故謂之熏黃，楚辭猶作纁黃，或加日焉。帛色之赤黑者亦然，故謂之熏，或加糸與衣焉。飲酒者酒气酣而上行，亦謂之熏，或加酉焉。夫豈不欲人之易知也哉，然而反使學者昧於本義。故言婚者不知其爲用昏時，言日曛者不知其爲熏黃，言纁帛者不知其爲赤黑，它如厲疾之厲，別作癘，則無以知其爲危厲之疾，厲鬼之厲別作禲，則無以知其爲凶厲之鬼。夢厭之厭別作魘，則無以知其由於气之厭塞，邕且之邕別作癰，則無以知其由於气之邕底，永歌之永別作詠，則無以知其聲猶水之衍永。璀粲之粲別作璨，則無以知其色猶米之精粲。惟國語史記漢書傳寫者希，故古字猶有不改者，後人類聚爲班馬字類漢韵等書，不過以資奇字，初未得其要領也。」

所舉惛婚睧之義起於昏，曛纁𫋲醺之義起於熏，癘禲之義起於厲者，與右文之說相近，唯較王聖美、王觀國二氏更爲確定形聲字之形符偏旁爲後加，而義則起於右文。

元代略述

楊桓形聲字分賓主說

元代六書之學益微，如楊桓著六書統，周伯琦之著說文字源、六書正譌，於形聲之研究絕無發翔，楊桓六書溯原於形聲有賓主之說：

「形聲者何，形者非專指象形而言也，蓋總其象形會意，以賓主言之也。主爲形，賓爲聲也。故必於形之旁取一文一字，直附其聲，使人呼之，自知其何形何意也，故謂之形聲。」

形爲主，聲爲賓，說甚膚泛，猶宋人母子之說也。其所分形聲字配合之法，有聲兼意不兼意之例，謂如禮貫之類，聲兼意也。江河之類，聲不兼意也。與鄭樵變生之說相同，亦無新意。周伯琦則斷斷於說文部首，尤不能闓通形聲之大恉也。

明代略述

一、趙撝謙以聲統字說

明初趙撝謙曾作聲音文字通十二卷，見於明李東陽麓堂詩話：

「趙撝謙嘗作聲音文字通十二卷，未有刻本，本入內閣而亡其十一，止存總目一卷，以聲統字。」

趙書今未見，不知「以聲統字」其例如何。唯考焦竑焦氏筆乘卷六，曾引趙氏轉注說，並曰：「其全見聲音文字通」。又於夏英公、楊用脩字書目補述中列趙古則聲音文字通一書，是焦竑氏猶能獲睹其書全豹，儀徵劉申叔氏於字義起於字音說一文中，盛推趙氏之著書爲以聲爲主，未知劉氏確見其書否。今觀趙氏六書本義論形聲曰：

「六書之要，在於諧聲，聲原於虛，妙於物而無不諧故也。然其爲字則主母以定形，因母以主意，而附他字爲子，以調合其聲者也。」

趙氏之論形聲字，仍持母子之濫調，而其所謂諧聲之法，或取聲以成字，或取音以成字，所謂聲者，平上去入四聲也，所謂音者，宮商角徵羽半徵半商七音也。趙氏既不知古韵，又不明形聲孳乳之次第，由是得以概見其所著聲音文字通一書，於形聲兼義之理無與也。

二、吳元滿以聲爲綱說

明代主倡以聲爲綱而刊書於世者，當首推萬曆年間之吳元滿，焦氏筆乘卷四曰：

「新安吳敬甫，名元滿，博雅士也，精意字學，所著有六書正義十二卷。」

清焦循易餘籥錄，更詳介吳氏之書曰：

「余家有六書總要五卷，諧聲指南一卷，爲吳元滿撰……其自序云：裒集諸家所長，述六書泝原十六卷，以注疏浩瀚，無力鋟板，乃刪而爲此二書。閱其諧聲指南，本楊桓六書統，以聲爲綱，如以公聲爲綱，而系以鬆蚣翁伀松訟頌瓮，以戶聲爲綱，而系以厤叿扈妒所，雖未能精，而在明人中可謂錚錚，實近時段氏六書音韵表，孔氏詩聲類之先聲也。」

吳氏諧聲指南以聲爲綱，實開清人諧聲表之先河，所不同者，如段氏孔氏已知古韵之分部，而吳氏將形聲之音，分平上去入，以功攻從工爲正聲，以貢從工而不讀平聲讀去聲爲協聲。紅鴻從工與工同韵不同聲，則爲同音，江釭從工而讀如岡爲轉聲。大致與趙古則同，並以後世之音爲分別，於古音則未能考也。

吳氏以聲爲綱之說，雖能將形聲字依聲作有系統之纂述，然其於形聲字之概念，猶拘執母子之說，吳氏六書正義嘗論形聲曰：

「未立文字，先有聲音，意有盡而聲無窮，故因聲以補意之不足，立部爲母以定意，附他字爲子，以諧協其聲音，故曰諧聲。」

以爲先立形符之偏旁爲母以定意，然後取一聲音相協之音符偏旁補意之不足，宋明學者多昧乎此，是以罕能通曉形聲之微奧也。

三、王應電形聲字因聲見義說

王應電同文備考論形聲曰：「主一字之形，而以他字之聲合之，因其形之同，而知爲是類；因其聲之異，而知爲是物是義，故曰形聲。非本聲而諧之，故又曰諧聲。」

王氏「諧聲」之說及形爲一字之主之概念，皆明人奉信之陋見。而謂「因其聲之異而知是物是義」，略有新意。

四、黃生字從某者有某義說

明末黃生扶孟著義府、字詁，已發「字從某者有某義」之指，全書講論此義者十餘端，今於義府、字詁各舉二條以明其說，如義府卷下諸于繡𧝓條下：

「……𧝓與𧝓同，謂今之半臂也。予謂此字當作裾，蓋裾從屈有短義，半臂之式必短也。……」

清黃承吉於此條下注云：「承吉按：觀此條，則凡字以聲爲義，及諧聲字重於右旁聲義之說，實已自公發之，故公聲音文字之學卓絕古今，一語勝人十百卷書矣。」

義府庯㾵條下曰：

「集韵庯㾵，屋不平也。詳音訓庯㾵猶坡陀，山勢凌遲曰坡陀，屋勢凌遲曰庯㾵，有轉聲而無異義也，屋庯㾵則其形峭麗，故人之有風儀者曰爲庯峭。魏收云：庯峭難爲是也。後通用波俏字，或單云俏，俏或又借樵。」是則不拘於字之形跡，而但以聲通義通爲說。

字詁𤴓𤵸㽅疏梳條云：「𤴓、鳥足之疏也。𤵸、㽅並窗戶之交疏也。梳疏並理髮器也。鳥足開而不斂，故作𤴓字象之。𤴓有稀義，故窗戶之稀者曰𤵸，櫛器之稀者曰疏，並從𤴓會意兼諧聲。」

又如字詁紛雰鳻䘠棼條下云：

「物分則亂，故諸字從分者皆有亂義：紛、絲亂也 左傳猶治絲而棼之也借用棼 。雰、雨雪之亂也 詩雨雪雰雰 。䘠、衣亂也 上林賦䘠徘徘 。鳻、鳥聚而亂也 或作翁莊子洓淵泇淵 。棼棼、亂貌也 書泯泯棼棼此借用字 。」

黃承吉復注云：「承吉按：凡諧聲字以所從聲爲綱義，而偏旁其逐事逐物形跡之目，此則公已先見及之。」

黃生字詁義府之作，實先於清儒形聲多兼會意之說，所惜刊行已晚，故影響於世者不鉅，且其於古音之學多未能達，但以歙音讀之，故放失不免。黃承吉於由字條下按曰：「公以聲尋義，就見由字精微，聲雖待濬，義已貫通。」於其族祖聲韵之學亦不護短也。四庫全書提要評黃氏義府爲「間有穿鑿附會」者，洵由聲韵之失也。然其於形聲載義之理，首能發凡起例，功固不可沒也。

清代略述

一、戴東原

戴東原主張通經必自小學入手，其與是仲明論學書曰：「字學、故訓、音聲未始相離」，又古經解鉤沈序曰：「由文字以通乎語言，由語言以通乎古聖賢之心志」，此種形聲義必須貫穿之主張，以及由字形而字音、由字音而字義之治學次第，曉人佳蹊，其後段玉裁、王念孫師承其意，證發新例，於形聲多兼會意之說大有發揚者，咸能恪守東原形聲義未始相離之教也。

戴氏於形聲多兼會意之說，雖少創發，然其答江愼修論小學書中，有二點可啓廸後人之研究者（文長今不引）：其一謂諧聲字中有聲義兩近者，唯不可强以意解加之。其二謂「古字多假借，後人始增偏旁」，亦即說明形聲字之形符偏旁爲後加，古則但假借聲符偏旁爲諸義。

二、程瑤田

程瑤田與戴東原俱學於江永，程氏於九穀考中已有隱合形聲多兼會意說者，如稷條下曰：

「凡草實之有孚甲而堅實者，謂之穀，故其字从㱿，廣韵：㱿、皮甲。」

案說文穀从禾㱿聲，程氏正謂字有某義，故从某聲。又於黍條下曰：

「稗𥝩並宜卑濕地，又視禾黍爲卑賤，故字皆从卑。」

此則程氏謂稗𥝩从卑聲，既取義乎卑濕，又取義乎卑賤。此外，又運用形聲字之音符兼義，訂正鄭注之不足，如於稙稺穜稑稼穡條下曰：

「內則：『飯：黍、稷、稻、粱、白、黍、黃粱、稰穛』鄭氏注：『熟穫曰稰，生穫曰穛』，生穫故說文謂之早取也，漢書律歷志：『物䪢歛然後熟』，方言歛物而細謂之揫，揫䪢一字也。䪢字从𥼶（按說文䪢从𥼶聲，重文作揫），說文穛一曰小，小亦歛物意，物歛始熟，則穛似非生穫之謂矣。莊子鼠壤有餘蔬，釋文：司馬云：蔬讀曰稰（稰蔬二字古相通）。稰蔬皆有大義，宜爲䪢歛之反，而鄭氏顧以爲熟穫耳。」

程氏據䪢从𥼶聲，𥼶有小意；稰疏通用，又讀曰蔬，疏有大義（程氏於稷條下曰：「疏本無大義，因疏形多麤大，故通其義而假借之，於是凡物之大者，皆謂之疏。」）遂疑稰爲遲熟而穀大，穛爲疾熟而穀小。以形聲字音符所載義，補足鄭注「熟穫曰稰，生穫曰𥼶」之未明處，實程氏之發明也。

三、錢大昕

錢大昕氏潛研堂文集中對形聲多兼會意之說，頗多發凡起例之見，如卷三答問條下曰：

「問玉人注：瓚讀如饕餮之餮。說文無餮字，未審其音義。曰：據玉篇餮卽饡之古文。說文云：饡、以羹澆飯也。……凡從贊之字皆相佐義，故鄭以瓚爲雜名。」錢云从贊者，从贊得聲也。

又如卷四「問徵之爲止，何也。曰：徵从微省，古文微與尾通，故徵有止義。」云从微省者，从微省聲也。

又卷四問茦小葉之茦有兩音條下：

「……史記鯫生說我，服虔以爲小人貌，鯫與菆皆从取聲，亦得有小義。春秋傳蕞爾國，杜云：蕞、小貌，說文無蕞，疑卽此菆字。」

此外，錢氏於古聲之研究精微獨造，十駕齋養新錄中所創「古無輕脣音」及「舌音類隔之說不可信」二說已成公理。所謂「凡輕脣之音，古讀皆爲重脣」，「古無舌頭舌上之分，知徹澄三母，以今音讀之，與照穿牀無別也，求之古音，則與端透定無異。」皆今考求形聲相從及字根假借時，所必須之依據。其於潛研堂文集卷一又有古同音假借說，謂「許氏書所云讀若，云讀與同，皆古書假借之例，假其音幷假其義，音同而義亦隨之。」不獨發許氏讀若之秘，且能徵信音同義同之說。音同義同之說，爲今證成形聲多兼會意時之基本概念。

錢氏卒時，距段注之刋行尚早十一年，其弟大昭，從子塘、坫，及昭子繹、侗，一門於形聲兼義之說纂述綦富，皆大昕所開創之功也。

四、錢塘、錢坫

錢塘深明文字以聲爲主之理，故欲將許書重以部首系之以聲。其與王無言書曰：

「夫文字惟宜以聲爲主，聲同則其性情旨趣，殆無不同，若夫形、特加于其旁，以識其爲某事某物而已，固不當以之爲主也。然僕豈好爲異說哉？蓋亦嘗反諸制文之理矣。文者、所以飾聲也。聲者、所以達意也。聲在文之先，意在聲之先，至制爲文，則聲具而意顯。以形加之爲字，字百而意一也。意一則聲一，聲不變者，以意之不可變也。此所謂文字之本音也。今試取說文所載九千餘文，就其聲以攷之，其意大抵可通，其不可遽通者，反之而卽得矣。且以童子時誦習者證之。如政者正也。仁者人也。誼者宜也。非孔子之言乎。然則因聲見意者，周人之法也。可以明文字之宜何主矣！僕以此竊不自揆，欲別爲一書，以申其鄙陋之見，顧以其事勞拙而於學無補，因循者且十餘年。今年春，始奮然爲之。取許氏之書離析合幷，重立部首，系之以聲，而采經傳訓詁及九流百氏之語以證焉。凡三閱月，草創甫竟，數十年之後，庶幾其有成矣。」

前人於形聲多兼會意之說，但零星注釋而已，至錢塘氏乃欲作一有系統之巨著，今觀其論，獨有神悟，惜乎未見其書之傳世也。

錢坫於嘉慶十二年刋說文解字斠銓一書於世，其書旨在校勘，涉及形聲兼義者不多，如卷二各篆下曰：

「各亦有枝輅之義，故輅從各。」

各有行而止之，不相聽之義，輅从車各聲，爲車輪前橫木，錢氏以爲各聲有枝輅之義，故輅从以爲聲也。又於卷三謚篆下曰：

「謚乃謚之俗文，而解字實作謚也。字訓爲加者，因從益故也。」

釋名：謚、加也。益有加義，故謚从以爲聲。錢坫氏以形聲所載義考訂字形之譌，允稱卓見。

五、宋保

宋保於嘉慶癸亥（八年）撰成諧聲補逸，其說多有與段說不謀而合者，是時段氏業有成書而尚未刊布行世，段氏所證多爲「字从某聲多有某義」，而宋氏逆之，所證多爲「字有某義當从某聲」，凡運用此說以訂正字形之譌者，當推宋氏之說爲創見，較錢坫斠詮猶早三年。

其序曰：「夫字有定形，義豈一端，而皆統之于聲，聲則無方無盡，而文字以之相益，訓詁以之相依。」又曰：「古人以聲載義，隨感而變，變動不居，如犙、三歲牛也；驂、參馬也；即从參聲。牭、四歲牛也；駟、四馬也；即从四聲。…皆取其聲近者，以明義之所歸。凡聲同則雖形不同，而其義不甚相遠。」

其序於聲近義近之說，可謂簡言達旨矣。全書以義考聲者凡十餘則，今選錄其二：

卷五𩫏部曰：「……說文：闕、門觀也。𩫖、缺也。古者城闕其南方謂之𩫖，以𩫏缺省。按𩫖，古文闕，从夬得聲。王先生曰：按𩫏即城𩫏之𩫏，中从回，象重城之形，其上下象兩亭相對之形。故椁郭等字皆从𩫏得聲。古者城闕其南方謂之𩫖，故其字从𩫏夬聲。保謹按：从夬得聲，不如从缺省得聲爲聲中載義。今本說文作从𩫏缺省，而刪去聲字，明係从缺省聲也。」

卷十四辯下曰：「辯从言，辡聲。說文云治也，从言在辡之間。辡、辠人相與訟也，从二辛。按辡辯同部，辨，小兒白眼，辡聲。辦、判也，辡聲。瓣，瓜中實，辡聲。辮，駁文也，辡聲。辮、憂也，一曰急也，辡聲。辮，交也，辡聲。皆寓分辨之誼。辯訓治，從言在辡之間，亦分辨意也，故從其聲。」

右述二則，皆由義而考聲，與諸家不同。阮元與之書云：「諧聲補逸一書，因聲求義，而得古人制字之本，其間孳乳之由，關通之迹，甚爲分明，發覆正譌，新義疊出。」於宋氏推許備至。王念孫氏曾就書中擧述數端，以備宋氏考究，蓋全書中容有取證未足而武斷者，亦非無可疵議也。

六桂馥、姚文田

桂馥說文義證一書，與段玉裁說文解字注齊名，二人書皆不及互見，段書主乎聲，桂書則主乎義，然桂書亦有運用形聲載義之理者：

如碩、頭大也。从頁石聲。下曰：「石聲者，漢書律歷志：石、大也。」

又䜑、救視也。从言蒦聲。下曰：「蒦聲者，本書𥄕、視遽貌，馥謂急視而振救之。」

又諸、辯也。从言者聲。下曰：「者聲者，本書者、別事辭也。」

以石有大義證碩所以有大義，以蔑有視遽義證護所以有救視義，以者有別事義證諸所以有分辯義，如斯之例甚多，似於形聲兼義之理，已略語識。

桂氏又有說文諧聲譜考證一書，歿後多已散佚，未知其於聲義相切之恉，知所旁通否也。

姚文田於嘉慶甲子（十年）序說文聲系，其書重在形聲音符偏旁之系聯，而不及字義與聲之貫串。然姚氏有說文論，論述形聲兼義之理曰：

「諸聲如江河則專取其聲，禘祫則聲亦兼義，說解于祳言社肉受以蜃，于瑟言英華如瑟紋，豈得謂非聲與義兼，徐鼎臣等見有義者輒衍聲字，不已固歟？」觀乎此段所述，姚氏當已有所悟。

七　段玉裁

段玉裁氏倡「形聲多兼會意」之說，其說解散見於說文解字注，發凡起例者八十餘端，已采輯於下章彙例之中，而於形聲字下逕注「此形聲兼會意」者，更逾百數，今將其說文解字注中凡說解形式不同者，列舉十端如次：

(一)、聲與義同源

如禛篆下注曰：「聲與義同源，故諧聲之偏旁多與字義相近，此會意形聲兩兼之字致多也。說文或稱其會意，略其形聲；或稱其形聲，略其會意，雖則省文，實欲互見，不知此則聲與義隔，又或如宋人字說，祇有會意，別無形聲，其失均誣矣。」

(二)、凡字之義必得諸字之聲

如鏓篆下注曰：「許正謂大鑿入木曰鏓，與種植舂杵聲義皆略同。……俗偁中井，中讀平聲，其實當作此鏓字。囪者多孔，葱者空中，聰者耳順，義皆相類。凡字之義，必得諸字之聲者如此。」

(三)、凡从某聲皆有某意

如朐篆下注曰：「凡从句之字皆曲物，故皆入句部。朐不入句部何也？朐之直多曲少，故釋為脯挺，但云句聲也。云句聲，則示形聲包會意也。」

按：朐之為物，直多曲少，兼有曲直兩義也。自其直取名，名曰脯挺，挺从廷聲，廷聲之字多有直義也。自其曲取名，則名之曰朐，朐从句聲，句聲之字多有曲義也。古人命名於物，多可以聲求其義。

(四)、凡从某聲多有某義

如齮篆下注曰：「按凡从奇之字多訓偏。如掎訓偏引，齮訓側齧。」

按：例三用全稱肯定，此言多者，謂有例外存乎其間。

(五)、凡形聲多兼會意

如讎篆下曰：「凡形聲多兼會意，讎从言，故牛息聲之字從之。」

(六)、凡同聲多同義

如⿱斯言篆下注曰：「斯、析也。澌、水索也。凡同聲多同義。鍇曰：今謂馬悲鳴爲嘶。」

㈦、同聲之義必相近

如晤篆下曰：「晤者，启之明也。心部之悟、㝱部之寤，皆訓覺，覺亦明也。同聲之義必相近。」

㈧、某字有某義，故某義之字从之爲聲

如悒篆下曰：「邑者，人所聚也。故凡鬱積之義从之。」

按：此爲「凡从某聲多有某義」倒言之者。凡从某聲多有某義者，今人依形而求聲義之學也。此某字有某義，故某義之字从之爲聲者，古人具聲義而造字之本也。析言之可別爲如此，然段氏非本有異義介乎其中也。

㈨、凡某義字多从某聲

如鍠篆下注曰：「按皇、大也。故聲之大字多从皇。詩曰：其泣喤喤，喤喤厥聲。玉部曰：瑝、玉聲也，執競以鼓統於鐘，總言鍠鍠。」

按：聲之大字多从皇，及夫言盛之字从多等，皆屬此例也。此乃从某得聲之字多有某義之逆言耳。

㈩、字異而義同

如裨篆下注曰：「會部曰：朇、益也；土部曰：埤，增也。皆字異而音義同。」

按：此例與「从某得聲多有某義」「同音多同義」並相近。唯推而廣之，可不爲字形偏旁所拘，如說文⿰衤并、衣無色也下段注曰：「日部曰：『普，日無色也。』⿰衤并讀若普，則音義皆同。女部曰：『姘，婦人汚也』義亦相近。」⿰衤并普姘字異而義同，不拘字形而特求之於聲可矣。

左述十端，皆段氏所發以聲求義之奧，覃思研精，實已超殊前人，今考其優點，約有六項：

㈠、深明造字之次第

段氏於坤篆下注曰：「文字之始作也，有意而後有音，有音而後有形，音必先乎形。」又於詈篆下注曰：「有義而後有聲，有聲而後有形，造字之本也。形在而聲在焉，形聲在而義在焉，六藝之學也。」此基本概念最爲重要，音本之義，故音同者義多近。形本乎音，故形聲字當以聲符偏旁爲主。前人不明造字之次第如此，謂形聲字以形爲母，聲爲子者，皆昧乎此也。

㈡、形聲字多兼會意，而非即爲會意字

如前所舉禛篆下之注，謂不知形聲多兼會意，則聲與義隔，而宋人字說，祇有會意，別無形聲，其失亦誣。故段氏之注，乃通貫全書諸字，然後統擧數字以說其兼有某義，非如宋人任取一字强說爲會意也。

㈢、有但取聲通而不拘形異者

如前擧⿰衤并篆下注，已見其例。又如⿱卉鼓篆下注曰：「凡賁聲字多訓大，如毛傳云：『墳，大防也。頒，大首貌。汾，大也。』皆是。卉聲與賁聲一也。」則非僅說卉聲與賁聲多同義，且兼說賁聲分聲字亦同有大義。此類但取聲通而不拘形異之灼見，啓廸後人從事於語根之探究。

㈣、段氏雖未明形聲字字根即聲符偏旁有假借者，然彼似已略悟其理。

如藨篆下注曰：「金部之鏢，木部之標，皆訓末，藨當訓艸末。」而於犥篆下又注曰：「黃馬發白色曰驃，票麃同聲，然則犥者，黃牛發白色也。內則：鳥皫色，亦謂發白色。」段氏謂鏢標藨從票得聲，並有末義；又謂犥皫從麃得聲，並有白義。而馬部驃字，字形从票聲，字義則取麃聲之白義。段氏但將驃字與犥皫並列，謂票麃同聲，雖未明言形聲字有字根假借之例，而實已隱合之矣。

㈤、利用形聲多兼會意考求正詁

如侊篆，說文曰小貌。从人，光聲。段注曰：「小當作大字之誤也。凡光聲之字多訓光大，無訓小者。」此以形聲字聲符所載義訂正傳訓之誤，其用甚閎。

㈥、利用形聲多兼會意訂正字形之譌

如犨篆下注曰：「按今本皆作犨，雔，聲。而經典釋文、唐石經作犫。玉篇、廣韻皆作犫，云犨同。五經文字且云犨作犫，訛。蓋唐以前所據說文無不从言者，凡形聲多兼會意，讎从言，故牛息之字从之。」得此一鑰，以斠字形之貤謬，所往輒通矣。反觀桂馥所校汪刻本說文，其精粗又何如耶？

綜如上論，段氏於形聲多兼會意之指，披荊翦棘，示人堂閫，用力至劭，功亦偉矣。然今古音文字之學，更勝乎嘉乾諸子，而段氏之所疏者，日可詣乎精密矣。今叙錄數端，以糾其違失：

㈠、不明無聲字多音之故，而任改聲字

無聲字多音之故，爲蘄春黃先生所創發。如段氏之精審，於此猶未能洞曉也。如古音一部中有已聲，十五部有妃字从已聲，段氏以古音一部與十五部不可通，遂改妃爲會意字，其注妃篆下曰：「各本下有聲字，今删，此會意字，以女儷已也。」十五部又有配从已聲，段注又曰：「已非聲也，當本是妃省聲，故叚爲妃字，又別其音妃平配去。」凡若此者，皆能使形聲字之聲系混亂，字義無屬，清廖登廷六書說於形聲下批評曰：「按段注立十七部韵以繩許書所有之字，遇有不合則或删聲字，或補聲字，古者聲音義訓兩不相離，有聲卽有義，而取其義亦未有不取其聲者，其所不合者，或古讀失傳，或傳寫譌字，或南北方音，總不必過爲拘泥，今因不合而删聲字，安知古卽如今之不合……苟明乎音訓之原，固不必如此紛紛也。」廖氏所指出之「古讀失傳」「南北方音」「安知古卽如今之不合」諸疑難，與無聲字多音之理皆能契合，故迨黃先生「無聲字多音」之例一創詳見略史黃季剛條，明暢通貫，無所遏礙矣。

㈡、凡从某聲皆有某義，輕用全稱肯定

如埤篆下注曰：「凡从卑之字皆取自卑加高之意。」今按𥪁爲短人立𥪁𥪁貌。猈爲短脛狗，均無加高之意。且如埤之訓增，裨之訓益，章太炎氏以爲埤裨之字根皆爲畁之假借見文始一狀下，故知卑聲之字鮮有加高之意，段氏未能精審形聲字之聲母中有假借者，有以聲命名者，而輕用全稱肯定，實由段氏缺少有系統之澈底歸納故也。沈兼士氏曾批評段氏曰：「濫用全稱肯定之辭，似與實際不盡相符。」（見右文說在訓詁學上之沿革及其推闡）此正是段氏凡例之不純處。

㈢、言凡从某聲多有某義，每不尋究某聲本有某義否。

如濃篆下注曰：「農聲之字皆訓厚。」而不尋究農字之本身有厚義否。章太炎氏文始略例庚曰：「若農聲之字，多訓厚大，然農無厚大義。」又於文始七乳下曰：「故乳次對轉多，孳乳為醲，厚酒也。醲又孳乳為濃，露多也。為襛，衣厚也。」如章氏所說，農聲字之有厚義，實多假借乳音為其字根，乳有厚義，故从之為聲者多有厚義。凡言从某聲之字多有某義，而某聲之本身並無斯義者，則多為字根假借之故也。段氏未明字根假借之故，故有此失。沈兼士氏嘗批評段氏曰：「謂從某聲者皆有相類之義，而不推本其是否出於聲母之義。」（見右文說在訓詁學上之沿革及其推闡）是亦段氏凡例之不純處也。

㈣、所謂「會意包形聲」多不能成立

凡形聲字多先有聲符，形符為後加。段注於茁字、蔭字、睡字、瞑字、耕字、筌字、華字、明字、狹字、俯字、仰字、偄字、醫字、洐字、瀗字、[illegible]字、醉字下皆曰會意包形聲字，字既有聲，此聲符必先字而有（如南北方語有殊後加音符以注別之字則例外），始與語先於文，文先乎字之進程相合。故如此類字多為形聲字，以後人竄改聲字，致使六書譌亂，段氏未加諟正，而反謂會意可兼形聲，如盛从皿成聲下段注曰：「形聲包會意，小徐無聲字，會意兼形聲也。」形聲會意之分限有任意混淆若是者，段氏以許慎有會意亦聲之例，故以為會意可包形聲，今者文字演進之序大明，凡亦聲字，本與形聲字無異也。

段氏形聲多兼會意說之優劣既如上述，然瑕不掩瑜，其間凡訓詁之析之至細，通之甚寬者，非段氏之閎規密裁，孰能深造至斯耶？是以風氣所靡，學者比肩，揔清代而言，段氏以後之諸家騰躍，每入於環內矣。

八、焦循

運用形聲多兼會意之理，作有系統之注經者，當首推焦理堂，焦氏發現周易之象多用假借，遂悟以聲通義之理，焦氏雕菰集卷八周易用假借論曰：

「近者學易十餘年，悟得比例引申之妙。……如豹礿為同聲，與虎連類而言，則借礿為豹；與祭連類而言，則借豹為礿。」

又雕菰集卷十三與朱椒堂兵部書曰：「如借繻為需（說文），借蒺為疾（韓詩外傳），借豚為遯（黃穎說），借祀為已（虞注），推之，鶴即寉然之寉，祥即牽羊之羊，祿即即鹿之鹿，礿即納約之約，拔即寡髮之髮，昧即歸妹之妹，胏即德積之積，沛即朱紱之紱，彼此訓釋，實為兩漢經師之祖，其聲音相借，亦與三代金石文字相孚。」

焦氏之所言假借，皆切合形聲多兼會意之恉，其卷八又云：

「古者命名辨物，近其聲即通其義，如天之為顛，日之為實，春之為蠢，秋之為揫……無不以聲義之通，而為字形之借，故聞其名，即知其實，用其物，即思其義，欲其夷也，則以雉命官，欲其聚也，則以鳩名官……施諸易辭之比例引申尤為神妙矣。」

焦氏之言深得古人命名辨物之底蘊，復推此說以著易通釋，故王伯申氏讀其書，嘗歎爲「鑿破混沌」，今撮舉易通釋卷十約酌豹礿條以見一斑：

「陸績注豹變云：豹爲虎類而小者也。以小字發明豹字，在陸氏指上六陰爻爲小，雖未得易義，而豹之取義於小則有精義焉。凡字之从勺者，多有小義。蓋勺之受小，故中庸言水一勺之多，廣雅：約、儉也。又云：約、少也。釋名：要、約也，在體之中，約結而小也。小則薄，故礿祭即爲薄祭，豹小於虎，故名豹，猶瓜紹小於先歲之瓜，故瓞一名瓝詩大雅箋疏。蓮房中之實視蓮爲小，故名的。文選七發注引字書云：約亦的字也，的又名薂俱爾雅釋草，薂徼俱從敫，老子常無欲以觀其妙，常有欲以觀其徼。釋文云：徼、小道也。徼之小，猶薂之小，薂音同要，薂之爲的，猶要之爲約也。籥之小者名箹，斗之柄小於魁名杓，廣雅：杓、末也。末與小義同。每卦以上爻爲末，此上之三所以爲約，即所以爲豹也貌从豹省聲，貌雖不訓小，而从貌之藐則訓小。」

右例所示，非僅證發从勺聲之字，且擴及从敫聲、貌聲之字，其證脈絡鈎貫，曲折相達如此，實已脫略字形之局限，而晉入於音同義近之語根範疇矣。宋熙寧初，務王氏之學者，解易已有「觀卦本是老鸛」之說見宋邵博聞見後錄二十，時人所以詆爲「大可痛駭」者，以其所說，未能探究聲義之本氐故也。焦氏之解易則異趣乎宋人，其晚年又著易餘籥錄，所論尤爲淹通，卷四有論从襄聲之字一則云：

「丁丑冬，偶以完糧米入城，飲於友家，一座間有學肴饌中有以讓爲名者，皆以他物實之於此物之中，如以肉入海參中，則名讓海參。凡讓鷄讓鴨讓藕，無非以物實其中。或笑曰：讓當與瓤通，謂以物入其中，如瓜之有瓤也。說者固以爲戲言，而不知古者聲音假借之義，正如此也。瓜之內何以稱瓤？瓤從襄者也。瓤從襄猶釀从襄。說文『釀、醞也』。醞與緼通。穀梁傳：『地緼于晉』，謂地入於晉也。論語：『衣敝緼袍』，謂絮入於袍也。醞爲包裹於內之義，而釀同之。此所以名瓤名讓也。說文鑲、作型中腸也，釋名云：中央曰鑲。皆以在中者爲義。囊、裹物者也，從襄省聲。即亦與讓同聲，然則讓取包裹緼入之義明矣。夫讓、猶容也，容即包也。爭則分，讓則合矣。故四馬駕車，兩服在兩驂之中，而詩曰上襄；水圍於陵，而書曰懷山襄陵；俱包裹之義也。不爭則退遜，退遜則却，故讓有却義，禳攘與讓通，皆訓却。能讓則附合者眾，故穰之訓眾，瀼之訓盛，眾則盛也。緼入其中則相因，故馬氏注皋陶謨云：『襄、因也。』「爾雅釋詁云：『儴、因也。』」鄭氏注呂刑云：『有因而盜曰攘』，攘取義於因，即襄之爲因也。史記趙世家正義云：『襄、上也，舉也。』鄭氏注堯典云：『推賢尚善曰讓。』尚與上通，上善即舉善也。廣雅云：『尚、舉也、高也。』高誘注呂氏春秋云：『尚、曩也。』又『尚、久也。』爾雅釋詁云：『曩、久也』，讓爲尚善，則通於襄；爲推賢，則通於攘、說文云：『攘、推也。』推之義近却。曲禮『左右攘辟』，注云：『攘、却也。』風俗通義云：『禳、却也。』却之即所以謝之，亦所以除之。故廣雅云：『禳，除也。』王逸離騷章句云：『攘、除也。禳、謝也。』皆引申之義也。」

右例之特點在能詳析字義展轉引申之跡，先考瓤釀鑲囊襄等從襄聲之字並有在中之義，以證讓从襄聲故有包裹緼入義，由包裹縕入義引申爲包容逊讓義，包容則眾，故瀼穰有眾義；逊讓則推却，故攘禳讓並有推却義，又謂眾多縕入則有相因義，故襄儴攘又冇因義。又以推舉有尙義，尙有久義，故曩有久義。焦氏此種推闡方法，因不明形聲字字根有假借之理，中間傅會難免，如章太炎氏謂釀爲𠙹所孳乳見文始五，沈兼士氏謂穰瀼殆爲醲濃之轉語，曩爲曏之借音，無與於襄字之訓。然其覃思研精，旁稽互證，較諸前人但言字从某聲多有某義，而不通字義遞相引申者超軼多矣。

九、王念孫

王念孫氏廣雅疏證，刋於嘉慶元年，其就雅訓以明經，引經文以證雅，故能左右逢源，抉發特多，且「就古音以求古義，引申觸類不限形體」見廣雅疏證序，故能沿溯承流，源派兩明，如釋詁㚇都聚也條下曰：

「㚇之言總也、叢也。說文：㚇、斂足也。鵲鵙醜其飛也。㚇、爾雅作猣。郭璞注云：竦翅上下也。陳風東門之枌篇：越以鬷邁。鄭箋云：鬷、總也。周官掌客注云：聘禮曰：四秉曰筥，十筥曰稯，稯猶束也。說文稯、布之八十縷也。字亦作緵，史記季景紀云：令徒隸衣七緵布。西京雜記云：五絲爲䌰，倍䌰爲升，倍升爲緎，倍緎爲紀，倍紀爲緵。爾雅緵罟謂之九罭，九罭、魚罔也。郭注云：今之百囊罟是也。玉篇騣、馬鬣也、鬉、毛亂也。漢書司馬相如傳：淩三嵕之危。顏師古注云：三嵕、三峯聚之山也。爾雅云：豕生三豵，犬生三豵。說文豵、生六月豚也，一曰一歲曰豵，尙叢聚也。是凡言㚇者皆聚之義也。又舉爾雅豕生三豵，犬生三猣。明猣豵皆都之言豬也，禹貢大野旣豬、彭蠡旣豬、熒波旣豬，史記夏本紀並作都，都豬皆聚也。僖十六年穀梁傳云：民所聚曰都。」

古例先歸納㚇猣鬷稯緵騣鬉嵕猣皆有聚義，然後發凡曰：凡言㚇者皆聚之義也。又舉爾雅豕生三豵，犬生三猣。明猣豵皆有聚義。豵者豬也，然後貫串豬都皆有聚義。又如䍦罜𦊨空也條下疏證曰：

「霝之言瓏玲也。說文：櫺、楯間子也。徐鍇傳云：即令人闌楯下爲橫櫺也。說文軨、車轖間橫木也。楚辭九辯：倚結軨兮長太息。字亦作笭。釋名：笭橫在車前，織竹作之，孔笭笭也。定九年左傳載蔥靈，賈逵注云：蔥靈、衣車也。有蔥有靈。蔥與窗同，靈與櫺同。楚辭九章：乘舲船余上沅兮。王逸注云：舲船、船有牕牖者。說文籠，笭也。是凡言䍦者皆中空之義也。……罜𦊨者，玉篇罜𦊨，小空皃。廣韻云：罜𦊨、小網也。義並相近，𦊨與䍦義亦相近也。」

霝令雙聲並屬來紐，韵亦相近霝在段氏古音十一部，令在十二部。，王氏就霝聲字如霝櫺靈，令聲字如玲軨笭𦊨舲並有空義，相互證發，理乃粲然，又旁及蔥窗牕諸字，亦有空義。其條分縷析，多精美如此。而凡言某聲與某聲通，及某義與某義通時，均能深明形聲兼義之理以舉例，與他書空言某與某通，某與某一聲之轉者不同，如釋訓䮾䮾香也條下疏曰：

「凡字之从奄聲音聲者多通用，闇之爲䮾，猶暗之爲晻矣。」

又如釋詁荒遠也條下疏曰：「凡遠與大同義，遠謂之荒，猶大謂之荒也。遠謂之遐，猶大謂之假也。遠謂之迂，猶大謂之訏也。」

右舉二例，要皆合於以聲爲義之恉，故其所言某聲與某聲通，可作證成形聲多兼會意說中字根假借之參考；其所言某義與某義同，可作證成形聲多兼會意說中字義引申之參考。然王氏此書，因限於疏證之體例，隨文起例，故不免有散漫分歧之弊，釋詁掄擇也條下：

「掄者，說文：掄、擇也。周官山虞云：凡邦工入山林而掄材。少牢饋食禮：雍人倫膚九。鄭注云：倫、擇也。齊語：論比協材。韋昭注云：論、擇也。掄倫論並通。」

而侖思也條下則曰：「侖者，說文：侖、思也。集韵引廣雅作惀，說文：惀，欲知之皃。大雅靈臺傳云：論、思也。楊雄答劉歆書云：方復論思詳悉。班固兩都賦序云：朝夕論思。論惀並與侖通。」

王氏以廣雅訓掄爲擇，遂擧从侖聲字之有擇義者爲證；又以廣雅訓侖爲思，遂復擧从侖聲字之有思義者爲證，思義擇義固非不可引申，然限於廣雅之體例，未能加以貫穿。再則如王氏之取證中，有以經典之通叚字爲證者，實則經典之通叚字，僅能供作音同義近之旁證而已，不能作爲形聲多兼會意說之直接證據也。

王氏更有釋大之作，專述聲義相切之恉，所惜不及待其完成也。今所存者有見、溪、羣、疑、影、喩、曉、匣八母（爲母半幷入喩，半幷入曉），不受注疏體例之限制，而進入於語根之推求，茲略撮數端，以明其特色：

㈠、先立義類、再分聲類。

王氏先搜集諸義之爲大者爲經（包括大之引申義），然後以牙喉諸聲紐爲緯，則令義同聲同諸字爲一類，相互貫穿證發，如釋大第一上：

「岡、山脊也（爾雅釋山）。亢、人頸也（說文从大省）。二者皆有大義，故山脊謂之岡，亦謂之嶺，人頸謂之領，亦謂之亢。彊謂之剛，大繩謂之綱，特牛謂之犅（說文；公羊傳文十三年周公用白牡，魯公用騂，犅通作剛，詩閟宮四章白牡騂剛。）。大貝謂之魧（釋魚貝大者魧，說文讀若岡），大瓮謂之瓬（音岡，方言甖、靈桂之郊謂之瓬，郭注：今江東通名大瓮爲瓬。）。其義一也。岡頸勁聲之轉，故彊謂之剛，亦謂之勁。領謂之頸，亦謂之亢。大索謂之絙（說文），岡絙亙聲之轉，故大繩謂之綱，亦謂之絙，道謂之堩，亦謂之畖（堩音亙，儀禮士喪禮記止柩于堩，禮記曾子問葬引至於堩，鄭注並云：堩、道也。畖、古郎古朗二切。說文：畖、陌也。廣雅：堩畖陌道也。）」

既以大義爲經，見紐爲緯，然後擧岡聲（見紐）亢聲（見紐）亙聲（見紐）之字旁通互證，又旁及令聲（來紐）畺聲（見紐）公聲（見紐）巠聲（見紐）之字爲一節，而後諸節又相貫穿，終使聲義脈絡遞轉之迹大澈，此乃王氏所戛戛獨造，本文第三章示例所證，以聲爲綱，欲以考見同聲之字，義可相通，實師王氏之法也。

㈡、取材先經分析，故無率爾牽合之弊。

同從一形聲聲母之字，由於聲母有假借，字義有遞轉，而諸家輒謂「凡從某聲，皆有某義」，未能逐字分析，故有執偏該全之弊，而釋大之作則否是，取材先經分析，又不輕易發凡，但就聲同義近之字互相證發，故無率爾牽合之弊。

㈢、着眼於語根，不爲字形所拘。

義既相近，而聲又相同諸字，推其語根，多爲一脈所繁衍，王氏着眼於此，故能縱橫旁達，不爲字形所拘。如例㈠所示，係綜集岡聲亢聲亙聲以及令畺公巠諸聲相互以證之者，不以字形爲部分類屬。

又如釋大第四：「譁訟謂之咢，譁謂之吳，大言謂之吳，大簫謂之言，大篪謂之沂，皆言其聲之高大也。沂咢聲之轉，故厓謂之堮，亦謂之圻；咢言聲之轉，故高謂之言，亦謂之咢；言吳聲之轉，故我謂之吾，亦謂之言。」（按所引證皆從略）如此例則尤無拘於字形之類屬。

此外，王氏又有雅詁雜纂一册，雅詁表廿一册，均以古聲古韵爲經緯。方言疏證補一書，雖撰述未成，而運用以聲求義之法，固已超殊戴氏矣。

十、王引之

王引之嗣其家學，著經義述聞，嘗曰：「夫詁訓之要，在聲音，不在文字，聲之相同相近者，義每不甚相遠。」（卷二十三）又曰：「夫古字通用，存乎聲音，今之學者不求諸聲，而但求諸形，固宜其說之多謬也。」（卷三）王氏深明以聲音貫穿經義，故經義之沿舊誤者，每能運用聲音以通徹之。如卷十五蕃鬣條曰：

「明堂位周人黃馬蕃鬣。正義曰：蕃、赤也。周尙赤、熊氏以蕃鬣爲黑色，與周所尙乖，非也。引之謹案……若蕃字則古無訓黑訓赤者，蕃蓋白色也，讀若老人髮白曰皤。白蒿謂之蘩、白鼠謂之䶅，馬之白鬣謂之蕃鬣，其義一也。字又作繁，爾雅釋畜云：青驪繁鬣騥是也。郭璞不得其解，而以兩被髦釋之，非是。」

王氏以蕃皤蘩繁聲同而並有白義，而糾正孔氏謂蕃爲赤、熊氏謂蕃爲黑、郭氏謂繁爲兩被髦之謬，王氏深悟聲音爲訓詁之本，故能破彼支離，獨求眞解。

綜觀王氏之書，以形聲字之音符兼義，暢論經義疑難之處，不啻八九十端，然其發凡起例者絕少，如卷九「凡從贊之字皆有相佐義」一條，亦係取自錢大昕氏潛研堂文集卷三，可見王氏治學之謹愼。再則王氏所論以聲載義之例，每與前人不同，如皮聲之字，段注云有分析義，王氏則云披陂被波並有傍義（卷廿八）；戔聲之字，王聖美張世南並謂有小義，王氏則云踐餞薦並有進義（卷廿六）；單聲之字，段注云有疲敝義，吳氏夌雲以爲有寬緩散漫義，王氏則云戰憚並有懼義（卷廿二），又如卷廿二春秋名字解詁上，有鄭罕達字子姚一字賸條，其解曰：

「姚讀爲佻。說文：達、行不相遇也。引詩佻兮達兮。今詩佻作挑，毛傳曰：挑達、往來相見貌。姚佻挑古字通，達之爲姚，猶㒓之爲逃，皆有所往也。方言：㒓、逃也。尙書大傳曰：晦而月見西方謂之朓。鄭注曰：朓、條也，條達、行疾貌（太平御覽天部四），聲義並相近，達與佻一聲之轉也。說文：賸、送也。送亦往也。咸象傳：滕口說也。釋文曰：滕、達也。虞作媵。鄭云：送也。媵與賸聲近而義同。賸之言騰也。廣雅曰：騰、犇也。又曰疾也。正與條達行疾貌之義相近。賸之爲騰，猶媵之爲騰也。大射儀鄭注曰：古文媵作騰。」

謂兆聲字如姚佻挑逃朓，朕聲字如賸滕騰媵，並有條達義，與前人所發凡例多有不同。考其故，王氏之舉述以聲載義，但取與已說合者，並非自一系列之字根（形聲字之音符偏旁）着眼，故每多異說。且說解旨在明經義，但隨文釋義，而少貫穿，如卷四謂擇斁燡並有敗義，卷六謂斁繹驛並有盛義，卷廿二謂擇斁繹並有終窮厭棄義，不免有所支蔓。

十一、阮元

阮元氏證發「从某得聲得意」之理甚精，章太炎先生語言緣起說曰：「是故同一聲類，其義往往相似，如阮元說：從古聲者有枯槀、苦窳、沽薄諸義，此已發其端矣。」太炎先生於先儒中獨舉阮元，歸以發端之功，可見推崇之高也。玆錄其說數端，以明大概：

如揅經室集釋且：「……且、始也。且旣與祖同字同音，則其誼亦同。爾雅釋詁：祖、始也。凡言祖皆有始誼，言且亦卽有始誼。……又按且、粗也、始也。且訓爲始，始有艸創之誼，卽爲粗略之誼。說文：粗、疏也。粗从且得聲得誼。且又與盬通借，皆不攻緻之誼，詩唐風王事靡盬。毛傳：盬、不攻緻也。……方言曰：盬、且也。郭璞未詳。合經史子數誼，方言之訓可識矣。……又案且有包含大多之意，故說文咀訓爲含味，苴麻子包多子者，禮記苞苴，此誼亦近也。物粗惡未有不大者，故史記注盬爲大鹽，說文訓駔爲壯馬。又案小雅夜如何其，夜未央。毛傳：央、且也。釋文七也反，由且誼推之，經傳中誼有可識矣。說文咀祖柤䏣珇殂組苴祖虘俎伹岨詛租怚鉏狙沮姐粗坥狙罝麤雎駔疽阻担退徂㢈助鄖三十五字，皆从且得聲皆有誼可尋。」

又如釋矢曰：「義从音生也，字从音義造也。試開口直發其聲曰施，重讀之曰矢。施矢之音，皆有自此直施而去之彼之義。……雉、野雞也。其飛形平直而去，每如矢矣，故古人名鳥之音，與矢相近，且造一从隹从矢按矢聲之字曰雉也。……」

自右例釋矢一節中，可知阮氏之證以聲爲義，有二項概念極爲重要：

㈠、「試開口直發其聲曰施，重讀之曰矢」一語，實啓後人以脣舌口氣象意之說卽如陳澧東塾讀書記中所論。

㈡、「施矢之音，皆有自此直施而去之彼之義」一語，可知阮氏着眼在「音」，而非施矢之字。故其所論多不囿於字形，而能觸長無方。

阮氏着眼於語根之探求，可以其釋門一文爲代表：

「凡事物有間可進，進而靡已者，其音皆讀若門，或讀若免、若每、若敏、若孟、而其義皆同。其字則展轉相假，或假之於同部之疊韻，或假之於同紐之雙聲。試論之：凡物中有間隙可進者，莫首於門矣。古人持造二戶象形之字，而未顯其聲音，其聲音爲何，則與虋同也。虋从釁得音，釁門同部也。因而釁又隸變爲亹、爲亹、爲璺、皆非說文所有之字，而實皆漢以前隸古字。周禮太卜注：璺、玉之坼也。方言亦云：器破而離謂之璺、釋文注亹本作璺，是璺與亹同音義也。玉中破未有不赤者，故釁爲以血塗物之間隙，音轉爲盟，盟誓者，亦塗血也。其音亦同也。由是推之：爾雅虋爲赤苗，說文璊爲赤玉、䊡爲赤毳，莊子樠爲門液，皆此音此義也。若夫進而靡已之義之音，則爲勉，勉轉音爲每，亹亹文王，當讀若每每文王。亹字或作亹，再轉爲敏、爲黽，雙其聲則爲黽勉，收其聲則爲黽沒，又爲密勿，沒乃門之入聲，密乃敏之入聲。……」

右引釋門一節，可謂精微獨造，實已超絕字形之拘閡，而突入語根之探求矣。其於今研究形聲字者，得有如下之提示：

㈠、研究聲義之展轉相假，當以同部之疊韻，或同紐之雙聲爲依據。章太炎氏文始之作，展轉孳乳，必依聲韻，正無悖乎阮元之意。本文第三章示例之所證，凡形聲字之字根有假借者，亦必循雙聲疊韻爲其軌迹，蓋嚴守阮元氏此說也。

㈡、形聲字字義之推求，非僅求至無聲字而至無聲字者，象形指事會意字也，更當求無聲字之語根，如門字何以得門音，矢字何以得矢音等是。

阮氏揅經室續集卷一釋佞中，復提出一項見解，謂「解文字者，當以虞、夏、商、周初、周末分別觀之」，且舉例曰：

「虞夏書無佞字，祇有壬字任字，商周之間，始有仁佞二字，佞在仁字之後，虞夏商書三頌易卦爻辭，皆無仁字，仁字始見於周禮大司徒，故佞與仁相近，尙不甚相反，周之初尙有用仁字以寄佞義者，不似周末甚多分別也。」又謂「佞从仁得聲，而義隨之。故仁可爲佞借也。」

今說文佞、巧讇高材也，从女仁聲。巧是一義，材又是一義，柔讇與禦口給又是一義。阮氏以爾雅之允任壬佞也。此佞字尙是周初高材之義，後世佞字全棄高材仁巧之美義，而盡用口讇口給之惡義。阮氏此說既證明形聲字之聲符爲先有，形符偏旁爲後加（如周初尙有用仁字以寄佞義者，後造佞字），又提示字義之引申繁衍，逐時而遷。民初沈兼士氏研究右文說，謂考訂諸義引申之時代，次列其先後，以爲右文史料之長編，爲當今研究右文之急務，與阮氏之見契合矣。

阮氏又有車制圖解一文，運用「从某得聲得意」之說，如軓从卂聲有下垂意，軛从厄聲多有半規曲形意，用以考車制之圖形，語極審諦，今不瑣錄。

十二、吳夌雲

吳夌雲卒於嘉慶八年，所著經說三卷、小學說、廣韻說各一卷，發明形聲載義之理甚多，今彙例所錄者六十餘條，多能考覈詳明，剖析邃曲，吳氏卒時，如養新錄、經義述聞、說文段注諸書，皆所未及見，而所論與段王諸輩，多相同符，惜其遺書刊行已晚，不如段王諸書之影響深廣也。

今考其經說書秦誓番番良士條下曰：

「夌雲謂：番爲分布之意，老人髮短，不能整束，故謂之番番，亦曰波波，後人加手爲播散之播，加白爲皤老之皤，非本義也。」

吳氏此條已認識形聲字之聲符爲先有，形符偏旁爲後人所加之理，又如經說卷一詩鳲鳩其弁伊騏條曰：

「鳲鳩其弁伊騏，箋：騏當作璂，以玉爲之。夌雲案：璂之爲字，義取于箕，箕，古文作𠀠，廿象箕之匡，×象箕之文，後人加丌爲其，諧聲字又加竹爲箕，𠀠其箕實一字，故凡物之形色似乎其者，皆謂之其。如婦人之服有其巾者，以青黑二色之綥，制爲方形相間成文似箕，故謂之其，以帛爲之，加糸作綦。說文作綥，引詩縞衣綥巾。又馬之青色而有黑點者曰其，以馬、故加馬旁作騏。至皮弁之飾，以玉爲之，故於綦旁加玉，卽士之皮弁無飾，而其縫當同，則文亦似箕，故同謂之璂，或作騏者，以綦騏皆非本字，故借用也。又履示名綦，說文鉥、綦鍼也。徐楚金謂綦爲履底，以履底之文亦似𠀠也。又奕者爲棊，以棊枰文亦似𠀠，而棊之布散，又與騏馬之黑點相似，故名亦同，古以木爲之，故加木。」

右例於其聲字孳乳之迹闡述詳盡，吳氏更運用形聲字音符兼義之理，考求說文所無之字，如廣韻說八語𨢿酒之美也條曰：

「𨢿，酒之美也。本亦作藇。詩云：釃酒有藇。案：藇𨢿穥三字皆有美義，而說文無之。……去聲九御穥，穥穥、黍稷美也。而詩止作與。…說文走部作趫，云安行也。心部又作惥，云趣步惥惥也。又論語求之與，及經傳也與，說文又作歟，云安气也。以趫惥歟例之，則萸醧稱亦可入說文。」

說文所無之字，每可以此理考其義，吳氏舉此一端，而眾隅可反矣。

十三、陳詩庭

陳詩庭氏嘗著說文聲義八卷，讀說文證疑一卷，所惜前者未見傳本，後者則見於許學叢刻，中於「依聲爲義」之理多所證述，嘗曰：「古人制字定聲，各有取爾，特以其說罕傳，後人不敢以意求之，而要其所可求者，不容昧也。」乃與吳麦雲氏同校說文，故二人之說多有相應。茲略舉一端於次：

書梓材條下：「案𦅺屬聲相近，義必相同：从芻者有小義。釋名釋書契：奏、鄒也。鄒者狹小之言也。釋兵篇：陷虜之盾約脅而鄒，亦此義。說文：縐、絺之細者。細有小義。雛、雞子也。雛子亦小。玉篇：㑳傷小人。廣韵十八尤：謅謏、陰私小言。三十一洽：㗙唓、小人言薄相：說文又曰：媰、小妻也，媰𡟨聲相近：从芻之字又與从取字通。儀禮既夕記：御以蒲菆。注：古文菆作騶。玉篇娵之重文作𡢖，廣之古文作㽲。故从取之字亦有小義。爾雅菆、小葉。釋文有阻留一切，字宜从取不从耴。最亦从取，左傳：蕞爾國，杜注：小貌。廣韵十四泰：䃎、小石。䁜、小舂。中庸：一撮土。亦言小也。一切經音義卷十五引通俗文：縮小曰㽲皺，律文作𦢊。爾雅：鯫鮍，小者曰鮙。皆依聲爲義也。」

右例除證述芻聲之字多有小義、取聲之字多有小義外，又述及屬聲字秋聲字亦得有小義，引致旁通，已有可觀。然陳書中亦有其說離合參半，未爲盡當者，如謂「从先者與足相關」、「从今者皆有舌義」，今按形聲字所兼之義，以形容詞最多，動詞次之，而名詞則極尠。蓋語義之起，先爲形況之辭，凡各名詞，多以形況之音得名，故今第三章示例所證，各形聲字所載諸義，或爲大，或爲小、或爲中空、或爲上躍，鮮有並含名詞之義者。

十四、郝懿行

郝懿行著爾雅義疏，以聲音爲主，而通其訓詁，旁推交通聲近之字於郭注之外，故能超勝邵晉涵爾雅正義之株守，其再奉阮芸臺先生論爾雅書云：「懿行比來修整爾雅，竊謂詁訓以聲爲主，以義爲輔。古之作者，釋名以聲代聲，聲近而義通，故釋名一部爲爾雅二部也。廣雅以義闡義，義博而文賅，故廣雅一部爲爾雅二三部也。今之所述，蓋主釋名之聲而推廣雅之義，一聲通轉至十餘聲，是得爾雅十餘部也。一義旁推至四五義，是得爾雅四五部也。以此證發，觸類而通，不似舊人疏義。」郝氏著書之體例，於此可見，全書中證述「以聲爲義」之說而發凡者數十端，載在彙例，今選錄數則以明概略：

如卷一甫大也下疏曰：「甫者、男子之美稱，美大義近，故又爲大。詩之甫田甫草及魴鱮甫甫，毛傳並云大也。說文云：誧、大也。讀若逋。詩東有甫草，文選東都賦注引韓詩作東有圃草。薛君曰：圃、博也。有博大茂草也。後漢書班彪傳注引薛君傳作甫博也。博與圃誧俱从甫聲，故義皆爲大，而其字亦通矣。」

又如卷一幠大也下疏曰：「幠者、說文云覆也。覆冒義亦爲大，故方言云：幠、大也。詩亂如此幠，毛傳同。通作膴。儀禮公食大夫禮及周禮腊人鄭注並云：膴、大也。膴義與廡同。韋昭晉語注云：廡、豐也。豐亦大也。說文云：無、豐也。引商書曰庶草繁無。今書無作廡，是聲義又同矣。幠荒聲轉，詩天作傳：荒、大也。凡聲同聲近聲轉之字，其義多存乎聲，皆此例也。」

又如卷三蓋割裂也下疏曰：「割者害也。釋名云：害：割也。如割削物也。說文云：割、剝也。从害聲，故割與害同。又與蓋同，見禮記緇衣注。是蓋割害三字以聲爲義也。」

又如卷十五枹遒木魁瘣下疏曰：「魁字亦作斲、瘣，郭盧罪反，則與瘣太之瘣異音，磈磊本或作傀儡，然則魁瘣、磈磊皆字之疊韵，亦論聲不論字也。」

右例所述，如某某俱从某聲義皆爲某，聲同者字亦通、以聲爲義、論聲不論字諸端，每能疏通證明，劈其肌理，唯其所立聲同、聲近、聲轉、聲通之說，不能運用古聲古韵爲其依據，故終不如段注說文之精完也。

十五、黃承吉

黃承吉夢陔堂文集與劉孟瞻書、字義起於右旁之聲說，及安徽叢書第三期字詁義府合按本諸書中，於形聲字「凡爲此聲、皆爲此義」之理，推說略盡，嘗謂「其全字之義，關合於右旁爲聲之半邊」，「古書凡同聲之字，但舉其右旁之綱之聲，不必拘於左旁之目之迹，而皆可通用。並有不必舉其右旁爲聲之本字，而任舉其同聲之字，卽可用爲同義者。蓋凡字之同聲者，皆爲同義，聲在是則義在是。」觀黃氏之意，已謂推勘形聲載義之理，可不必拘乎左旁之目，更階進而求之，則又可不必拘於右旁爲聲之本字，而入乎語源之證發矣。

今撮舉夢陔堂文集所論之大恉，條分爲四要：

㈠、形聲字右旁之聲義爲綱，左之偏旁爲目。

卷二字義起於右旁之聲說云：「諧聲之字，其右旁之聲，必兼有義，而義皆起於聲，凡字之以某爲聲者，皆原起於右旁之聲義以制字，是爲諸字所起之綱，其在左之偏旁部份（或偏旁在右在上之類皆同），則卽由綱之聲義，而分爲某事某物之目，綱同而目異，目異而綱實同，如右旁爲某聲義之綱，而其事物若屬於水，則其左加以水旁而爲目，若屬於木火土金，則加以木火土金之旁而爲目，若屬於天時人事，則加以天時人事之旁而爲目，若屬於草木禽魚，則加以草木禽魚之旁而爲目，其大較也。蓋古人之制偏旁，原以爲一聲義中分屬之目，而非此字聲義從出之綱，綱爲母而目爲子，凡制字所以然之原義，未有不起於綱者。」

又曰：「呼雞爲喌、使犬爲嗾，雞犬何知有字，而聞之皆應，而呼使之聲，卽是字。可見字從言制也。從言制卽是從聲制，可見字義皆起於右旁之聲也。由聲而有字，由字而後加以偏旁，偏旁原卽是字，然必先取此字，而後以偏旁加之，則可見凡制字必以爲聲之字立義在前，而所加之偏旁在後，如是安得右旁之聲義而不爲綱，而左旁不爲目乎。」黃氏此說，於形聲字之構成獨有憬悟。

㈡、形聲字之義原寓於右旁之聲，不可但謂之形聲兼會意。

卷四與劉孟瞻書云：「大凡訓詁如但解其字，而不能窮合其所以爲聲之義，其訓詁未有不誤者。此說非以形聲而兼會意，乃其義原寓於聲已成之字，而非字由此作也。蓋凡形聲之字，莫不皆然，渥雖霑，其義乃起於屋。凡字之以屋爲聲者，皆主局限一隅之義，如釋名訓屋爲奧，風俗通訓屋爲止，穀梁注訓屋爲覆，蓋惟有所限局，是以爲奧爲止爲覆，又釋名謂幄、屋也，以帛依板施之，形如屋。左傳疏謂在幕下曰幄，漢書注謂帳上四下而覆曰幄，王制注謂長不出膚爲握。莊子李注謂捲手曰握。管子注謂兩手相拱著而不申者謂之握遞。楚辭注訓偓促爲拘愍，史記集解引應劭訓握齱爲急促，而其字或作握齪、喔躖、齷齪，諸書皆訓爲局促、局小、局陿；其實皆屋促二字也。凡古屋促之字皆卽局促，則屋字義同於局，卽局蹐之局，雖人爲大屋而以視虛空則亦局，故曰：謂天蓋高、不敢不局。是以諸屋聲之字雖各施，而皆本於屋義之局。」

黃氏之意，謂形聲之字之義原寓乎右旁之聲，右旁之聲卽爲形聲字之初文，不必拘於左旁之目之迹，故不可謂「形聲兼會意」，蓋形聲兼會意者，僅謂右旁之聲兼字義之半而已。乃擧屋聲之字爲例，其義皆主局限一隅，不以左旁之从巾从口从齒而殊科其義。

㈢、欲知一字之聲義，當窮溯其字之語源

卷二字義起於右旁之聲說云：「顧欲知一字之聲義，又不徒求之於本字，字者孳乳而生，凡制一字，必先有一字爲其所起之鼻祖、爲其制字之所以然。如予曩以著正搨論，而窮溯招標杓三字之源，招字則起於刀之上指，標字則起於火之上飛，杓字則起於勹之曲出，則刀火勹三字，乃招標杓三字之鼻祖，而上指、上飛、曲出乃三字從出之所以然，是以召字票字勺字，以及凡從召票勺之字，其訓義無不究竟歸於爲末、爲銳、爲纖，總不離乎上指上飛屈出之義，而招標杓三字皆爲同聲，是以同義。」

如前例㈡所擧，謂屋聲之字多有局義，屋局聲近義同，局固爲屋之語根也。黃氏之論字從某聲多有某義，蓋已能推衍聲義之所從來，如此例所述，殆欲窮原竟委，上溯古初矣。

㈣、「凡同一韵之字，其義皆不甚相遠」，爲黃氏之創見。

卷二字義起於右旁之聲說云：「且凡同一韵之字，其義皆不甚相遠，不必一讀而後爲同聲，是故古人聞聲卽已知義，所以然者，人之生也，凡一聲皆爲一情，則卽是一義，是以凡同聲之字，皆爲一義，試取每韵之字精而繹之，無不然者。」

同韵之字，其義相近，實爲黃氏之創見。民初劉師培氏本其所說，著「古韵同部之字義多相近說」見左盦集卷四，謂之耕二部之字，其義恆取於挺生；支脂二部之字，其義恆取於平陳；歌魚二部之字，其義恆取於侈張；侯幽宵三部之字，其義恆符於歛曲；蒸部之字其義恆符於淩踰；談類之字義鄰於隱狹；眞元之字象含聯引；陽侵東三部又以美大高明爲義。厥後劉賾、朱桂耀二氏研究聲同之字喉牙舌齒脣同部位，義多相近，各有述造，亦皆黃氏發端之功也。

此外，尙有字詁義府合按一書，於「凡諧聲字多可去偏旁而用其綱」及「且不必形跡皆某」之說，多所揭發，今擧一例以明之：

義府卷下蕉鹿條曰：「列子周穆王藏諸隍中，覆之以蕉、蕉樵古字通用，取薪曰樵，謂覆以薪也。莊子人間世：死者以國量乎，澤若蕉。字與此同，謂死人骨如積薪也。

承吉案：此正凡字主於聲綱而不拘偏旁之目，故焦樵憔顦等字古多通用，凡諸聲者，見一字卽了徹一字，不待考而後喻，所以學者不可不知聲綱，且不必形跡皆焦。……而從來未有求綱者，則聲音之扞格，而文字之遷流也。」

黃氏雖知「求綱」之要在乎聲音，嘗謂「非聲音不足以爲訓詁，卽執習俗所認之聲轉，亦尙不足以見聲音」（見字詁義府合按後序），然黃氏之失，正在疏於古音，以爲揚歙兩地之方音，足以盡知古音聲遷流之故（見字義起於右旁之聲說），又定古音爲曲直通三類（見字詁義府合按後序），章太炎氏文始叙例略例辛曰：「近世有黃承吉…自定古音爲曲直通三類，斯亦偏有得失。」謂其雖喻聲音有「曲通相關」之理，而未能詳考也。

十六、錢侗、錢繹

前人每論清代訓詁之書，恆推王氏廣雅疏證（嘉慶元年刊），段氏說文解字注（嘉慶二十年刊），郝氏爾雅義疏（道光九年刊），與夫錢氏之方言箋疏（咸豐元年刊）爲翹楚，王段郝氏之書皆略論於前，茲論方言箋疏。

方言箋疏爲錢侗之未成稿，後由其兄錢繹所續成，其疏同條牽屬，共理相貫，故能雜而不越，各極其辨。茲綜別其全書說解形式之不同者，約有四例：

凡从某聲之字皆有某義，一例也。

如卷一豐大也條下曰：「易序卦傳：豐者大也。…說文、豐、大屋也。引易豐其屋，今本作豐，唐本說文豐从豆从山丯聲，蜀本作丰聲。……豐从丯，丯从二丰。凡从丰之字皆有大義，說文封，籀文从丰从土，周頌無封靡于爾邦。毛傳：封、大也。……離騷又好射夫封狐。王逸注：大狐也。洪範：子孫其逢。馬注：逢、大也。禮記衣逢掖之衣。釋文：大掖也。說文：唪、大笑也，讀若詩曰瓜瓞菶菶。丯豐二字許雖不收，其爲訓大無疑也。」

凡與某同聲者，皆某之義也。二例也。

如卷十三曎明也條下曰：「廣雅：曎、明也。小爾雅：斁、明也。洪範曰圛。史記宋世家作曰涕。集解引鄭注：圛者色澤而光明也。……古文尙書以弟爲圛。圛、明也。爾雅：愷悌發也。案：發亦明也。王延壽魯靈光賦：赫燡燡而燭坤。李善注：燡燡、光明貌。集韻引字林：燡、火光也。是凡與曎同聲者，皆光明之意也。」

按：右例所論不限於睪聲之字，兼及弟聲夜聲字之與睪聲同者。

某之爲某，猶某之爲某。三例也。

如卷二嫽好也條下曰：「廣雅：嫽、好也。廣韻：嫽嫽、好皃。通作僚，說文：僚、好皃。陳風月出篇毛傳同。人之美爲嫽，猶金之美者謂之鐐，玉之美者謂之璙也。」

某有某義，亦以相反爲義。四例也。

如卷一夰大也條下曰：「說文：夰、大也。从大介聲。釋詁：介、大也。……釋器：圭大尺二寸謂之玠。說文：玠、大圭也。周書曰：稱奉玠圭。今書顧命作介。案介訓爲大，亦訓爲小。豫六二虞注：介：纖也。釋文介古文作砎。馬融本作扴。云扴、觸小石聲。地官司市泣于介次。鄭注：介次，市亭之屬別小者也。服鳥賦：細故蔕芥。師古注：小鯁也。莊子逍遙篇釋文引李注：芥、小艸也。廣雅：髖骱、小骨，礣砎、小石，皆以相反爲義。」

十七、臧鏞、吳錦章

臧鏞受業於盧召弓氏，所著拜經堂集，言形聲字兼義者不多，卷九與段若膺明府書，有字从㐱聲有黑義之論一則：

「毛詩：鬒髮如雲。說文㐱部引作㐱髮如雲。又著鬒字云：或从髟眞聲。是㐱鬒一字，毛詩謂鬒爲黑髮，則㐱之本義爲黑，故㐱从衣爲黑衣，㐱从車爲元路。……閒亶說以說文訓㐱爲稠髮，而非黑義。此據說文以駁毛傳也。鏞堂以毛許之說本通，且必相兼而義始備。蓋髮之黑者必稠，且因稠而益形其黑，故㐱之本字從彡，而許以爲稠。……詩疏及釋文引服虔云：髮美爲鬒。是髮以稠密爲美，其稠密而美者色必黑。」

臧氏以袗爲黑衣，軫爲玄路，證明毛傳之訓㐱爲黑髮爲有據，又調合說文訓㐱爲稠髮，服虔訓㐱爲美髮爲引伸可通，其於以聲載義之說，略知䚘理而已。

吳錦章六書類纂原體篇，輯「形聲兼會意字」凡五百十八，以備一體，如玉部列七字：

珩，珩佩玉以節行止也。

瑁，諸侯執玉朝天子，天子執玉以冒之。

珥，瑱也，以玉充耳。

琥，琥、發兵玉符刻虎文也。

瓏，禱旱之玉爲龍文。

琀，送死者口中玉也。

瑬，冕之垂玉也，今作旒。

吳氏所列，僅就許書說解中言及音符之義者，歸爲一類，未免粗略，且以許書之部首排列，於同從一聲之字其義相互貫通之跡未能睹也。

十八、馬瑞辰、陳奐

馬瑞辰毛詩傳箋通釋，著於道光十五年，書中闡明「蓋有何音，即有何義」之理甚翔，並能於前人所證諸例，采輯運用。如凡从宛之字皆有曲義卷十三，取自焦循氏；从農者多有厚義卷三，采自說文段注，用以證發經傳之義，無不剖纖析微，匡弼前失。其他如「義同字變」「聲近義同」之說，則多取自王伯申阮宮保二氏，然馬氏更有本諸一己之創發，及訂補前人之說者：

如卷二十六滌滌山川傳滌滌旱氣也山無木川無水下曰：「瑞辰按：說文：蔋、艸旱盡也。引詩蔋蔋山川，蓋本三家詩，蔋从俶聲，俶从叔聲，叔與少長之少，多少之少皆雙聲而義同，故蔋有艸旱盡之象。說文：宋、無人聲。鶖、禿鶖。凡从叔聲者皆有無義，與蔋之訓艸旱盡者義正相近。毛詩作滌滌者，同部假借字也。段玉裁以說文作蔋蔋為誤字，其說非也。」此運用形聲兼義之理訂正段注。

又如卷十一蕭蕭鴇行傳行翮也下曰：「瑞辰按：行之訓翮，經傳無徵。鴇行猶鴈行也。鴈之飛有行列，而鴇似之。說文𠦒、相次也。从七十，鴇从此（謂此聲），蓋鴇之飛比次有行列，故字从𠦒會意（按謂形聲兼會意）。鴇行訓作行列為是。」此則既訂補毛傳，亦辨正段注「不能以行列釋之」之說。

其他如冘聲字多有垂義（卷五），妻聲字多有齊等義（卷六），卒聲字多有大義（卷二十八）等皆發前人所未發；又如與聲字多有揚舉義（卷二十三）、婁聲字多有隆高義（卷二十四）諸條，多與前人所創凡例不同。今並載諸彙例，咸能比而觀之。

陳奐詩毛氏傳疏，刊成於道光廿七年，亦曾運用形聲兼義之理以證毛傳，如詩小雅節南山四牡項領傳：項、大也。陳氏疏曰：

「凡從工聲字多訓大，如空仜琟之例，故傳訓項為大皃。」

所惜全書中每拘執於本字借字之形體，講明此理之處不多。

十九、朱駿聲、王筠

朱駿聲說文通訓定聲，雖稱以聲為經，以形為緯，而以訓詁為主，然於形聲字音符兼義之理，未嘗闡述。其分列韵部，大抵從段懋堂及王懷祖之說。書中於諧聲字之聲母聲子系列特詳，所謂「東重童龍，數傳祗循其舊；東帝啻適，萬變不離其宗」，予今研究形聲字者莫大之便利。至其校理說解，章太炎氏小學答問中嘗評之曰：「朱氏拘牽同部，晻于雙聲相耤，又不明旁轉對轉之條，猶有補苴，猶不免于塼斷。」其評允當。

朱氏又於說文六書爻列中，列形聲兼會意者三百三十七字，近於吳錦章之體例而又略焉。

朱氏諧聲之系列，依古韵十八部，與姚文田說文聲系以說文部首者不同；朱氏於每字下詳考字義，故又與嚴可均說文聲類但講古韵者不同。大抵清人諧聲諸書，如戚學標漢學諧聲，張惠言說文諧聲譜，陳立說文諧聲孳生述，鄧廷楨說文解字雙聲疊韵譜，江沅說文解字音韵表，江有誥諧聲表，苗夔說文聲讀表等等，意在利用同聲系之字考定古音，於聲義相切之恉少有逮焉。

王筠說文句讀一書，於形聲兼義之理無所抉發，其說文釋例卷三形聲曰：

「形聲者，以事為名，取譬相成，江河是也。案工可第取其聲，毫無意義，此例之最純者，推廣之，則有兼意者矣。（亦聲必兼意，省聲及但言聲者，亦多兼意）形聲字而有意，謂之聲兼意。」

又於禷字下曰：「許君之說字義也，已云以事類祭天神，即足見從類之義矣。故其說字形也，第云類聲而不加從類，此當爲許君本文，又用類字引申之義而非本義，是謂聲兼義。（袷字放此，但是意兼聲耳，大徐少聲字，謬也）。」

由此觀之，王氏於形聲載義之理略有所悟，唯拘閡於說文「本義」之說，故不能閎通於大道。又觀其祳字下曰：

「祳、社肉，盛以蜃，故謂之祳。言故者，取其義也。周官掌蜃，祭祀共蜃器之蜃，注引春秋天王使石尙來歸蜃，經注皆直作蜃是也。而第云辰聲，不云蜃省聲者，說文究是眼學，不必穿鑿，然吉祥作吉羊，不特用字者如此，即造字者已先有之，從此可知已。絹下云：繒如麥稍，而不曰稍省聲，綟下云：帛、莀艸染色，而不曰莀省聲，皆放此。」

王氏既知造字之初，吉祥但作吉羊，又知辰聲可含蜃義，肙聲可含稍義，戾聲可含莀義，然囿於「說文究是眼學」之見，不能盡知字義起於右旁之聲也

二十、陳瑑

陳瑑少時嘗聞吳麦雲與其父往復討論說文之要義，及長著六九齋饌述稾，亦能推證以聲載義之微恉，如卷一釋讚中曰：

「荀子問一而告二謂之囋，錢氏辛楣曰：囋即曲禮長者不及毋儳言之儳，說文無囋有儳，訓儳互不齊也。凡字从贊者皆非一之詞。故叢木爲欑，車衡三束爲轒，以羹澆飯爲饡。瑑于錢氏所學之外，得瓚訓二玉二石。籫讀若纂，一曰叢。鄼、聚也，五百家爲酇諸字，是則說文从贊得聲之字，俱取義于雜出不齊非一也。說文籫讀若纂，則贊纂同聲，而纂取算聲，算、數也。數之雜出不齊非一義尤顯，則贊纂聲義俱同也。說文纂訓似組而赤，夫組亦相雜以成文，蓋亦取義於算之爲雜。」

陳氏不獨廣取贊聲之字以證錢氏之說，且能推及算聲之字，以證聲同義同之理。卷一尙有釋農、釋莘、釋附、釋尊諸篇，其釋尊一文中嘗曰：

「夫一字有數音，音隨義轉，故一字亦有數義。若从尊得聲之字音頗不異，義有不同：如劕撙僔義皆爲減，蕁噂僔義皆爲聚。」

陳氏雖未能說明同從尊得聲而義有不同之故，究爲一義之引伸，抑或相反之引伸，抑或爲字根假借，抑或爲無聲字多音致使多義，然其較之動輒謂字從某聲皆有某義，而不加博證者精審多矣。

卷四榮桐木也一條，又能運用形聲兼義之理，證明桐木爲童木，榮爲小木而非梧桐。其文云：

「榮、桐木也。桐、榮也說文。此轉注字，許直以榮爲梧桐矣。爾雅榮、桐木。與說文同。而上下灌木、叢木、瘣木、遒木、棧木、干木一例，皆泛言木之形狀，非實指一木。案桐木之桐與童通。童木、小木也。淮南兵略訓曰：夫以巨斧擊桐薪。巨斧、斧之大者，桐薪、薪之小者。此桐木義當爲小木之明證也。又以說文證說文：滎、絕小水也。營、小聲也。煢、小瓜也。諸字皆從熒省聲。榮亦从熒省聲。榮爲桐木，即榮爲小木矣。以知桐木之當爲童木，而非梧桐也。郭璞爾雅注云即梧桐，此郭璞承許君之誤也。」

管鍵所啓，能闢沈湮千載之奧，故若未知形聲兼義之理，難與語訓詁之要矣。

二十一、龔自珍

龔氏之學，出於段氏，其述段玉裁論說文以聲爲義一則云：

「古者先有聲音而後有文字，是故九千字之中，從某爲聲者，必同是某義，如從非聲者定是赤義，從番聲者定是白義，從于聲者定是大義，從酉聲者定是臭義，從力聲者定是文理之義，從劦聲者定是和義。全書八九十端，此可以窺見上古之語言，於劦部發其凡焉。」（見中國學報六期）

龔氏又有說文段注札記一書，中所記有與段氏成書異者，有申明段所未詳者。如翡篆下記曰：

「凡从非之字，古皆有赤義，若緋之爲赤帛，琲之爲赤珠，雖許書所未收，要之古也。」段氏但曰非聲有分背義，龔氏則謂有赤義。又荓篆下記曰：

「凡幷聲之字皆有使義，典引之絣萬嗣，亦使也。」此亦段氏所未發。

二十二、魏源、嚴章福、俞樾

魏源說文擬雅自序及六書釋例一文中，於諧聲兼義之說，多所論述，魏氏曰：

「惟諧聲有專諧聲不會意，及諧聲兼會意之不同。諧聲不會意之字，五百部中不可枚擧，其諧聲兼會意之字，不如專聲者之廣。且其解說之誼，卽說文亦間有未得制字本意者。」

魏氏不明「形聲兼會意」與「會意」有所不同，會意可自字形求之，而形聲兼義，則必當自字音求之。故謂「諧聲不會意之字，五百部中不可枚擧。」其擧例曰：

「河阿哥何珂坷訶軻呵泂舸哿等从可之字，亦有聲而無意。」

魏氏自字形求之，謂河阿何訶諸字不兼「可」義，而不知河阿何訶諸字與可字並有大義，但泥於說文可字本義之訓，故不能通達於音義相切之理。然魏氏又有「專求其聲意兼得者」數條，所論較爲精密，今略擧一端如左：

「殫癉燀彈蟬禪兼得聲義，惟醰有義無聲。單殫皆盡也。詩曰：哀我癉人。言勞病無已時也。燀者火熾將盡，彈取聲欲盡不盡。蟬取其聲蟬聯不斷之誼，故皆从單。禪與繼相對，前禪終盡，後代承繼，故禪从單盡。醰者、飲酒器，射禮擧醰罰飲立盡，故从單。說文：醰、酒器也。从酉單聲。案醰音至，無讀單之理，當衍聲字，蓋醰从單盡之義，非从單聲也。」

按今說文無醰字，疑謂觶字也。魏氏不明古音單聲與至聲相近（單、端紐，至、照紐，古照紐歸端紐也，故觶今音亦在照紐。單古音在段氏十四部，至在十二部，黃先生寒桓與先部次旁轉），故疑解不從單聲。

嚴章福說文校議議。就說文讀若、亦聲每證形聲兼義之理，如齒部齜下云：

「柴省聲，不誤。說文聲多兼義，古書借柴爲齜，故云讀若柴。齜卽以古叚借字爲聲，故从柴省聲。類篇齜訓齒不齊。張揖長林賦注：柴、不齊也。此借柴爲齜之證。」

一部吏下云：「當作从一史聲，此校者所改。說文聲兼義者十有七八，不言亦聲，而義在其中。」

所謂「不言亦聲而義在其中」乃嚴氏之卓見，然誤以許愼已知形聲兼義之理，欲盡改許書之某亦聲爲某聲（除亦聲本部首爲聲者外），則又非治許學之坦塗矣。

俞樾氏於形聲兼義之理本無所發明，其茶香室叢鈔卷九有「右文」一則，引夢溪筆談王聖美治字學一條，下按曰：「此乃六書形聲中之聲而兼義者」但以宋人右文說爲形聲兼義。然其兒笘錄中，每多論述古今字者，如詬呞條下，謂垢呞詬等后聲字，皆一義之引申，與形聲字音符兼義之理隱合。

二十三、陳澧

陳澧著說文聲表，嘗欲「以聲分部，因聲明意」，其自序曰：

「上古之世，未有文字，人之言語，以聲達意，聲者、肖乎意而出者也。文字既作，意與聲皆附麗焉。象形，指事、會意之字，由意而作者也。形聲之字，由聲而作者也。聲肖乎意，故形聲之字，其意卽在所諧之聲，數字同諧一聲，則數字同出一意孳乳而生，至再至三而不離其宗焉。澧少時讀說文，竊見此意，以爲說文九千餘字，形聲爲多，許君旣據形分部，創前古所未有，若更以聲分部，因聲明意，可以羽翼許書。乃以暇日爲之編次，以聲爲部首，而形聲之字屬之，其屬字之次第，則以形之相益爲等級，以意之相引爲先後，部首之音相近者，其部亦以類聚，依段氏古韵定爲十七卷，其後讀戴東原書，知其嘗勸段氏爲此書，謂以聲統字，千古奇作，竊自幸所見不謬於前人。又聞姚文僖公及張臯文、錢溉亭皆嘗爲此，求其書讀之，錢氏書不可得，姚氏書改篆爲隸，張氏書則爲古韵而作，與澧所編之意不同，遂存此編弗忍棄也。澧嘗欲爲箋附於許君解說之下，以暢諧聲同意之旨，其後更涉他學，不暇爲此，姑俟異日。古人有自悔其少作者，澧編此書，年未三十，然本昔人之意，非自出臆見，雖未必爲奇作，世之治小學者，或有取焉，不必悔也。其書有等級，故名曰聲表。吾友桂君星垣見而愛之，欲刻於版，而屬澧自序其意，遂筆於卷端云爾。」

陳氏之序，本因桂星垣欲付剞劂而作，許學考云其書已有桂氏刻本，未知信然否，沈兼士氏曰：「陳氏書今日祇見傳寫本（北京大學研究所國學門藏），惜其箋終未成，無以見陳氏所『暢諧聲同意之旨』」今則神州荒翳，卽傳寫本亦無由得讀矣。桂文燦經學博采錄嘗紹介其書云：「先生又以說文諧聲之字，其義卽在所諧之聲，數字同諧一聲，則數字同出一義，至於遞爲孳乳而義仍屬之。因取說文諧聲之字，以聲爲綱，凡以形相益，以義相引等字，次第屬之，依段氏古韵定爲十七卷，聲以類從，如譜系然，因名說文諧聲譜。」所說與陳氏自序正同。

今考學海堂二集載陳澧春秋劉光伯規杜辨鹿死不擇音條下曰：

「說文：陰、闇也。凡从音之字，如闇暗瘖之等，皆有陰蔽之義，故多與陰相通假。」

陳氏運用形聲兼義之理考訂傳注正詁，於此或可概見。此外，陳氏東塾讀書記中更主「聲象乎意」之說：

「聲象乎意者，以脣舌口氣象之也。釋名云：天、豫司兖冀以舌腹言之：天、顯也，在上高顯也。青徐以舌頭言之：天、坦也，坦然高而遠也。風、豫司兖冀橫口合脣言之：風、氾也，其氣博氾而動物也。青徐言風踧口開脣推氣言之：風、放也、氣放散也。此以脣舌口氣象之之說也。（更有顯而易見者，如大字之聲大，小字之聲小，長字之聲長，短字之聲短。又如說酸字，口如食酸之形；說苦字、口如食苦之形；說辛字、口如食辛之形：說甘字，口如食甘之形；說鹹字、口如食鹹之形。故曰以脣舌口氣象之也）。」（卷十一）按此說本爲鄂特夫氏所創，陳氏推而衍之

語義之起，本爲極簡之形況詞，陳氏之說，雖未能盡信，而騁思上古，殆欲洞矚語義之原委矣。

二十四、王先謙、高學瀛

王先謙氏所著詩三家義集疏中，於形聲兼會意之說，每多零星之注釋，如卷一福履綏之下云：

「說文：綏、車中把也。从糸从妥按妥聲，爲形聲兼會意字。釋詁：妥、安也。綏、安也。妥綏古同字。」

卷二彼茁者葭下云：「說文：茁、艸初生出地貌。从艸出聲，詩曰彼茁者葭。是茁爲形聲兼會意字。」

卷三上綠衣黃裳下云：「說文：衣、依也。衣有倚之者，故爲裳。聲兼義字也。」

卷三上何誕之節兮下云：「愚案誕從延得聲義：：是延長亦大義也。」

如此者頗多，此外，於馬瑞辰氏所證多所采錄，如卷三謂婁聲有無義、卷八謂𠦬聲有比次義等，故知王氏於形聲載義之理，但知梗概而無多發揚也。

高學瀛說文解字略例，謂許書訓釋之例「要皆訓明本義，使人知形、聲與義相爲表裏。」更曰：

「六書之例，以聲載義者爲多，故許書於同聲之字，皆得通訓以見義。如木部朸下云：木之理也。阜部阞下云：地理也。水部泐下云：水石之理也。三字皆从力聲得義也。人部侸下云：立也。豎部豎下云：堅立也。壴部尌下云：立也。侸豎二字从豆聲得義，尌从壴，壴亦从豆得義也。竹部篸下云：篸差也。木部槮下云：長木皃。詩曰槮差荇菜，是二字皆从參聲，故義亦通也。準是求之，則旁推交通而古人同聲假借之旨可得而明。」

高氏謂形聲載義之理明，則古人同聲通假之旨亦可得而明，是確論也。

二十五、王國瑞

王國瑞釋箸釋有二文，於諧聲載義之理，細心尋繹，嘗曰：「凡說文九千字，數字同諧一聲，即數字同出一意，皆可以此例求之，雖不能字字皆然，然曲暢旁通，極其製字之旨趣，總不外是。」因釋有字箸字以明其說：

釋有曰：「說文：有、不宜有也。春秋傳曰：日月有食之。从月又聲。案有字从月，其義難明，故許君引經以釋不宜有之意，而即釋从月之意也。日體本純明，不宜蒙翳，而日食則有蒙翳，故其義爲不宜有。日食者、月食之也。故其字从月也。以此推之，凡从有之字多言物有疵累，其義爲不宜有，如痏、痏痏也。漢書薛宣傳：遇人不以義而見痏者，與痏人之罪鈞。應劭注云：以杖手毆擊人，剝其皮膚腫起青黑而無創瘢者，律謂之痏痏。是痏爲皮膚之青黑色，人之皮膚本無青黑，而因毆擊有之，此痏字不宜有之意。琦、朽玉也，謂玉之有瑕者。玉宜潔白無疵瑕，而朽玉則有疵瑕，此琦字不宜有之意。䵋、青黃色也。色以白爲本質，而加以青黃，是失其本質矣。此䵋字不宜有之意。賄，財也。凡行賄者非理所宜，此賄字不宜有之意。宥、寬也。囿、苑有垣也。蛕、腹中長蟲也。蓋有疵累之意，即有包容疵累之意，宥字琦字是也。囿字乃包容之意也。又鮪、鮥也。

卽今之鱘魚，鱘魚青黑色。陸機疏云：鮪魚形似鱣而青黑，可證也。鮪魚之青黑色與痕痏之青黑色相似也。」

釋箸一文中，於从者得聲之字皆有分別意一端，析論甚精，今亦節錄之：

「凡从者諧聲之字，皆有分別之意。如箸本訓飯攲，蓋用箸以分撥飯黍，又古人借箸前籌，亦取分別指畫之意。假借爲箸書，謂文辭有條理，判然不紊也。又假借爲箸明，謂事理之別白昭灼也。凡此數義，皆取分別之意，然別於彼，卽必聚於此，有剖析分離之意，亦有黏連附麗之意，故又假借爲附箸爲衣箸也。他如网部署下云：部、署也。段注云：部署猶處分，項羽本紀曰：梁部署吳中豪傑爲校尉侯司馬。急就篇曰：分別部居不雜廁。案分別部署卽離析之意。衣部褚下云卒也。卒下云：隸人給事者爲卒，古以染衣題識，故从衣一。段注云：司禮司常注云：今亭長箸絳衣，此亭卒以染衣題識之證也。案染衣題識者，以別於常人之衣也。然則褚字亦取分別之意。系部緒下云：絲耑也。段注云：抽絲者得緒而可引申之。案亂絲不可分，惟得其緒則可理而分之。此緒字亦取分別之意。邑部陼下云：如渚者陼丘，水中高者也。段注云：如渚者陼丘，謂在水中高而平，如水中小州然也。案陼爲水中之高者，此亦矗然別異之意。言部諸下云：辯也。段注云：諸與者音義皆同。郊特牲或諸遠人乎，亦作或者遠人乎。凡舉其一則，其餘謂之諸以別之。案段云謂之諸以別之，是諸字亦取分別之意，水部渚下云：爾雅曰：小州曰渚。段注云：召南傳曰：水岐成渚。案水岐成渚者，謂兩水分流，合之則成渚也。此渚字亦取分別之意。……故从者之字皆取分別之意也。」

民國以還略述

一、章太炎

章太炎氏闡揚是理，纂述綦富，如國故論衡語言緣起說、小學答問、文始等書，皆能開創規模，獨具隻眼。其小學答問中嘗曰：

「語言之始，誼相同者，多從一聲而變，誼相近者，多從一聲而變，誼相對相反者，亦多從一聲而變。」

又曰：「說文列字九千三百五十有三，然或自一誼引申，衆十名而同條貫，諸家多未能昭察也。」

其於語言緣起說中舉例曰：

「如立爲字以爲根，爲者母猴也。猴喜模效人舉止，故引申爲作爲、其字則變作僞，凡作爲者異自然，故引伸爲詐僞，凡詐僞者異眞實，故引伸爲謁誤，其字則變作譌，爲之對轉爲蝯，僞之對轉復爲諼矣。」

可知章氏所說「衆十名而同條貫」，非僅限於聲母與形聲字之關係，右列立爲字以爲根，得對轉而爲爰聲之字，所創成均圖「對轉」之說，較諸前人但言「一聲之轉」者遠勝。更作文始、取說文中之「獨體」爲初文，取「渻變、合體象形指事、與聲具而形殘，若同體複重者」爲準初文，都五百十字，集爲四百五十七條，據義自音衍之理籀繹初文，傅以今字，以韵類之對轉旁轉，聲紐之雙聲馳驟，闡明語言文字引申分化之故，從以標明字根之假借，及孳乳之次第，超越形體之牽掣，浚抒右文之泂惑，縱橫旁達，固已凌轢前脩矣。茲節錄文始數則，以明其例：

「說文：ナ、左手也。象形。孳乳爲左、手相佐也，左即今佐字。古者尊又卑ナ，卑字從ナ訓賤，漢有ナ官之令，故大對轉寒，則孳乳爲賤，賈少也。左爲左助，對轉寒，則孳乳爲贊，說文訓見，士冠士昏二注皆云：贊、左也。瓚爲三玉二石，饡爲以羹澆飯，欑爲積竹杖爲叢木、儹爲冣、酇爲百家，亦訓聚，皆有左助之義。此又由贊孳乳也。儹復旁轉諄，變易爲僔、聚也。孳乳爲噂、聚語也。欑以叢木之義孳乳爲蕁、蒲叢也。旁轉諄，孳乳爲蓴、叢艸也。」

今將右例圖析之：

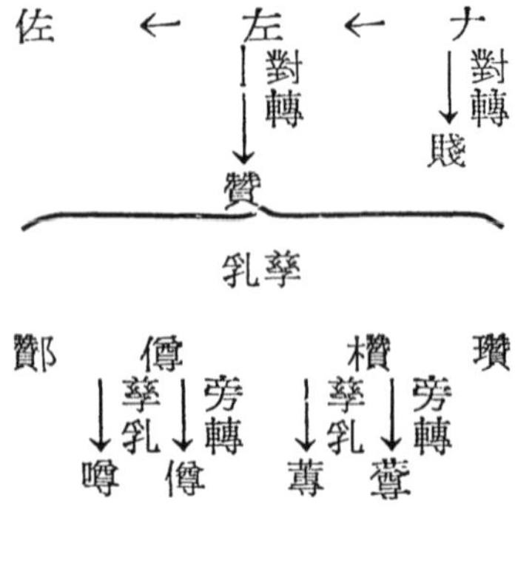

又如：「說文扶、並行也，從二夫。旁轉清，變易爲幷，相从也：爲併、並也。併旁轉陽，變易爲並、併也。又孳乳爲姘、齊民與妻婢姦也。爲駢、駕二馬也。爲骿、幷脅也。爲絣、氐人殊縷布也。又孳乳爲餅、麪餈也。餅或變作鉼、鍊鉼黃金，謂疊段之、或借辟字爲鉼，于衣爲襞，韏衣也。則由清對轉入支矣。支部之裨、接也。一曰益也。諀、益也。埤、增也。皆幷之對轉孳乳，裨又孳乳爲稗、禾別也。爲䵗、黍屬也。此皆偏裨之謂也。然諸字並得聲于卑，卑訓賤，而字得ナ，謂在左位，亦謂執事相左助也，亦幷之孳乳。（庳爲中伏舍，竨爲短人立竨竨貌，猈爲短脛狗、又因卑下之義孳乳，然無繫於幷，亦無繫于扶也。）」

「幷有相从之義，自清對轉支則爲俾，釋詁：俾、從也，亦爲使。釋詁：俾、使也。俾本訓益，與裨、埤、諀、差同，一曰門侍人，侍人與女之卑者稱婢，聲義又取諸卑，侍人當聽使，故訓從、訓使。對轉清，孳乳爲甹、使也。釋詁使亦訓從，其義一也。甹旁轉眞，爲命、使也。與平屬之名相係。鄰國簡書亦曰命，胥命、爲命是也。在清孳乳爲聘、訪也。聘又孳乳爲娉、問也。」

觀乎右例，得知文始一書，雖非專爲研究形聲多兼會意而作，然形聲兼義之說得此而益增有力之憑證，其超邁於前人之說者約有七端：

㈠、臚列形聲字孳乳之次第

章氏取說文、準初文，討其類物，比其聲韵，捜求一形衍爲數十之神恉，形聲字孳乳之次第，於焉可見。此章氏之創見也。

㈡、以成均圖爲音變路線之依據

章氏承祧前儒古音之研究而益精之，以古音資料之歸納，求得音理，定爲成均圖，以爲言語變遷，多以對轉爲樞、綜其弇侈，以簡馭紛，通轉流迻，皆循規矩，古語中雖有一二譌音，其數甚少，無妨於成均圖之可信。較諸前人徒言「一聲之轉」、「曲直通」及「聲同、聲近、聲轉、聲通」者，迥不侔矣。

㈢、獨標語根爲研究之重心

章氏謂王段錢郝諸家，猶拘牽於形體，謂同韵同紐之中，每存別有所受者，非可望形爲諭，況復旁轉對轉，音理多塗，雙聲馳驟，其流無限，倘乃錮駤于形內，則復衍右文之緒，六書殘而爲五，故文始所說，其嫥取本聲者，無過十之一二。是以語根之研究爲重心。

㈣、說明形聲字字根有假借者

章氏謂王子韶創作右文，以爲字從某聲，便得某義，施諸會意形聲相兼之字，信多合者，然以一致相衡，卽令形聲攝于會意。蓋同音之字，非止一二，取義于彼，見形于此者，往往而有，若農聲之字，多訓厚大，然農無厚大義，故知醲爲厚酒、濃爲露多，襛爲衣厚，其厚義並由乳次對轉多而來（見文始七）。若此之類，卽係說明形聲字之字根有假借者。

㈤、說明字義之形成或有二原，而形況之義先之

章氏謂「文字孳乳，或有二原，是故初文互異，其所孳乳或同、斯由一義所函，輒兼兩語，交通複入，以是多涂，若夫絳爲大赤，軺爲小車，得語所由，不于赤車，而于大小，斯胤言之恆律，若復兼隸赤車，卽爲二文所孳乳矣。」大小之義爲得語之所由，赤車之義待二文孳乳始完整表現，亦卽說明形聲字之義起於右旁（聲在左在上同）之聲，後加形符偏旁使義有專屬而已。

㈥、象形指事會意有一字多音者，兼隸異部

章氏舉西囟（象形）丨（指事）㗊（會意）等字，有殊言異讀者，兼隸異部，諸所孳乳，義從聲變，猶韵書有一字兩聲也。按此卽說明對無聲字多音之處理。

㈦、名義不能備說則從闕

章氏謂言語由此迻彼，無間于飛潛動植，爾雅釋艸以下六篇，名義不能備說，都邑山水，復鶇理其本原，故孳乳之文，數者多闕。其所搉敘，遂未能延徧九千。按不知蓋從闕，較諸武斷「从某得聲皆有某義」者審愼多矣。

章氏之說，其優點既如上述，唯後之作者，於此日有探討，每有不以章說爲滿足者，今約舉三項以商榷之：

㈠、初文是否爲最初義與字義引申次第之商榷

李方桂氏致沈兼士書曰：「如章氏之立『爲』爲根，爲、母猴也。於是就認『猴』是最初義，這是很武斷的。『爲』字的形，就算他最初是猴，但是『爲』字的音是最初有『作爲』義，還是有『猴』義，實在是不能定，從『作爲』義不易造音符，于

是從『猴』義得形，這是很可能的。從語根上立論，猴義之『爲』與作爲之『爲』是否有關，還不敢說，即使有關，猴義也可以從作爲義引申出來。」見中央研究院歷史語言研究所集刊外編第一種

永武謹案：章氏之疏，在於以字形之孳生次第，定字義之孳生次第，以爲作僞詐僞之僞，譌誤之譌，並从爲得聲，由爲孳乳，而定作僞詐僞譌誤之義並由爲猴之義所引伸，是則恰與章氏自創「形狀之辭，宜爲最俶，以名召物，猶其次矣」之說前後倒置。文字由爲孳乳，其義非必皆起於爲字也，固不能依是遽定引伸之先後。至於羅振玉氏考甲骨金文之「爲」與許書篆體不同，是則章氏恪遵許氏而已，設若日後得盡明金文甲骨之學而訂補許書，則於章氏書之體例但有增美，非相冰炭也。雖曰如是，而「初文」最初義之考校，字義與語音引伸分化之先後，端委正繁，亟待後人梳理者尙多也。

(二)、「文始所說亦有媷取本聲者，無過十之一二」之商榷

沈兼士氏右文說云：「今文始全書取本聲者，才及十一，將謂二十三部之通轉，勝於聲母與形聲字自然分化之爲可信耶？」又曰：「舍八千餘形聲字自然之途逕，從廿三部成均圖假定之學說，其方法復改弦更張矣。」

永武謹案：文始所說，取本聲者才及十一，其意欲上證字源，一蹴而幾，儻古之典籍未盡歸納，文字資料未盡董理，周秦音系未盡考定，字義引申之先後時代未盡究明，遽舍形聲字自然分化之途逕，而依韵圖籀繹，其說難以盡信者，誠非妄疑也。

(三)、紬繹孳生之間，不免濫登及掛失之商榷

楊樹達積微居小學金石論叢說一一文，批評章氏曰：「緣章君說一之孳乳，廣及抎、損、騫、虧、壞、毀、垝諸文、其失既在濫；又不及雁、鏊、鐓、睢、屍、縋、雖、蜼諸文，復嫌於漏，故復理董言之。」

永武謹案：楊氏之文甚長，不及備載，其所論未必盡是，然章氏之論縱橫旁達，中有濫登及掛失者，必也難免。蓋語言文字義類之分化、孳乳之前後，及其變遷之故尙未盡明，固不能遽謂文字孳生之迹盡在於是也。

二、劉師培

劉師培氏字義起於字音說曰：「古無文字，先有語言，造字之次，獨體先而合體後，即說文序所謂其後形聲相益也。古人觀察事物，以義象區，不以質體別，復援義象製名，故數物義象相同，命名亦同，及本語言製文字，即以名物之音爲字音，故義象既同，所從之聲亦同，所從之聲既同，在偏旁未益以前，僅爲一字，即假所從得聲之字以爲用。」

形聲字起於聲符偏旁之理，於此已極明剴，劉氏復舉佐證以明其說，玆歸納之約爲三端：

(一)、殷周吉金所著諸字，恒省偏旁，如盂鼎酒作酉，經作巠，伯盤諸作者，若夫祖字作且，作字作乍，惟字作隹，貨字作化，則爲諸器所同，由是而推，則古字偏旁未增，一字實該數字，故諸字之義該於者，用者猶之用諸也。

(二)、說文所載古文，較之籀篆恒省所從之形，如呆爲古文保，𠔀爲古文終。

(三)、三禮故書尙書春秋各古文亦多獨體，如古文位字作立，國字作或，見於漢儒所述，則以國從或聲，位從立聲。

右列三點，皆足以證明形聲字之聲符爲先有，形符偏旁爲後加，唯其如此，故形聲字之聲符同者，義多貫注。劉氏曰：「

後造字之初，重義略形，故數字同從一聲者，即該於所從得聲之字，不必物各一字也。及增益偏旁，物各一義，其義仍寄於字聲，故所從之聲同，則所取之義亦同。如從叚從犴從勞從戎從京之字均有大義。……」依乎此理，乃於字義起於字音說下篇結論云：「諸聲之字必兼有義」。

劉氏之謂「諸聲之字必兼有義」，並非置形聲字中字根假借者於不顧，實乃以字根假借者亦爲兼義也。亦非置形聲字中以聲命名及狀聲詞於不顧，乃以象聲之字即爲兼義也。劉氏嘗曰：「若所從之聲與所取之義不符，則所從得聲之字，必與所從得義之字聲近義同。」又曰：「即諸聲之字所從之聲，亦不必皆本字，其與訓釋之詞同字者，其本字也。其與訓釋之詞異字而音義相符者，則假用轉音之字，或同韵之字」。並舉例曰：

「芫、魚毒也。从艸元聲。以芫魚音轉，猶之元禺音轉也。」

「如湜、水淸底見也。從水是聲。則以底是音近古通，從是與從底不殊。」

若斯之例，不啻抉發芫从元聲爲魚聲之假借，湜从是聲爲底聲之假借，且已啓示後人凡形聲字之字根假借，每能自說文訓釋中尋獲。又觀左盦外集卷六正名隅論云：「古人之言非苟焉而已，既爲此意，即象此意製此音，故推考字音之起源，約有二故：一爲象人意所製之音，一爲象物音所製之音。」劉氏又謂人意所製之音，即脣舌口氣所出之音也。如吐字之音象吐哺之聲，嘔字之音出于口，象哇食之音。象物音所製之音，如鵝字之音近于鵝之聲，釭字之音象擊釭之聲等。今以形聲多兼會意說之概念律之，如嘔从區聲（說文作歐），區聲之字多有大義（詳見後證），而嘔字但狀哇食之聲而已；又如鵝从我聲，我聲之字多有傾邪義（見楊樹達字義同緣於語源同例證），而鵝字但以鳴聲命名而已，皆不能謂爲以聲兼義，然劉氏以爲其音之起，本有義可說。故知劉氏之謂「諸聲之字必兼有義」，實包括形聲字字根假借、狀聲詞，及以聲命名等形聲在內。以爲並皆有義可說，故未另歸一類以別之。

劉氏之證形聲多兼會意，以正名隅論、物名溯源二文中發凡最多，其他如字義起於字音說、小學發微補、釋絀等文中亦多所述及，並已載諸彙例，不復條陳。今但就劉氏所證述中更有創進於前人者言之：

劉氏發現形聲多兼會意，所兼之義多係靜詞動詞之引伸。其於小學發微補曰：「動詞靜詞先於名詞。」又曰：「古人分析字類，悉憑義象之同異而區，區別義象之字既係靜詞動詞，則古人未嘗區一物爲一字。」更舉例曰：

「侖字本係靜詞，隱含分析條理之義，上古之時，只有侖字，就言語而言，則加言而作論，就人事而言，則加人而作倫，就絲而言，則加絲而作綸，就車而言，則加車而作輪，就水而言，則加水而作淪，皆含文理成章之義。是論倫等字皆係名詞，實由侖字之義引伸也。堯字亦係靜詞，隱含崇高延長之義，上古之時，只有堯字，就舉足而言，則加走而作趬，就頭額而言，則加頁而作顤，就山而言，則加山而作嶢，就石而言，則加石而作磽，就馬而言，則加馬而作驍（高馬也），就犬而言，則加犬而作獟（高犬也），就鳥羽而言，則加羽而作翹（長尾也），是嶢磽等字皆係名詞，實由堯字之義引伸也。……餘證甚多。」

此說重要之處，在於說明形聲字音符所兼之義，多爲形容詞動詞，而鮮有名詞者。今考形聲字之音符爲名詞字，其所兼義亦少有名詞義者。如从豆得聲之字其義除豆字外，鮮有取豆義者，若豎桓短並取短小義（見錢繹方言箋疏卷四所證），从燕得聲之字其義除燕字外，鮮有取燕義者，燕聲之字多有白義（見楊樹達形聲字中有義說略證）。由此可知陳詩庭氏謂从今聲之字並有舌義（見沈兼士右文說所引），非爲的論也。

其次，本黃春谷氏「同一韻之字，其義皆不甚相遠」之說而詳徵之，創「古韻同部之字義多相近說」（左盦集卷四）其說曰：

「……然字形雖殊，聲類同者，義必近。試以古韻同部之字言之，如之耕二部之字，其義恒取於挺生；支脂二部之字，其義恒取於平陳；歌魚二部之字，其義多近於侈張；侯幽宵三部之字，其義多符於歛曲；推之蒸部之字，象取凌踰；談類之字，義鄰隱狹；眞元之字，象合聯引；其有屬於侵陽東三部者，又以美大高明爲義，則同部之字，義恒相符。」

復於正名隅論一文中證成之，茲節錄二端於左：

「眞類元類之字，義亦相近，均有抽引之義。如申聲、辛聲、丮聲、晉聲、寅聲、胤聲、聲聲、民聲（萌也）、玄聲、千聲、文聲、薫聲、雲聲、允聲、巾聲、屯聲（春字從之）、辰聲、孫聲、侖聲、先聲、く聲、川聲、㐱聲、莧聲、元聲、原聲、善聲、幷聲、爰聲、員聲、毌聲、耑聲、旦聲、彖聲、曼聲、番聲、緐聲、算聲、山聲、叀聲、展聲、延聲、穿聲、泉聲、前聲、連聲之字，均含有抽引上穿之義者也。談類之字，義亦相近，均含有隱暗狹小之義。如罙聲、音聲、今聲、入聲、㬎聲、維聲、澀聲、兼聲（如嗛字謙字是也）、僉聲（如劍字儉字檢字險字之類是也）、成聲、占聲、夾聲、弇聲（蓋也斂也）、奄聲（如晻字揜字是也）、炎聲（如惔字淡字是也）、产聲、臽聲（小阱也）、監聲、欠聲、𢎘聲（函字從之入也含也）、甘聲（如紺字絣字拑字是也）、猒聲、敢聲、芟聲、斬聲、毚聲、葉聲（薄也）、聶聲（小語也）、國聲、業聲、妾聲、鼠聲、盍聲、劫聲、乏聲（如缺字貶字窆字砭字是也）、甲聲（狎字匣字是也）、昜聲之字，其音義大抵相同，則同部之字義必相近，豈不彰明較著哉。」

劉氏此說在能維列諸同韻之聲，比觀其義，字形雖歧，字音匪遠，沿派溯源，而羣分類聚之迹可覩矣。

三、黃季剛

金壇段氏草創「形聲多兼會意」之說，迨蘄春黃先生季剛出，析纖甄微，匡所不逮，其說遂成精密不刊之論。黃先生邃於小學聲韻，確證形聲字之正例，聲子必與聲母同音（按諧聲之偏旁爲聲母，所構成之形聲字爲聲子），同音則多同義，故形聲字之正例，聲子與聲母義必相近。遂創「形聲字之正例必兼會意」之說。然形聲字之音，或有與其偏旁之聲韻迥異者；形聲字所从之聲母，亦有無意可說者，黃先生乃抉發「無聲字多音」及「造字之時，聲母已爲假借」之理，推明其故，片言達旨，疑若然解。

黃先生之說，多未著爲文字，本師林先生景伊親炙黃先生左右十餘年，盡得眞傳，乃就黃先生所傳授說文之精旨，韲爲「黃先生季剛研究說文之條例」廿一條，茲謹將其中講明形聲兼義諸條引述於左：

條例三曰：「文字之基在於語言，文字之始則爲指事象形，指事象形既爲語根，故意同之字，往往音同。」

永武謹案：語言以音達意，故音同者意多同，文字之基在於語言，故意同之字，往往音同。此爲形聲兼會意說之基本理論。

條例四曰：「凡形聲字之正例必兼會意」

林師曰：「王筠說文釋例：『聲音、造字之本也，用字之極也，其始也呼爲天地，即造天地字以寄其聲，呼爲人物，即造人物字以寄其聲，是聲者造字之本，及其後也，有是聲，即以聲配形而爲字，形聲一門，所以廣也。』據王氏之說，先有聲而有字，故聲爲語根，形聲字以聲配形，則形者不過表達其類別，而聲卽爲語根之所寄，故形聲之正例，必兼會意。」

林師又於「對於字原研究的說明」講稿中，擧「句」字爲例，證明其說云：

「句、曲也。從口丩聲，古候切。（說文部首）

句既有曲意，依段氏『凡从某聲皆有某意』及黃氏『形聲字之正例必兼會意』之例，就形義上說，則凡从句而來之字，必有曲意，不言可喻。故从句字而來之字，如：

鉤、說文：曲鉤也。

笱、說文：曲竹捕魚笱也。

跔、說文：天寒足跔也。（段注：「跔者，句曲不伸之意。」）

拘、說文：止也。（漢書司馬遷傳：「使人拘而多畏」，顏師古注曰：「拘、曲礙也。」）

朐、說文：脯脡也。（儀禮士虞禮：「朐在南」，鄭注曰：「朐脯及乾肉之屈也。」）

翑、說文：羽曲也。

痀、說文：曲脊也。

耇、說文：老人曲凍黎若垢。（朱駿聲說文通訓定聲曰：「老人背傴僂也。」）

軥、說文：軶下曲者。

約、說文：纑繩約也。

枸、說文：枸木也。（荀子性惡篇：「故枸木必待隱括烝矯然後直。」注曰：「枸讀爲鉤，曲也。」）

刨、說文：鎌也。按鎌刀、鉤刀也。

苟、說文　苟艸也。按苟艸乃曲生草也。故引申而爲苟且之苟。」

黃先生旣謂形聲字之正例必兼會意，則其無義可說之變例，約分二類，一爲以聲命名之形聲字，一爲造字之時聲母已爲假借之形聲字。其說詳見於條例五，條例十七：

條例五曰：「凡形聲字無義可說者，除以聲命名之字外，有可以假借說之。」

條例十七曰：「班固謂假借亦爲造字之本，此蓋形聲字聲與義定相應，而形聲字有無意可說者，卽假借之故也。」

所謂「以聲命名」者，如駕鵝以其鳴聲如加我（章太炎說），鶻鵃以其鳴聲如骨舟（段玉裁說），此類字但況其聲，無義可說。

所謂「以假借說之」者，如：

祥，說文：福也。按田獵獲羊則有福，此有義可說者也。

祿、說文：福也。按說文彔、刻木彔彔也。福意从彔聲則無所取義，此則當以假借說之，蓋鹿與彔同音（說文睩讀若鹿，依形聲字正例聲子必與聲母同音，則睩與彔同音，故鹿與彔亦同音），田獵獲鹿則有福，知祿字聲母本當作鹿也。造字之時，聲母假借彔爲鹿，遂成祿字。說文麓重文作禁，漉重文作淥，是彔聲與鹿聲古多借用之證也。

林師於說文二徐異訓辨序中，復有詳論形聲字聲母假借一節，謹附錄於下：

「形聲字所從之聲母，或有無意可說者，此蓋造字之時，其所用之聲母已爲假借也。夫音義相讎，謂之變易，義自音衍，謂之孳乳。治玉曰理、治人曰吏、人身之理曰力，於是水之理曰泐、木之理曰朸、地之理曰阞，同一字根孳乳寖多，是義自音衍也。變易孳乳，音義相關，故形聲之字，或義由音衍，或義含於聲，義含於聲即假同音之字以爲聲母，雖聲母無意可說，其語根必有意可尋也。丕从一不聲，不字無意可說，不聲則有意可尋。蓋不與旁溥音近，旁溥訓大，故借不之聲，以代旁溥之義，此不聲在造字之時，已爲假借也不與丕古多通用，是古已借不爲旁溥之義，丕以不爲聲，乃後起字也。祿从示彔聲，彔字無意可說，彔聲則有意可尋，蓋彔與鹿音同，故說文凡从鹿聲者，重文每作彔，此彔聲在造字之時，已爲假借也。祿之麃從鹿，與祥之從羊同意。」

林師所云「丕从一不聲，不字無意可說，不聲則有意可尋」，其辨至精，循斯準則，信能理茲紛賾，瀿各耑委矣。

此外，黃先生又有無聲字多音之創見，凡形聲字與所從聲母，其聲韻或有迥異之困惑，得以了釋，今略舉其說：

條例八曰：「形聲字有與其所從之聲母聲韻畢異者，非形聲字之自失其例，乃無聲字多音之故。」

條例十三曰：「說文中有一字讀若數字之音，此卽無聲字多音之故。」

其故於林師說文二徐異訓辨序中論述甚詳，今節錄之：

「形聲字之音，或有與其偏旁之聲韻迥異者，此蓋無聲字多音之故也。無聲字者，卽指事象形會意之字，或爲意象，或爲形象，或爲意合，其形體無聲，由於造字者憑其當時之意識，取其義而定其聲者也。以文字非一時一地一人所造成，因造字者意識之不同，與方言之有異，故同一形體，每有不同之意識與不同之音讀，此無聲字之所以多音而且多異訓也如說文：丨、下上通也。引而上行，讀若囟，引而下行讀若退。古本切。以聲論之，古本切在見紐，囟在心紐，退在透紐；以韻論之，古本切屬痕魂部，囟屬先部，退屬沒部。（以本師蘄春黃先生二十八部標韻）是丨有三音也。又如屮讀若徹，或以爲艸字，則屮有徹艸二音。以止爲足，則止有止足二音。疋或以爲詩大疋字，亦以爲足字，則疋亦有三音也。後人不明，見形聲字與其諧聲之偏旁，聲韻迥異，而以爲非聲，或輒改爲會意如李陽冰謂毒非取毒聲，段玉裁改妃从女己會意，及大小徐於形聲不可解者，亦均改會意之類。殊不知說文皀彼及切又讀若香，是皀爲無聲字，有二音也。故鴔从皀聲，則爲彼及切，鄉从皀聲，則爲許良切，若無又讀之明文，則人於鴔鄉二字同从皀者，必疑有非聲者矣。先師蘄春黃君嘗謂：「形聲字有聲子與聲母聲韻不同者，（諧聲之偏旁爲聲母，所構成之形聲字爲聲子，例如江字，从水工聲，工爲聲母，江爲聲子。）實因此一聲母或聲母之母爲無聲字，當時兼有數音，而數音中之某一音，正與此聲子之本音相同，故取以爲聲，其後無聲字漸失多音之道，此一聲子所從之聲母，再不復存有與此聲子相同之音讀，故聲韻全異，乃滋後人疑惑也。」」

無聲字多音說之發明，不啻解釋形聲字聲子與聲母或有聲韻迥異之歧惑，且由無聲字多音而多異訓，其衍生之形聲字中，義亦有分歧者，此於考求形聲多兼會意說時，裨益甚大，不可不注意及之。

四、梁啓超。

梁啓超氏飲冰室文集之三十六從發音上研究中國文字之源一文中曰：「凡形聲之字，不惟其形有義，卽其聲亦有義，質言之，則凡形聲字什九皆兼會意也。」梁氏憬悟乎此，更提出形聲字研究方法四點曰：

一、先研究古代音讀與今不同者，使追尋聲系不致沿譌。

二、略仿陳澧之聲類表，別造一新字母以貫通古今之異讀。
三、略仿苗夔之說文聲讀表。以聲類韵類相從，以求其同異相受之跡。
四、製新字典，一反前此以筆劃分部之法，改爲以音分部，使後之學子得一識字之捷法。

梁氏嘗舉例數則，今選錄其戔聲一則：

「戔、小也。此以聲函義者也，絲縷之小者爲綫，竹簡之小者爲箋，木簡之小者爲牋，農器及貨幣之小者爲錢，價值之小者爲賤，竹木散材之小者爲棧（見說文），車之小者亦爲棧（見周禮注），鐘之小者亦爲棧（見爾雅釋樂），酒器之小者爲盞爲琖爲醆，水之少者爲淺，水所揚之細沫爲濺，小巧之言爲諓（見鹽鐵論及越語注），物不堅密者爲俴（見管子參患篇），小飲爲餞，輕踏爲踐，薄削爲剗，傷毀所餘之小部爲殘，右凡『戔聲』之字十有七，而皆含有小意。說文皆以此爲純形聲之字，例如『綫』下云：『从糸戔聲。』以吾觀之，則皆形聲兼會意也。當云『从糸从戔戔亦聲。』舊說謂其形有義，其聲無義，實乃大誤，其聲所表之義，蓋較其形爲尤重也。」

更不限於形體偏旁舉例爲說曰：

「又不必其聲之偏旁同一寫法者爲然也。凡音同者，雖形不同而義往往同。如『地』字並不从『氏』而含『低』『底』等義，『弟』字亦因其身材視兄低小而得名，『帝』字有上接下之義，故下視亦稱『諦視』，『摘』字『謫』字『滴』字，皆以表由上而下之動作，從可知凡用『Dee』之一音符所表示者，總含有在下之意，或含有由上而下之意，無論其寫法爲氐爲低爲底……爲地爲弟爲帝爲滴……而其爲同一語原，卽含有相同之意味，則歷歷可睹也。

梁氏之探求語原，以同一發音爲範疇，如用「M」母發音，而含有模糊不明之意：

「同一發音之語，其展轉引申而成之字，可以無窮。爾雅釋天云：『天氣下地不應曰雺，地氣發天不應曰霧，霧謂之晦。』王國維云：『雺霧晦一聲之轉也。晦本明母字，後世轉入曉母，與徽釁諸字同。』蓋霧音當讀如慕（吾粵語正然），晦音當讀如每，皆用『M』母發音，而含模糊不明的意味。由是而晚色微茫不明者謂之暮，有物爲之障而不能透視者謂之幕，不可得見而徒寄思焉謂之慕，此一引申也。晦亦謂之冥，閉目而無所見則謂之瞑，瞑久而知覺全休止者謂之眠，此又一引申也。冥亦謂之昧，眠亦謂之寐，此又一引申也。視而不明謂之蒙，雨之細而不見者見者謂之濛，視官本身不明者謂之矇，矇之甚者謂之盲，此又一引申也。細而難察者謂之毛，矇亦謂之眊，年老而意識作用疲缺者謂之耄，此又一引申也。意識有所蔽而錯亂者謂之瞀，亦謂之謬，不自知其瞀謬而任意以行者謂貿貿然，此又一引申也。難察而致誤者謂之迷，視官中有障刺者謂之眯，此又一引申也。晦冥亦謂之霾，瀰入而至視線所不及謂之冞，全掩覆而不可見謂之埋，此又一引申也。睡眠而髣髴若有所見，其狀態恰如霧中看物者，謂之夢，雖醒而作夢態者謂之瞢，謂之瞢懂，謂之瞢騰，醉態謂之酩酊，此又一引申也。細而難察者謂之微（讀如眉，粵語猶然），重言之謂之微茫，微之甚者謂之渺，謂之杳，重言之謂之渺茫，謂之杳茫，謂之杳冥，謂之芴漠，尤甚者謂之泯，重言之謂之泯沒，謂之磨滅，此又一引申也。微亦謂之末，水之霏屑如霧者謂之沫，此又一引申也。迷之重言謂之迷離，謂之迷糊，謂之迷茫，或謂之模糊，謂之麻糊，此又一引申也。迷而求之謂之摸，重言之謂之摸索，此又一引申也。迷亦謂之惘，重言之謂之惘惘，迷惘之狀態謂之悶，謂之懣，此又一引申也。凡微末之物如霧雺等皆物之細屑也。故屑物謂之磨，謂之䊳，物之成屑者謂之爢謂之靡，小而不可見之物謂之么麼，鬼物隱約閃爍不可確見者謂之魔，此又一引申也。草木植物其碎屑者謂之蘼蕪，謂之緜馬，木本植物其碎屑者謂之木髦，魚之小者謂之鱦（見爾雅），鳥之小者謂之緜蠻（見詩毛傳），蟲之小者謂之蟁蝱，尤小者謂之蠛蠓，其別一種謂之脈望（望讀盲去聲，粵語猶然），雨之小者謂之霢霂，其實只是一語之異寫耳，此又一引申也。草木初茁不甚可察者謂之萌，其細英謂之芒，光之細碎隱約閃爍者亦謂之芒，此又一引申也。無所知謂之冥，人之無所知者謂之民（禮記鄭注云民者冥也言冥無所知），謂之氓（詩氓之蚩蚩），此又一引申也。於是凡蒙昧之民族則加以此名，謂之毋、謂之髳，謂之苗，謂之閩，此又一引申也。既視察不明，則只能付諸疑問，故對於不能確之人或地，則曰某人某地，疑問所用字曰無曰毋（古讀如莫粵語猶然），或添字以足其意曰得無曰將毋，白話則轉爲麼爲嗎，某字亦轉爲甚麼爲什麼，此又一引申也。以上所舉八十三語，皆以『M』字發音者，其所含意味，可以兩原則概括之。其一、客觀方面凡物體或物態之微細闇昧難察見者，或竟不可察見者。其二、主觀方面生理上或心理上有觀察不明之狀態者。諸字中孰爲本義孰爲引申義，今不能確指，要之，用同一語原，即含有相同或相受之意味而已。」

更謂一字之義可分寄於形與聲以孳乳，其說曰：

「有一字而其義分寄於形與聲，後起孳乳之字，衍其形兼衍其聲而即以並衍其義者，例如『八』字，說文云：『八、別也，象分別相背之形。』八字發音，與別與背同，既一聽而可察其義矣，其形亦一望而得之，於是凡從八之字，非徒衍八形也，亦衍八聲。說文『北』字下云：『北、分也，从重八、八別也、亦聲。』（書堯典「分北三苗」吳志虞翻傳云「北，古別字」）此明其形聲並衍，至確密矣。然於其他从八之字，則多忘卻其衍聲之部分，今舉其應是正之數字如下：

說文原文　分、別也。从八从刀，刀以分別物也。

擬改正　分、別也。从八从刀，八亦聲。……

說文原文　必、分極也。从八弋，弋亦聲。

擬改正　必、分極也。从八弋，八亦聲。

說文原文　釆、辨別也。象獸指爪分別也。讀若辨。

擬改正　釆、辨別也……从重八，八亦聲。

說文原文　半、物中分也。从八从牛。……

擬改正　半、物中分也。从八从牛。……八亦聲。

說文原文　平、語平舒也。从亏从八。八分也。

擬改正　平、分均也。从亏从八。……八亦聲。

欲釋此數字，當先承認錢大昕所發明『古無輕脣音』之一公例，知『分』字古讀如『奔』。『釆』字即『番』之原字。徐鉉云：『蒲莧切』，古讀如班（此兩字日本讀法尚與古同），『平』字古讀如『兵』，皆用『B』母發音，與『八』正同，由是知凡衍『分聲』『北聲』『番聲』『半聲』『平聲』之字，一面既從『八』衍形，一面又從『八』衍聲，形聲合而其義乃益著，如北字即古別字，衍而爲背，必字表分別確定之意，此皆蒙『八』形『八』聲而衍其義也。其從分字衍出者，如平均分配爲頒，亦爲攽，文質相半爲份論語孔注，財分而少爲貧說文，研米使分散爲粉釋名，目黑白分爲盼說文，草初生其香分布爲芬說文，氣候不純良爲氛，鳥所化鼠爲鼢說文，分而不理爲棼爲紛，此亦蒙『八』形『八』聲而衍其義也。其從半字衍出者，如物之解剖分析爲判，冰之溶解爲泮，田之界分爲畔，男女好合爲牉，相結偶爲伴，半體肉爲胖說文，背分爲叛，此亦蒙『八』形『八』聲而衍其義也。其從番字衍出者，如分布種子爲播，迻譯異文爲繙，改其舊態爲翻爲幡，髮有二色爲皤，草分布茂盛爲蕃，肉由生而熟爲燔，二水洄漩爲潘，此亦蒙『八』形『八』聲而衍其義也。其從平字衍出者，如野之分界爲坪，棋局界田者爲枰，水藻旋分旋合者爲苹，此亦蒙『八』形『八』聲而衍其義者也。其僅蒙其聲而不蒙形者，如北亦爲別，份亦爲彬爲賁，頒賜之頒亦爲班，頒白之頒亦爲斑，皆或引申或假借，而僅留其聲略去其所從之形者也。如人相與訟爲辡說文，判其是非得失爲辨，以言相辨爲辯，文之駁雜者爲辬說文，髮之交結者爲辮。蕊之分開者爲瓣，判事已了爲辦，此雖不從『八』而仍從『八』聲以遞衍成義者也，以上所舉四十四字，皆用『P』母發音者，所含義不外兩種：㈠事物之分析分配分散。㈡事物之交互錯雜。而其語原皆同出於一。」

梁說之長，毋庸推隣，今已詳錄如上，正所以使精美自見，至於梁說之短，沈兼士評之已詳，今釐分爲三端：

㈠、同從一聲者，往往有不同派之意義，不必强爲歸納。

如梁氏謂番聲之皤、幡、潘皆取分義，然皤者老人白也；幡者書兒拭觚布；潘者淅米汁，又廣雅皤爲白皤，蟠爲鼠婦似白魚，或均自白得義，不必强爲歸納，一律釋爲分也。

㈡、同一意義之諸字，正不必同從一字根，不可依此妄改許書。

梁氏以釆聲辡聲八聲之字多有分義，以爲皆自「八」字孳乳，遂改釆之象形爲從八聲，釆說文爲讀若辨字，遂以爲釆聲辡聲之字多從「八」聲以遞衍成義。不知同一意義之字，非必自同一字根孳生也。

㈢、文字聲韵之學，非任公所專精，故多譌誤。

任公自謂「於古音學殊乏素養」，卽其以羅馬字母標音，亦頗有可商見沈兼士所評，其引說文，每多出入，如「夌、从刃从夫……从刃以表其尖利。」殆誤以夂爲刃字，更誤以刃之尖利，引申爲觚角之棱，冰坼之凌、果蓏兩尖之菱、帛紋若冰凌之綾。其實凌綾字之聲母或爲仌之假借，棱菱等觸手義或自仌義引申也。

五、王國維、胡韞玉、朱宗萊、陳衍

王國維氏觀堂集林有爾雅草木蟲魚鳥獸名釋例之作，證明爾雅草木蟲魚鳥獸諸篇以聲爲義者甚多，其說本諸羅振玉氏，王國維嘗引述羅氏之言曰：

「棲霞郝氏爾雅義疏於詁言訓三篇，皆以聲音通之，善矣。然草木蟲魚鳥獸諸篇，以聲爲義者甚多，昔人於此似未能觀其會通，君盍爲部居條理之乎？」

又曰：「文字有字原、有音原。字原之學由許氏說文以上溯殷周古文止矣，自是以上，我輩不獲見也；音原之學，自漢魏以溯諸羣經爾雅止矣，自是以上，我輩尤不能知也。明乎此，則知文字之孰爲本義、孰爲引申假借之義，蓋難言之。卽以爾雅權輿二字言，釋詁之權輿始也，釋草之其萌蘿蕍，釋蟲之蠸輿父守瓜，三實一名。又釋草之權黃華，釋木之權黃英，亦與此相關。故謂蘿輿爲蘿蕍之引申可也，謂蘿蕍蠸輿與用權輿以名之可也，謂此五者同出於一不可知之音原而皆非其本義，亦無不可也。要之欲得其本義，非綜合後起諸義不可，而亦有可得有不可得，此事之無可如何者也。」

羅氏之說，啓人深思，然就今存之典籍資料，加以歸納分析，於字原音原之探求，非無一旦豁然之望也。如羅氏所舉「權輿」二字沈兼士氏已有新解王國維本其意，於爾雅草木蟲魚鳥獸諸篇，證成其說，嘗謂：「凡雅俗古今之名，同類之異名與夫異類之同名，其音與義恒相關。」所證同類之異名，如萃與蘋，藁與茇，蘼與蘆亂、螟與蝨、鮦與鯇、騇與䮤皆一聲之轉。所證異類之同名，凡二十四條，今約舉數目：

「案苻離釋草苻蔞釋木蒲盧釋蟲蚹蠃釋魚皆有魁瘣擁腫之意。」（按定本觀堂集林釋魚作釋木，今正。）

「案顆涷釋草科斗釋魚活東釋魚皆有活動圓轉之意。」

「案蠙衙釋蟲螔蝓釋魚夷由釋鳥皆綏行之意。」

「案蝍蛆次蟗鼅鼄皆釋蟲鼁鼀蟾諸釋魚亦皆綏行之意。」

研究物名命名之故，於音源字源之探究，亦有窮眇之消息，唯王氏所證，複名爲多，凡複名及複言詞音義相切之理，不在本文討論範圍以內，僅可作「音同義同」之證據而已，故其例少有引及，如王念孫氏已謂甌窶、僂句，姑簍、枸簍、岣嶁、痀僂並有「中高而四方下」之義見廣雅疏證卷七下。王引之氏謂慫慂、從容、竦踊並有「舉動」之義，無慮，勿慮、摹略、莫絡、孟浪並有「不委細」之義並見經義述聞卷廿八。劉師培氏謂鹿盧、果蠃、蒲盧、括蔞、苦蔞、胡盧、轆轤、忽路並有「形圓中細」之義見左盦集卷四，又見物名溯源。今並附述於此。

胡韞玉六書淺說形聲釋例一節，仍本王棻友之說，分形聲字聲不兼義者爲正例，聲兼義者爲變例。正例中所舉鳩字銅字爲「以聲命名」字，謂之聲不兼義固可；又舉唐幕諸字爲聲不兼義則失之。蓋唐從庚聲，字根借空字爲義見沈兼士右文說，幕從莫聲，取看之不明義見梁啓超所說，聲非不兼義也。

其於形聲變例中曰：「例如仲衷忠三字，從中得聲，皆有中之義。延証政三字，從正得聲，皆有正之義。諄惇敦醇四字，從享得聲，皆有純厚之義。諓殘棧賤淺五字，從戔得聲，皆有小及盡之義。」

又曰：「凡字之從侖得聲者，皆有條理分析之義。凡字之從堯得聲者，皆有崇高長大之義。凡字之從小得聲者，皆有微妙眇小之義。凡字之從音得聲者，皆有深闇幽邃之義。凡字之從冘得聲者，皆有深沈陰鷙之義。凡字之從齊得聲者，皆有平等整齊之義。凡字之從肅得聲者，皆有斂肅蕭索之義。凡字之從包得聲者，皆有包括滿實之義。凡字之從句得聲者，皆有屈曲句折之義。蓋後人用字尙義，古人用字尙聲，惟其尙聲也，所以聲同義卽同。」

胡氏徒騰理論，未予詳證，慮不足以徵信，又輕用「皆」字，固不免「望形爲論」之病也。

朱蓬仙氏文字學形義篇，分形聲字爲二類，以純形聲字爲正例，以形聲兼會意字爲變例，其說曰：

「形聲字以純形聲爲正也，外此復有表音之體不獨取其聲，兼取其義者，謂之形聲兼會意。如侖、理也。而从侖聲之論倫淪綸輪諸字皆有條理成文之義。分，別也。而从分聲之芬盼粉份坋諸字皆有細末分別之義是也。蓋上古語言簡易，通名多而專名少，義苟相近，音亦相同，故卽以一文兼資眾用，厥後孳乳例開，分別部類，則以通名之初文爲其聲，雖音仍同軌，而體各異致，此實後起之形聲字，蓋形聲之變例也。」

朱氏又擧形聲字以示其例，如純形聲例中擧翁韜等字：

「翁、頸毛也。从羽公聲。案翁公同在東韵。

韜、劍衣也。从韋舀聲。案韋者皮也。劍衣以皮爲之，故从韋，韜舀同在蕭韵。」

形聲兼會意例中擧𥥛澌等字：

「𥥛、深抉也。从穴抉聲。按抉者挑也。謂有所入以出之也。抉之深故从穴聲，亦兼取抉出之義。𥥛抉同在屑韵。」

「澌、散聲也。从疒斯聲。案斯者析也，析則散矣。故澌从斯聲而其義爲散。澌斯同在齊韵。」

今考朱氏所擧純形聲字，如翁字韜字聲並兼義也，翁从公聲，公聲字如公翁舩松並有高義（見劉師培正名隅論）。韜从舀聲，舀聲字多有包裹在內從中取出之義，韜亦有此義也（說詳下示例所證），此朱氏例之不純處。

陳衍氏說文擧例卷二有从某字多有某意例，其文曰：

「从肙字多有小意，如嬛娟之娟，小圜之圓，小流之涓。从矞从夐字多有赤意，如橘赤實（南方草木狀），矞雲外赤內青（文選注），藚華有赤色者爲藚（爾雅郭注），本書瓊、赤玉也。从黑字多有惡義，黷黜黯之類。从皮字皆有自此至彼之意，如波披被貱髲（迻予也）。从巠字多有直意，从韋字多有圓意回轉意。」

陳氏以「从黑字多有惡意，黷黜黯之類」並述其中，使「从某」與「某聲」混爲一談，乃偶不照耳。

六、沈兼士

沈兼士氏右文說在訓詁學上之沿革及其推闡一文，刋載於中央研究院歷史語言研究所集刋外編第一種，沈氏以爲淸儒之論訓詁者，雖屢經道及右文，然尙無專著討論之者，乃作是篇以推闡之。

沈氏首以史學之眼光，薈萃各家理論，考其短長，以爲推闡右文說時取舍從違之依據，其總評自宋以來諸家右文之說曰：

「⑴自來諸家所論，多不知從此種學說之歷史上着眼觀察其作者何代，述者何人。徒憑一己一時之見到，騰諸口說，詡爲發明，實卽古人陳說，第有詳略之不同，絕少實質之差別，此爲學說不易進步之最要原因。

⑵諸家所論，或偏重理論，或僅述現象，或執偏以該全，或舍本而逐末，若夫具歷史的眼光，用科學的方法，以爲綜合歸納之硏究者，殊不多覯。

(3)夫右文之字，變衍多途，有同聲之字而所衍之義頗歧別者，如『非』聲字多有分背義，而『菲』『翡』『痱』等字又有赤義；『吾』聲字多有明義，而『齬』『語』（論難）『啎』『圄』『敔』等字又有逆止義，其故蓋由於單音之語，一音素孕含之義不一而足，諸家于此輒謂『凡從某聲，皆有某義』，不加分析，率爾牽合，執其一而忽其餘矣。

(4)上文所舉聲母『非』訓『違』，其形爲『從飛下翅，取其相背』，故其右文爲分背義，此聲母與形聲字意義相應者。至『非』之右文又得赤義，則僅借『非』以之表音，非本字也。又『吾』之右文爲『逆止』義，或借爲『午』字。至又有明義，則其本字復不可得而碻知矣。（章先生小學答問『蘇』字條云：『魚之爲言寤也。釋名言魚目不閉是也。孳乳爲寤。』說亦可通。）諸家於此又多胡嚨言之，莫爲別白。

(5)又有義本同源，衍爲別派。如『皮』之右文有：㈠分析義如『詖』『簸』『破』諸字。㈡加被義如『彼』『鞁』『貱』『帔』『被』諸字。㈢傾衺義如『頗』『柀』『跛』『波』『披』『陂』『坡』諸字。求其引申之迹，則『加被』『分析』應先由皮得義，再由分析而又得傾衺義矣。又如『支』之右文先由『支』得歧別義，如『芰』『跂』『敲』『翅』『枝』『岐』諸字，再由歧別義引申而得傾衺義，如『忮』『頍』『𩚬』諸字，諸家於此率多未能求其原委。

(6)復有同一義象之語，而所用之聲母頗岐別者。蓋文字孳乳，多由音衍，形體異同，未可執著。故音素同而音符雖異亦得相通，如『與』『余』『予』之右文均有寬緩義，『今』『禁』之右文均有含蘊義。豈徒同音，聲轉亦然，『尼』聲字有止義，刃聲字亦有止義（刃字古亦在泥母），如仞訒忍紉軔是也。釁聲字有赤義（釁古音如門），㒼聲字亦有赤義，如璊𥢒𩨑是也。如此之類，爲右文中最繁複困難之點，儻忽諸不顧，非離其宗，卽絕其脈，而語勢流衍之經界慢矣。諸家多取同聲母字以爲之說，未爲澈底之論也。

(7)訓詁家利用右文以求語言之分化，訓詁之系統，固爲必要。然形聲字不盡屬右文，其理至明，其事至顯。而自來傾信右文之說者，每喜抹殺聲母無義之形聲字，一切以右文說之，過猶不及，此章氏所以發「六書殘而爲五」之嘆也。

(8)說文本爲一家之言，其字形字義，未必盡與古契（漢魏六朝蒼雅字學爲派不一）。自宋以來，小學漸定一尊于說文。及清而還，訓詁學更尊其說解以爲皆是本義，殊爲偏見。今孳右文，固不能不本諸說文，然亦宜旁參古訓。鉤通音理，以求其縱橫旁達之勢。諸家多囿於說文，其所得似未爲圓滿。」

以上八項，皆今考求形聲多兼會意說時，亦須依循之方法，故詳爲錄之，由是亦所以說明沈氏見解之精審與超越。本乎此旨，沈氏定右文之一般公式爲：

又分右文之表式爲四，一爲本義分化式，二爲引申義分化式，三爲借音分化式，四爲本義與借音混合分化式。（案一卽從某得聲皆有某義之類；二卽從某得聲多有某義、其引申又有某義之類；三卽從某得聲多有某義、其中部份形聲字之聲母爲假借之類。）今舉其本義與借音混合分化式之一例，以明其概：

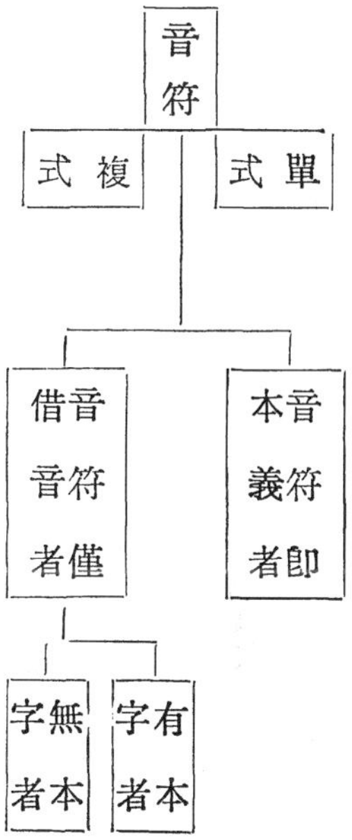

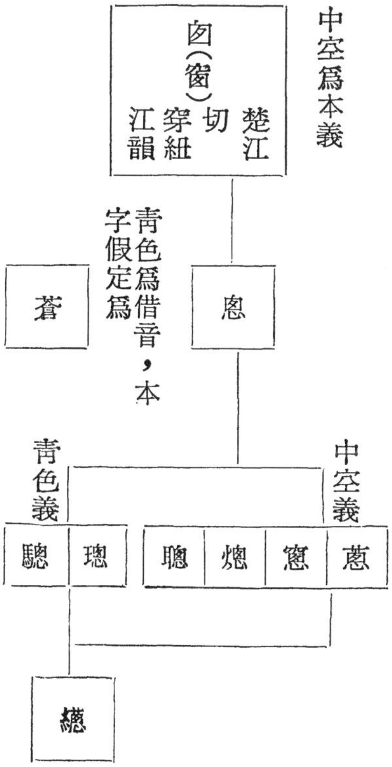

「注曰：囪、在牆曰牖，在屋曰囪。悤、多遽囪囪也。按此殆爲聰察字之初文，故漢書郊祀志：悤明上通。顏師古注：悤與聰同。多遽悤悤，借音之疊字連語耳。段玉裁注謂『孔隙既多而心亂』，語殊牽强。

本義中空：蔥、菜也。蓋因其中空而得名。窻、通孔也。案『囪』『窗』古今字，窻又爲其別寫，（廣韵窗窻同字）。說文以通孔釋窻，義似別於在屋之囪，其實恐未必然、在屋之囪原以上通出煙，兼納光氣，讀音爲倉紅切，其後竈突仍在屋，而取明通氣之孔則移施於牆壁，以便其用，此宮室制度之進化也。其字，竈突用『囪』，取明用『窗』，此文字之流別也。其音煙囪仍呼倉紅切（東），窗牖則變爲楚江切（江），此語言之轉變也。溯厥本始，原爲一物一語耳。後人不察歷史之變遷，徒泥於說文廣韵之區別音義，而曲爲之說，字形字義分之愈晰，而語言之原離之愈遠。……熜，然麻蒸也。麻榦質鬆易然，故得熜名。聰、察也。耳以中空而聽。

借爲『蒼』，青色。璁，石之似玉者，騘、馬青白雜毛也。繱、帛青色也。」

永武謹案：璁騘繱義取青色，沈氏斷定其聲母本字爲假借。至謂假音之本字假定爲「蒼」，未爲的論也。蓋蒼從倉聲，倉聲之字多有藏而盛之義，蒼當以草木盛而隱蔽爲本義，不以青色爲本義，詩蒹葭蒼蒼毛傳曰盛也，是其證（詳見示例所證），草木盛引申固可有青黑義，但璁騘借音之本字非蒼字，當是青字也。青悤雙聲（皆在清紐），韻部次旁轉（悤在九部，青在十一部，黃先生東部青部次旁轉），而繱字謂其借音之本字爲青固可，謂其自蔥色得名亦無不可也（繱从悤聲，一證也。段注謂悤色爲青白色，二證也）。再則如囱以中空爲本義，而悤字从心从囱，囱亦聲，說文多遽悤悤也，中空何以引伸爲多遽悤悤，沈氏但駁段注「孔隙既多而心亂」爲牽强，亦未能詳言其故。又悤聲之字尚有總、聚束也。⿸广悤、屋階中會也。此會聚之義，究自多遽悤悤義所引申，抑或聲母爲眾字之假借（悤眾同在九部，疊韻。魯師謂眾字甲骨文從囱之古文□，是其證），抑或聲母爲聚字叢字之假借（聚叢並在四部，與九部悤陰陽對轉，悤聲在淸紐，聚叢在從紐，古雙聲，說文總、聚束也。以聚訓總，是其證）沈氏亦未能詳言之也。今試將其表改正如左：

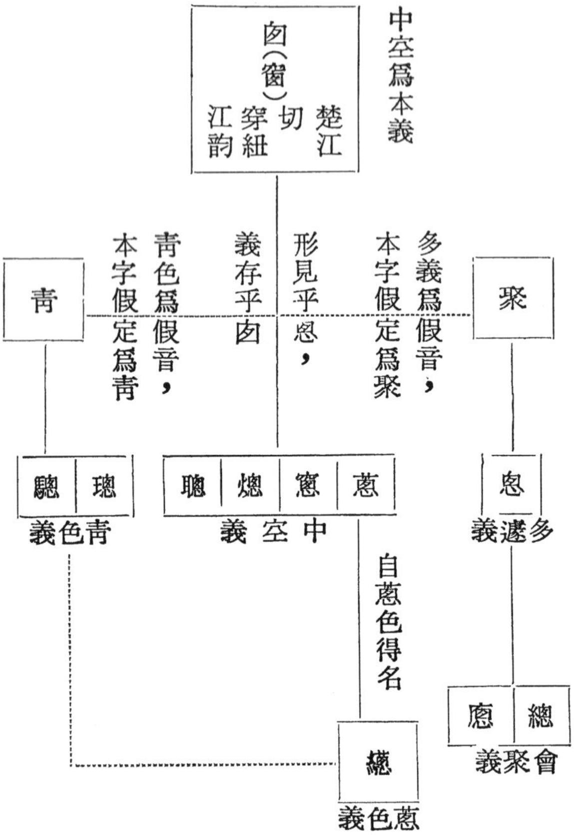

蔥窻熜聽諸字以中空爲義，不以多遽會聚爲義，故知其字形雖从悤聲，而義取乎囱聲也，窗字或从悤聲作窻，是其證。必當明瞭章氏「取義于彼，見形于此」之指，始能不拘牽於形體也。

至於右文說在訓詁學上之應用，可以比較字義，尋求正詁，右文說在語言學上之應用，可以探尋語根，明其分化，沈氏於應用右文以比較字義一節中擧例曰：

「蓺、當訓艸木不生。　說文『𦽨、艸木不生也，从艸執聲』段注：『𦽨之言蟄也，與蕣反對成文。玉篇云：艸木生皃，未知孰是。』按從執聲者，如𧾷𢧵、𧾷𢧵足也；𡨦、屋傾下也；褺、重衣也；𩂣、寒也；蟄、臧也；墊、下也；縶、絆馬足也；皆有攝臧之意，似說文艸木不生之義爲長。」

就此一例，足以知右文於訓詁學上之功用，故右文之整理研究，殆爲闡揚國故之要務，唯其事艱且鉅，沈氏但能示其檃栝之意，固未能一蹴而幾也。沈氏謂如欲澈底闡明是說，猶有三事爲急務：

「㈠、段注說文關於右文諸條廑發其凡，不遑舉證。王疏廣雅，較詳於段，然亦拘於當書體裁，未能偏徵諸例，貫串證發。今當彙選淸儒經解小學諸書材料，爲之排比系聯，充類至盡，勒成專書，用以示右文學說之實例，此一事也。」

永武案：本文第二章彙例所載，卽彙選前儒所發凡例，比觀其義，唯前人或昧於聲母假借，或昧於本義引申，若取諸家材料盡載於書，勢必篇牘牽連，枉累多辭，故但存其目，以省繁文。

「㈡、淸錢塘欲『取說文離析合併，重以部首，系之以聲。而采經傳訓詁及九流百氏之語以證焉。』惜其書未成。它家如說文聲系等書，其目的祇在分別古韻部居，卽朱氏之通訓定聲，亦與右文無直接之關係，今當略師錢氏之意，自說文以降，玉篇、廣韵、類篇、集韵之字，概依右文之定律，據聲系字，逐字標義，諸義引申，又須考訂時代，次列先後，以爲右文史料之長編，此又一事也。」

永武案：本文第三章示例所證，卽師錢氏之意：重立部首，系之以聲，而采經傳訓詁之語爲證，唯爲日力所限，猶未能遍及說文九千字也。至於「右文史料長編」之編纂，其事最爲艱鉅，有待來日爲之。

「㈢、古代聲訓，條件太簡，故其流弊，易涉傅會，矯正之方，端在右文，其例於本編中略爲舉證，蓋比較字形之學，自王筠、吳大澂以來已導夫先路。而比較訓詁之學，竊謂亦宜急起爲之。顧比較之先，必須豫立標準，今當廣采訓詁之異說岐出者，以右文之律，衡其優劣長短，庶幾眾議紛紜，有所折斷，此又一事也。」

永武案：此則更進一步，以右文考訂訓詁之岐出者，沈氏之意苟能實現，則於中國語言之發展、文字之孳乳、訓詁之流變，貢獻莫大焉。

此外，沈氏所著國語問題之歷史的研究及中國文字形義學諸文中，亦有闡明形聲兼義之理者，今以原書未覯，不便評述。

七、楊樹達

楊樹達氏積微居小學金石論叢自序中曰：「蓋文字之未立，言語先之，文字起而代言，肖其聲則傳其義。中土文書，以形聲字爲夥，謂形聲字聲不寓義，是直謂中土語言不含義也，遂發憤求形聲字之說。一九三三年春，偶憶大學『爲人父止於慈』一語，謂慈字聲類之茲卽子，於是悟形聲聲類有假借。明年春，讀毛詩，見大雅崧高篇傳以增訓贈，因推之賀賞貱諸文，加尙皮皆有增義，而得同義字往往同源之說。一日，武昌徐生問予：賜從易聲，易無增義，云何？予未能對也。夜中不寐，起坐思之，忽悟易益古同音，从易猶从益也。禮記檀弓謂諡爲易名，諡从益聲，又實假益爲易，疑旣解，則大樂，自是持二義以說諸文，則左右逢其源，沛然若決江河焉。」

自序文中，吾人可以揣見楊氏之硏究形聲字，有下列之心得：

㈠、形聲字聲中有義

卷一有形聲字聲中有義略證一文，今摭其一則：

「取聲奏聲悤聲字多含會聚之義

積謂之冣　說文七篇下冖部云：「冣、積也。从冖，从取，取亦聲。」

會謂之㝕　說文八篇上㐺部云：「㝕、會也。从㐺，取聲。一曰：邑落曰㝕。」

積土謂之堅　說文十三篇下土部云：「堅、積土也。从土，聚省聲。」

聚謀謂之諏　說文三篇上言部云：「諏、聚謀也。从言，取聲。」

水上人所會謂之湊說文十一篇上水部云：「湊、水上人所會也。从水、奏聲。」

對轉東

聚謂之叢　說文三篇上丵部云：「叢、聚也。从丵，取聲。」

艸叢生貌謂之叢　說文一篇下艸部云：叢、艸叢生貌。从艸。叢聲。

鳥飛歛足謂之㚇　說文五篇夂部云：「㚇、歛足也。鵲鵙醜，其飛也㚇。从夂，兇聲。」

栟櫚葉密布謂之椶　說文六篇上木部云：「椶、栟櫚也。从木㚇聲。」

布八十縷謂之稯　說文七篇上禾部云：「布之八十縷爲稯。从禾㚇聲。」

九嵏山謂之嵏　說文九篇下山部云：「嵏，九嵏山也，在左馮翊谷口。从山、㚇聲。」

聚束謂之總　說文十三篇上糸部云：「總、聚束也。从糸、悤聲。」

屋階中會謂之廇　說文九篇下广部云：「廇、屋階中會也。从广，悤聲。」

豕生一歲尙叢聚謂之豵……（下從略）」

楊氏證述形聲字聲符載義，每不限於形體，多以義同聲近者爲類，可啓上探語源之堂涂，然其失在不能詳究字根本身得有此義否，故令形聲字有字根爲假借者，亦羼入其間，以至枉發凡例，如謂悤聲字多含會聚義，不知悤從囱亦聲，囱以中空爲本義，悤聲字如蔥窻熜聰並以中空爲義（見沈兼士說），而悤總廇字之字根本爲聚之假借（詳前節所證說），故有多遽會聚義也。由是觀之，楊氏謂悤聲字多有會聚義，而不知囱聲以中空爲本義；沈氏謂囱聲以中空爲本義，而不知悤總廇之聲母爲聚聲之假借，皆覿其一隅而已。

㈡、形聲聲類有假借

楊氏曰：「許書說解中雖亦時可窺見語言之根柢，然往往泛爲訓釋，令人不知形聲字聲類（案即聲母）意義之所存。舉例言之，十篇下心部慈字訓愛，不訓愛子，余去歲著釋慈篇，證明茲子古音同，慈字从心从茲（按卽茲聲），實卽从心从子也（按謂子聲）。然吾文之得以成立者，實賴慈爲愛子，先哲歷歷言之，茲子相通，古書例證又不勝枚擧，故推而得之。」

楊氏謂慈从茲聲，本當作子聲，以茲子音同，遂假借茲爲子。章太炎復楊遇夫書曰：「慈訓愛子，推其聲義於子，說甚塙。鄙意古祇有子字耳，愛子卽曰子，猶敬老則曰老老，敬長則曰長長。樂記：易直子諒之心油然生矣。中庸：子庶民也，此皆今之慈字。」如章氏所說，則更推本乎形聲字音符偏旁爲先有，凡慈字字，古但先有子字，後加心旁宀旁，以別子愛之義，復假借茲爲子，遂成慈字。

㈢、同義字往往同源

楊氏曰：「字義旣緣聲而生，則凡同義之字，義近之字，析其聲類，往往得相同或相近之義，亦自然之結果也。試更證此通則於下方：

一、屋櫨欂謂之絣，又謂之櫨。幷有駢列之義，盧有連侶之義，義相近。

二、縫衣謂之絣，又謂之絽。幷有幷合之義，呂有連侶之義，義相近。

三、栟櫚謂之栟，又謂之櫚，又謂之椶。幷有幷合之義，呂有連侶之義，叜有聚合之義。

四、儀禮聘禮記云：『禾四秉曰筥，十筥曰稯。』呂有連侶之義，叜有聚合之義，義相近。綜上四事，吾人可以表明之：

事類／聲類	宮室	衣服	植物	禾秉	庶物
幷	栟	絣	栟		荓
呂	櫨	絽	櫚	筥	
叜			椶	稯	

楊氏之所謂「析其聲類」者，卽推本形聲字之聲母云耳。謂形聲字之義相近者，其所從之聲母間義本相近。若聲母義不相近，則其聲母多爲假借。例如：

「說文六篇下貝部云：『贈、玩好相送也。』又『賀、以禮物相奉慶也。』又『賞、賜有功也。』毛詩傳：『貺、賜也。』四字皆以物與人之辭。析其聲類，則曾者、加也、益也；兄者、茲也（見毛詩召旻傳）、益也（見國語晉語注）；加者、增也（說文：加、語相增加也。）。尙者、加也（見孟子趙岐注）；其義皆同。又說文賜訓予，从貝，易聲。易實假爲益也（按釋贈篇及字義同緣於語源同例證例八，均有詳釋，唯文長故不備載）」

楊氏謂賜有加益義，而易聲無加益義，故知易聲實爲益聲之假借；謚有易名義，而益聲無易義，故知益聲實爲易聲之假借。序謂「持二義以說諸文」者，卽謂本義與假借義分歧不一而已。

楊氏思深悟銳，其積微居小學金石論叢增訂本中，尙有釋某字之屬四十一篇，說某字之屬十七篇，搜伏摘隱，備極博雅，今並掇其凡例載諸次章，不復引述。

第二章　前人所創形聲多兼會意說彙例

小學名家，肇元班志，流通斯術，代有髦俊，今獨就研究形聲字多兼會意之一端，蒐采諸家大要，釐成條例，以聲爲綱，諸說爲目，比列牽連，略按年次，旣以紀創始之閎密，亦可觀異聞之通昧，意在彙例，故不加軒輊。凡諸家以全稱肯定發凡者，則依之載錄，例之曰「从某得聲之字皆有某義」，諸家不以全稱肯定發凡者，亦依之載錄，例之曰「从某得聲之字多有某義」，諸家未加發凡，但舉列形聲字羣以申明會意之旨者，則出其列舉諸字，例之曰「从某得聲之字如某某並有某義」，又有但謂某字从某聲，故當有某義者，則例之曰「从某得聲之字得有某義」，循斯四例，或則鍵鑰所開，遠達神指，或則脈絡隱然，衆隅可反。溯自宋代右文之說，下迄今人積微居所釋，凡一千有十五例，條緒旣廣，疵纇不免，典籍散落，遺闕尙多，芟繁苴疏，俟諸異日。

影紐

从夗得聲之字　皆有委曲義 段玉裁說文解字注夗篆下。又𥁰篆下

如宛𥁰𡚶椀惌苑並有小義 錢繹方言箋疏卷五

如宛𥁰䆮琬有宛中義 章太炎文始二

多有委曲義 沈兼士國語問題之歷史的研究

从宛得聲之字　得有四方高中央下義 楊樹達字義同緣於語源同例證例十三

皆有委曲義 段玉裁說文解字注夗篆下

皆有曲義 馬瑞辰毛詩傳箋通釋卷十三引焦循說

皆有小義 劉師培字義起於字音說。又物名溯源

多有屈曲義 沈兼士右文說在訓詁學上之沿革及其推闡表式凡例

从愛得聲之字　愛屬无聲无在見紐

如薆僾籎曖愛並有隱翳義 王念孫廣雅疏證卷二下

如愛薆僾曖並有隱義 王引之經義述聞卷十五。又卷廿七

皆有隱義 吳夌雲經說卷一

如薆籎僾愛並有隱蔽義 郝懿行爾雅義疏卷三

如愛薆僾僾並有隱蔽義 馬瑞辰毛詩傳箋通釋卷廿七

从益得聲之字　得有加義 錢坫說文解字斠銓卷三謚篆下

从奄得聲之字　如醃晻並有闇義 王念孫廣雅疏證卷六上

从音得聲之字

如奄俺並有大義王念孫釋大第五

如奄俺並有大義馬瑞辰毛詩傳箋通釋卷廿四

多有隱暗狹小義劉師培正名隅論

多有蘊藏義沈兼士右文說在訓詁學上之沿革及其推闡表式凡例

如闇暗並有奄義王念孫廣雅疏證卷六上

如闇暗瘖並有陰蔽義陳澧春秋劉光伯規杜辨

多有隱暗狹小義劉師培正名隅論

皆有深闇幽邃義胡韞玉六書淺說

多有禁持蘊藏義沈兼士右文說在訓詁學上之沿革及其推闡表式凡例

从夭得聲之字

如夭䄏枖沃並有壯盛義王念孫廣雅疏證卷六上

得有夭屈義吳夌雲經說卷一

从殹得聲之字殹屬矢聲矢在審紐

如黳緊鷖翳堅並有黑義王念孫廣雅疏證卷八上

从嬰得聲之字

如嬰𦉆櫻並有小義王念孫廣雅疏證卷十上

从乙得聲之字

如蚅犯圪並有大義王念孫釋大第五

从央得聲之字

如央泱霙柍並有大義王念孫釋大第五

从旻得聲之字

多有白義楊樹達形聲字中有義略證例一

从匽得聲之字

如匽鷗䁞並有大義王念孫釋大第五

从安得聲之字

如晏侒安並有安義郝懿行爾雅義疏卷二

从意得聲之字

如億意噫臆並有滿義王引之經義述聞卷六

如意薏繶並有心中義吳夌雲經說卷二

从奥得聲之字

如懊隩奥並有隱蔭義王引之經義述聞卷廿七

从畏得聲之字

如隈椳䫿並有曲義吳夌雲廣韵說

从肙得聲之字

如肙捐並有空義郝懿行爾雅義疏卷七

多有小義陳衍說文舉例

从幺得聲之字

如幺幼並有小義郝懿行爾雅義疏卷十九

皆有微小義劉師培正名隅論

从幼得聲之字　皆有微小義（劉師培正名隅論）

从屋得聲之字　皆有局限一隅義（黃承吉與劉孟瞻書）

从猒得聲之字　多有禁制蘊藏義（沈兼士右文說在訓詁學上之沿革及其推闡表式凡例）

从厭得聲之字　多有隱暗狹小義（劉師培正名隅論）

从委得聲之字　多有曲垂義（劉師培物名溯源）

从賏得聲之字　得與頸義相關（沈兼士右文說在訓詁學上之沿革及其推闡第五節）

从燕得聲之字　多有白義（楊樹達形聲字字中有義略證例二）

从於得聲之字　多有壅塞義（楊樹達字義同緣於語源同例證例十六）

从邕得聲之字　多有蔽塞義（楊樹達形聲字字中有義略證例七）

喻紐

从與得聲之字　如歟懙鸒與懙𧼮並有安舒義（段玉裁說文解字注歟篆下。又𧼮篆下）

如萸醧穥𧼮懙歟並有美義安義（吳夌雲廣韵說）

多有揚舉義（馬瑞辰毛詩傳箋通釋卷廿三）

皆有寬緩義（沈兼士右文說在訓詁學上之沿革及其推闡第四節）

从枼得聲之字（枼從世聲世在審紐）　如枼葉牒𥳑偞並有薄片義（段玉裁說文解字注枼篆下葉篆下）

如鍱葉揲𥳑牒並有叢集義（王念孫廣雅疏證卷三下。卷八上）

如韘屟並有藉義（馬瑞辰毛詩傳箋通釋卷六）

多有隱暗狹小義（劉師培正名隅論）

从甬得聲之字　皆有興起義（段玉裁說文解字注甬篆下）

如俑勇涌踊迵誦通痛蛹並有甬義（魏源六書釋例）

如甬通踊涌勇並有高大義（劉師培正名隅論）

从睪得聲之字　如擇澤釋並有脫義（焦循易餘籥錄卷四）

如擇斁殬並有敗義（王引之經義述聞卷四。又卷廿二）

如斁繹驛並有盛義（王引之經義述聞卷四）

如睪斁圛燡譯並有光明義（錢繹方言箋疏卷十三）

从容得聲之字　如搈溶傛並有動義（王念孫廣雅疏證卷一下）

从聿得聲之字聿從一聲一在影紐

多有蔽塞義楊樹達形聲字中有義略證例七

如聿筆肆並有銳出義王念孫廣雅疏證卷一下

从賣得聲之義賣屬先聲先在來紐

如瀆隫䜘竇並有坎底義王念孫廣雅疏證卷九下

从𦣞得聲之字

如頤宧並有養義王念孫方言疏證補

如宧頤並有養義郝懿行爾雅義疏卷六

从昜得聲之字

如昜鍚陽揚暘錫並有大義王念孫釋大第六

如昜蕩碭崵揚颺暘並有高義劉師培正名隅論

如陽湯暢蕩並有疏大義劉師培正名隅論

从寅得聲之字

如寅夤殥並有大義王念孫釋大第六

多有抽引上穿義劉師培正名隅論

从𡈼得聲之字

如𡈼淫並有大義王念孫釋大第六

从由得聲之字

如鼬柚並有大義王念孫釋大第六

如迪妯並有動義王引之經義述聞卷廿六

如妯迪軸柚由並有動義郝懿行爾雅義疏卷二

从庸得聲之字

如庸墉鏞牅並有大義王念孫釋大第六

如墉鏞並有高大義劉師培正名隅論

多有蔽塞義楊樹達形聲字中有義略證例七

从余得聲之字余從舍省聲舍在審紐

如悇荼涂並有白義吳夌雲經說

皆有寬緩義沈兼士右文說在訓詁學上之沿革及其推闡第四節

从以得聲之字

如允以並有信實之義郝懿行爾雅義疏卷一

从允得聲之字

多有抽引上穿義劉師培正名隅論

从台得聲之字

皆有始義劉師培小學發微補

从䍃得聲之字䍃从肉聲肉在日紐

如繇搖並有由此達彼義郝懿行爾雅義疏卷一

从延得聲之字

如遙搖榣⿰⻊䍃並有動義郝懿行爾雅義疏卷二

如延梴挻並有長義郝懿行爾雅義疏卷一

如延挻梴並有長義錢繹方言箋疏卷一

如延挻梴並有長義馬瑞辰毛詩傳箋通釋卷三二

得有長大義王先謙詩三家義集疏卷三上

多有抽引上穿義劉師培正名隅論

从冘得聲之字

多有垂義馬瑞辰毛詩傳箋通釋卷五

如沈耽忱眈妉並有冘義魏源六書釋例

皆有深沈陰鷙義胡韞玉六書淺說

从酉得聲之字

皆有臭義龔自珍述段玉裁說文以聲爲義論

从也得聲之字

如地池馳施並有施布向外義魏源六書釋例

从勻得聲之字

如鈞均並有勻義魏源六書釋例

从俞得聲之字

如逾踰愈瘉並有俞義魏源六書釋例

从予得聲之字

如舒抒序紓並有擴張義劉師培正名隅論

皆有寬緩義沈兼士右文說在訓詁學上之沿革及其推闡第四節

从胤得聲之字

多有抽引上穿義劉師培正名隅論

从役得聲之字

如役⿰金殳⿰殳鳥並有小義劉師培物名溯源

从喬得聲之字喬屬內聲內在泥紐

多有赤義陳衍說文舉例

从臾得聲之字

如臾腴諛並有下義楊樹達字義同緣於語源同例證例四八

爲紐

从于得聲之字

多有大義段玉裁說文解字注芋篆下。又吁篆下

如于夸訏芋並有大義王念孫廣雅疏證卷一上

如于謣洿竽宇雩訏吁盱並有大義王念孫釋大第七，又第八

如訏謣迂並有夸誕義王引之經義述聞卷廿。又卷廿二

如盱于訏並有大義王引之經義述聞卷廿二

多有大義郝懿行爾雅義疏卷一

如訏盱芋㝑宇于竽並有大義錢繹方言箋疏卷一
如訏芋並有大義馬瑞辰毛詩傳箋通釋卷廿七
皆有大義龔自珍述段玉裁論說文以聲爲義
皆有大義龔自珍說文段注札記訏篆下
如于訏芋竽並有大義劉師培正名隅論
多有汙下義楊樹達字義同緣於語源同例證例十三

从云得聲之字

皆有回轉義段玉裁說文解字注回篆下
如紜䰟並有衆盛義王念孫廣雅疏證卷三上
如云芸沄雲並有大義王念孫釋大第六
皆有轉義楊樹達字義同緣於語源同例證例四。又說云

从雲得聲之字

多有抽引上穿義劉師培正名隅論

从袁得聲之字袁屬屮聲屮在徹紐

如袁遠轅並有長緩義段玉裁說文解字注袁篆下

从員得聲之字

如員䰟並有衆盛義王念孫廣雅疏證卷三下
多有抽引上穿義劉師培正名隅論

从韋得聲之字

如偉煒韡韡颾違並有大義王念孫釋大第六
多有圓義回轉義陳衍說文舉例

从氏得聲之字氏从乚聲乚在見紐

如氏越𨒪樾並有大義王念孫釋大第六

从炎得聲之字

得有炎義馬瑞辰毛詩傳箋通釋卷二十引段氏說
多有隱暗狹小義劉師培正名隅論
如談剡錟琰並有銳利義楊樹達釋說

从有得聲之字

多有不宜有之疵累義王國瑞釋有

从𤔲得聲之字

多有抽引上穿義劉師培正名隅論

曉紐

从昏得聲之字

如昏惛睧婚並有昏義戴侗六書故序

从𤋱得聲之字

如𤋱纁曛𧝐醺並有𤋱義戴侗六書故序

从延得聲之字

如遙搖榣䍃並有動義郝懿行爾雅義疏卷二

如延梴挻並有長義郝懿行爾雅義疏卷一

如延挻梴並有長義錢繹方言箋疏卷一

如延挻梴並有長義馬瑞辰毛詩傳箋通釋卷三二

得有長大義王先謙詩三家義集疏卷三上

多有抽引上穿義劉師培正名隅論

从冘得聲之字

多有垂義馬瑞辰毛詩傳箋通釋卷五

如沈耽忱眈㕲並有冘義魏源六書釋例

皆有深沈陰鷙義胡韞玉六書淺說

从酉得聲之字

皆有臭義龔自珍述段玉裁論說文以聲爲義

从也得聲之字

如地池馳施並有施布向外義魏源六書釋例

从匀得聲之字

如鈞均並有匀義魏源六書釋例

从俞得聲之字

如逾踰愈瘉並有俞義魏源六書釋例

从予得聲之字

如舒抒序紓並有擴張義劉師培正名隅論

皆有寬緩義沈兼士右文說在訓詁學上之沿革及其推闡第四節

从胤得聲之字

多有抽引上穿義劉師培正名隅論

从役得聲之字

如役鈠鴔並有小義劉師培物名溯源

从喬得聲之字喬屬內聲內在泥紐

多有赤義陳衍說文舉例

从臾得聲之字

如臾腴諛並有下義楊樹達字義同緣於語源同例證例四八

爲紐

从于得聲之字

多有大義段玉裁說文解字注芋篆下。又吁篆下

如于夸訏芋並有大義王念孫廣雅疏證卷一上

如于謣㵰竽宇雩訏吁盱並有大義王念孫釋大第七，又第八

如訏謣迂並有夸誕義王引之經義述聞卷廿。又卷廿二

如盱于訏並有大義王引之經義述聞卷廿二

多有大義郝懿行爾雅義疏卷一

得有炎上義吳麦雲小學說

如謍熒榮滎並有小義馬瑞辰毛詩傳箋通釋卷廿二

如滎熒謍榮並有小義陳瑑六九齋饌述稾卷四

如嫈謍滎熒並有小義章太炎文始三

从胡得聲之字胡从古聲古在見紐

如胡湖並有大義王念孫廣雅疏證卷一上

从臽得聲之字

如欿窞臽並有坎陷義王念孫廣雅疏證卷九下

多有隱暗狹小義劉師培正名隅論

多有禁持蘊藏義沈兼士右文說在訓詁學上之沿革及其推闡表式凡例

如臽窞陷監並有低下義楊樹達字義同緣於語源同例證例四八

从夅得聲之字

如絳洚並有大義王念孫釋大第一

从會從聲之字

如會儈髖襘廥鬠並有大義王念孫釋大第一

如會廥薈繪髖並有會合義章太炎文始一

多有會合義楊樹達說禬

从黃得聲之字黃从光聲光在見紐

如癀曠壙並有大義王念孫釋大第二

如橫廣並有充廣義王引之經義述聞卷三

如黃觵簧橫廣潢曠並有大義劉師培正名隅論

从咸得聲之字

如咸感並有速義王引之經義述聞卷二

从害得聲之字害从丰聲丰在見紐

如害割並有裂義王引之經義述聞卷廿七

如割害並有削物義郝懿行爾雅義疏卷三

从合得聲之字

如斂欱佮洽祫並有合義郝懿行爾雅義疏卷一

如合荅並有相對義郝懿行爾雅義疏卷一

如洽佮合敆並有合義馬瑞辰毛詩傳箋通釋卷二十

多有蘊藏義沈兼士右文說在訓詁學上之沿革及其推闡表式凡例

从劦得聲之字

如勰恊協並有和義郝懿行爾雅義疏卷一

从后得聲之字

如劦協勰並有和義（馬瑞辰毛詩傳箋通釋卷廿七）

皆有和義（龔自珍述段玉裁論說文以聲爲義）

如垢詬並有恥辱義（馬瑞辰毛詩傳箋通釋卷五）

从亥得聲之字

皆有侅大生長義（魏源六書釋例）

皆有極義（劉師培小學發微補）

如荄孩該垓並有侅大生長義（劉師培正名隅論）

如荄咳骸核晐侅頦駭垓陔並有荄滋生長義（沈兼士右文說在訓詁學上之沿革及其推闡第五節）

从奚得聲之字（奚屬厂聲厂在喻紐）

如奚谿豯雞並有腹大義（章太炎文始四）

从玄得聲之字

多有抽引上穿之義（劉師培正名隅論）

从覓得聲之字

多有抽引上穿之義（劉師培正名隅論）

从𢎘得聲之字

多有隱暗狹小義（劉師培正名隅論）

多有禁制蘊含義（沈兼士右文說在訓詁學上之沿革及其推闡表式凡例）

从盇得聲之字

多有隱暗狹小義（劉師培正名隅論）

从互得聲之字

多有止義（楊樹達字義同緣於語源同例證例五四）

从玆得聲之字

多有黑義（楊樹達釋𢆉）

見紐

从屈得聲之字（屈從出聲出在穿紐）

得有短義（黃生義府卷下）

得有曲義（黃承吉字詁義府合按）

如䠐𧛺屈並有短義（錢繹方言箋疏卷四）

如屈屈鶌並有短義（馬瑞辰毛詩傳箋通釋卷二十）

皆有短義（劉師培字義起於字音說）

从幾得聲之字

如幾機璣並有不圓義（段玉裁說文解字注璣篆下）

如譏機並有限義（王先謙詩三家義集疏卷三）

从奇得聲之字（奇屬丂聲丂在曉紐）

多有小義（劉師培物名溯源）

多有偏義（段玉裁說文解字注齮篆下）

如畸奇倚攲掎輢並有不正義（王念孫廣雅疏證卷二下）

如倚奇畸踦觭齮並有偏側義（錢繹方言箋疏卷二）

从吉得聲之字

如鮚硈黠並有堅義（段玉裁說文解字注鮚篆下・又黠篆下）

皆有曲義（陳詩庭讀說文證疑頡字條下）

如劼硈並有堅固義（郝懿行爾雅義疏卷一）

得有直義（章太炎文始四）

多有堅義（沈兼士右文說在訓詁學上之沿革及其推闡表式凡例）

从丩得聲之字

如嘂叫訆並有丩義（段玉裁說文解字注訆篆下）

如糾丩並有聚義（吳夌雲經說）

如朻糾丩並有丩互義（魏源六書釋例）

皆有曲義（段玉裁說文解字注狗篆下。又朐篆狗篆下）

从句得聲之字

如狗拘並有止義（焦循易通釋卷十）

皆有屈曲義（錢繹方言箋疏卷五）

如句枸拘笱鉤雊劬並有句曲義（魏源六書釋例）

如句笱鉤朐痀軥耇並有曲義（劉師培正名隅論）

皆有屈曲句折義（胡韞玉六書淺說）

皆有小義（楊樹達字義同緣於語源同例證例十一）

从光得聲之字

多有大義（段玉裁說文解字注侊篆下）

如光桄橫黃並有充廣義（王引之經義述聞卷三）

如光晃廣桄橫洸並有大義（郝懿行爾雅義疏卷一）

如桄駫洸並有大義（劉師培正名隅論）

如光晃並有明義（劉師培正名隅論）

从今得聲之字

皆有禁制義（段玉裁說文解字注衿篆下）

多有隱暗狹小義（劉師培正名隅論）

多有含蘊義（沈兼士右文說在訓詁學上之沿革及其推闡第四節）

多有禁制義（沈兼士右文說在訓詁學上之沿革及其推闡第五節）

从金得聲之字皆有禁制義（段玉裁說文解字注栓篆下）

从庚得聲之字

如庚唐康並有大義（劉師培正名隅論）

多有空虛義（沈兼士右文說在訓詁學上之沿革及其推闡表式凡例）

从康得聲之字

皆有虛義（段玉裁說文解字注歁篆下。又漮篆下）

如康漮歁並有虛義（錢大昕潛研堂文集卷四）

如漮歁𨻶㝩穅康並有空虛義（錢繹方言箋疏卷十三）

从叚得聲之字

如叚瑕鰕騢並有赤色義（段玉裁說文解字注鰕篆下。騢篆下）

皆有大義（劉師培字義起於字音說。又物名溯源）

多有赤義（楊樹達形聲字中有義略證例四）

多有大義（楊樹達字義同緣於語源同例證例四二。又釋雌雄）

从圭得聲之字

如圭娃洼窐並有圜而深義（段玉裁說文解字注娃篆下）

得有圭潔義（吳夌雲廣韵說）

如圭鞋挂卦並有畫義（陳詩庭讀說文證疑）

从柬得聲之字

如湅練鍊柬並有治義（段玉裁說文解字注鍊篆下）

从軍得聲之字

如軍渾輝煇並有圍義（段玉裁說文解字注軍篆下）

如鶤睴煇翬揮並有大義（王念孫釋大第一。又第七）

从巠得聲之字（巠从壬聲　壬在透紐）

皆有直而長義（段玉裁說文解字注陘篆下）

如徑陘勁陘並有直義（劉師培正名隅論）

如巠莖並有上擢義（劉師培正名隅論）

多有直義（陳衍說文舉例）

多有直立義（楊樹達字義同緣於語源同例證例三十五。又說骹骭）

从幵得聲之字

如刑形並有平成義（焦循易通釋卷十）

皆有大義（劉師培字義起於字音說）

皆有强大義（劉師培物名溯源）

多有幷列義（楊樹達形聲字中有義略證例六）

多有合幷幷立義（楊樹達字義同緣於語源同例證例十四）

从丮得聲之字 皆有使義（龔自珍說文段注札記丮篆下）

如丮併屏騈並有直挺對峙義（劉師培正名隅論）

多有抽引上穿義（劉師培正名隅論）

从己得聲之字 得有更別義（焦循易餘籥錄卷四）

从歘得聲之字 如蹷歘闕並有穿義（王引之經義述聞卷十一）

从厥得聲之字 如蹶厥橜蟨並有短義（王念孫廣雅疏證卷二下）

皆有短義（錢繹方言箋疏卷二）

如蹶橜厥並有止義（馬瑞辰毛詩傳箋通釋卷廿四）

多有短義（劉師培物名溯源）

从居得聲之字 如居腒並有久義（王念孫廣雅疏證卷三下）

从甘得聲之字 如鉗拑並有惡義（王念孫廣雅疏證卷三下）

如鉗拑並有惡義（錢繹方言箋疏卷十）

如酣柑苷泔甜並有甘義（魏源六書釋例）

多有隱暗狹小義（劉師培正名隅論）

多有禁持蘊含義（沈兼士右文說在訓詁學上之沿革及其推闡表式凡例）

从雚得聲之字（雚从吅聲吅在曉紐）

如灌觀並有多義（王念孫廣雅疏證卷三下）

如顴權觀並有兩高相平義（王念孫廣雅疏證卷六下）

如權蠸並有黃義（王引之經義述聞卷廿八）

如歡觀並有多義（吳夌雲經說）

如灌觀並有多義（馬瑞辰毛詩傳箋通釋卷廿三）

如歡驩懽讙灌觀勸並有歡義（魏源六書釋例）

多有曲義（楊樹達形聲字字中有義略證例一。又釋經）

从家得聲之字 如嫁稼並有有所出義（王念孫方言疏證補）

从岡得聲之字（岡屬亡聲亡在微紐）．

如岡剛綱犅並有大義（王念孫釋大第一）

从亢得聲之字 如亢魧㼚䀏並有大義（王念孫釋大第一）

如瓬亢阬沆魧蚢並有大義錢繹方言箋疏卷五

如伉亢阬閌並有高義馬瑞辰毛詩傳箋通釋卷廿四

如亢迒杭沆魧並有大義。劉師培正名隅論。又物名溯源

如亢炕沆抗並有高義劉師培正名隅論

得有高下義窪下義沈兼士右文說在訓詁學上之沿革及其推闡表式凡例

從臯得聲之字

如臯灝並有大義王念孫釋大第一

從間得聲之字

如簡橌並有大義王念孫釋大第一

從監得聲之字監屬臽聲臽在匣紐

如監鑑並有大義王念孫釋大第一

多有隱暗狹小義劉師培正名隅論

從京得聲之字

如京䵞景勍並有大義王念孫釋大第一

如諒涼𥷑並有高厚義薄義吳夌雲小學說

如京景並有大義郝懿行爾雅義疏卷一

如京景鯨並有大義錢繹方言箋疏卷一

皆有大義劉師培字義起於字音說。又物名溯源

如景倞京並有明義劉師培正名隅論

從昆得聲之字

如昆鯤並有大義王念孫釋大第一

從告得聲之字

如告牿⿰阝告酷嚳並有大義王念孫釋大第一

如誥告並有謹義王引之經義述聞卷廿八

從瓜得聲之字

如瓜軱罛並有大義王念孫釋大第一

從亯得聲之字

如亯椁廓鞟槨並有大義王念孫釋大第一

皆有皮義在外義楊樹達字義同緣於語源同例證例三

從歸得聲之字歸从自聲自在端紐

如巋蘬並有大義王念孫釋大第二

從畺得聲之字

如彊⿰魚畺並有大義王念孫釋大第三

從癸得聲之字癸屬矢聲矢在審紐

如騤戣並有大義王念孫釋大第三

从各得聲之字

如頷嵒諮並有大義王念孫釋大第四

得有格輅義錢坫說文解字斠詮各篆下

如觡輅格並有枝格義錢繹方言箋疏卷五

得有岐別義沈兼士右文說在訓詁學上之沿革及其推闡第五節

从斤得聲之字

如齗犷沂並有大義王念孫釋大第四

如听忻犷虓並有開義楊樹達釋听

从𡥈得聲之字𡥈从爻聲爻在匣紐

如教𡥈並有效義王引之經義述聞卷七

从干得聲之字

如罕衎並有寬義王引之經義述聞卷廿二

如軒赶並有擧立義吳夌雲經說

多有直立義楊樹達字義同緣於語源同例證例三十四。又說骹骭

从交得聲之字

如校較並有直義王引之經義述聞卷廿六

多有直立義楊樹達字義同緣於語源同例證例三十四。又說骹骭

从亟得聲之字

如亟極並有愛義王引之經義述聞卷廿七

从谷得聲之字

得有養義宋保諧聲補逸卷七

从古得聲之字

多有枯槀苦盬沽薄義章太炎語言緣起說引阮元說

如苦𧆛盬姑並有息義馬瑞辰毛詩傳箋通釋卷十一

从敬得聲之字

得有敬義阮元揅經室續集卷一釋敬

从九得聲之字

如九鳩並有聚義吳夌雲經說

如阢氿究並有曲義馬瑞辰毛詩傳箋通釋卷廿五

如旮尪旭究尻勼軌並有九義劉師培正名隅論

从介得聲之字

如介衸並有大義吳夌雲廣韻說

如介玠夼並有大義錢繹方言箋疏卷一

如介砎扴芥骱齘忦並有小義錢繹方言箋疏卷一。又卷二

如价玠介並有介大義魏源六書釋例

从夾得聲之字

如俠挾匧並有藏義郝懿行爾雅義疏卷三

多有隱暗狹小義劉師培正名隅論

如夾挾映頰並有旁義楊樹達字義同緣於語源同例證二。又釋頰

从規得聲之字

如嫢規睍窺闚並有細小義錢繹方言箋疏卷二

从君得聲之字

如郡窘涒並有仍復義馬瑞辰毛詩傳箋通釋卷二十

从𦊔得聲之字

如繇瘰並有病義馬瑞辰毛詩傳箋通釋卷廿四

从貫得聲之字

如遦攢貫並有習義陳瑑六九齋饌述稿卷二

从工得聲之字

多有大義陳奐詩毛氏傳疏節南山

如空江虹堆仜鴻並有大義劉師培正名隅論

从弇得聲之字

如弇㛪媕並有弇含義魏源六書釋例

多有隱暗狹小義劉師培正名隅論

多有蘊藏義沈兼士右文說在訓詁學上之沿革及其推闡表式凡例

从兼得聲之字

如謙歉慊嗛溓隒並有兼義魏源六書釋例

多有隱暗狹小義劉師培正名隅論

多有禁持蘊含義沈兼士右文說在訓詁學上之沿革及其推闡表式凡例

从冓得聲之字

如冓構並有交積義張行孚同部重文異部重文中有古今文

从昏得聲之字

如捪䎒並有絜義王先謙詩三家義集疏卷三中

多有會合義楊樹達說禬

从厷得聲之字

如厷雄宏弘並有大義劉師培正名隅論

多有大義楊樹達字義同緣於語源同例證四十二。又釋雌雄

从躳得聲之字

如窮宮並有大義劉師培正名隅論

从公得聲之字

如公翁舩松並有高義劉師培正名隅論

从巾得聲之字

多有抽引上穿義劉師培正名隅論

从く得聲之字

多有抽引上穿義劉師培正名隅論

从國得聲之字國从或聲或在爲紐

多有隱暗狹小義劉師培正名隅論

从敢得聲之字

多有隱暗狹小義劉師培正名隅論

从劫得聲之字

多有隱暗狹小義劉師培正名隅論

从甲得聲之字

多有隱暗狹小義劉師培正名隅論

从禁得聲之字禁从林聲林在來紐

皆有含蘊義沈兼士右文說在訓詁學上之沿革及其推闡第四節

从𢍏得聲之字𢍏从釆聲釆在並紐

多有曲義楊樹達形聲字聲中有義略證例一。又釋經

从加得聲之字

得有增加義楊樹達釋贈

溪紐

从臤得聲之字臤从臣聲臣在禪紐

得有臤義藝文類聚引楊泉物理論。按此例不純今采輯之者以其乃首唱之例

如賢竪𦣝臤掔並有大義王念孫廣雅疏證卷一上

如臤鏗賢並有堅義阮元車制圖解革解第四

如臤賢並有堅義楊樹達釋贊

从殸得聲之字

得有孚甲而堅義程瑤田九穀考磯條下

多有善義馬瑞辰毛詩傳箋通釋卷廿五

从豈得聲之字豈从散省聲微在微紐

如剴䶬並有摩義段玉裁說文解字注齒部䶬篆下

如凱愷闓塏剴並有大義王念孫釋大第二

如磑䶬剴並有相摩切義錢繹方言箋疏卷五

从夸得聲之字夸从于聲于在爲紐

如夸誇姱並有大義王念孫釋大第二

如挎刳洿並有空其中義吳夌雲經說

如夸誇荂並有侈陳於外義劉師培正名隅論

从困得聲之字

如困蜠菌箘並有大義王念孫釋大第二

从气得聲之字

如圪仡䖇並有大義王念孫釋大第四

如迄訖齕汔並有至極義吳夌雲經說卷三

从可得聲之字可从丂聲丂在曉紐

如訶閜𣢾阿並有大義王念孫釋大第四。第七

皆有大義錢繹方言箋疏卷二

从去得聲之字

多有大義龔自珍說文段注札記訶篆下

如妸阿猗掎並有美義鄧廷楨雙硯齋筆記

如胠𢂁並有左右兩邊義王引之經義述聞卷廿七

多有開義楊樹達字義同緣於語源同例證例五三

从殸得聲之字

多有懸空義阮元揅經室集釋磬

多有抽引上穿義劉師培正名隅論

从匡得聲之字匡从宔聲宔在匣紐

如匡筐筐軭恇並有枉曲義錢繹方言箋疏卷十三

从困得聲之字

如梱閫悃並有困義魏源六書釋例

从丂得聲之字

如丂巧考攷並有屈曲義劉師培正名隅論

从欠得聲之字

多有隱暗狹小義劉師培正名隅論

羣紐

从喬得聲之字

如蹻蹻驕嬌並有壯義王念孫廣雅疏證卷一上

如喬鷮橋簥驕並有大義王念孫釋大第一

如僑喬鐈簥並有大義王引之經義述聞卷廿二

如喬嶠橋並有銳而高義郝懿行爾雅義疏卷一

从虔得聲之字

如虔鰬並有大義王念孫釋大第三

从耆得聲之字耆屬匕聲匕在幫紐

如耆鬐鰭並有大義王念孫釋大第三

从豦得聲之字

如噱遽並有大義王念孫釋大第三

如噱劇遽並有大義劉師培正名隅論

从巨得聲之字

如巨鉅鐻並有大義王念孫釋大第三

如巨鉅渠並有大義劉師培正名隅論

从卷得聲之字卷屬釆聲釆在並紐

如卷鬈婘並有好義王引之經義述聞卷五

如卷鬈並有曲義馬瑞辰毛詩傳箋通釋卷廿五

从其得聲之字其从丌聲，說文其為箕之重文，丌箕並在見紐

从及得聲之字

如諆惎基並有謀義王引之經義述聞卷十九

如璂騏箕其綦棊並有相間成文義吳夌雲經說卷一

如汲級伋忣並有憂思義王引之經義述聞卷廿二

如岌及馺並有高過義郝懿行爾雅義疏卷十二

从共得聲之字

得有共義宋保諧聲補逸卷六

如龔供拱珙㤨並有共義魏源六書釋例

如共供洪谼並有大義劉師培正名隅論

从睘得聲之字睘屬屮聲屮在澈紐

如儇譞趧獧並有巧捷義錢繹方言箋疏卷一

从局得聲之字

如跼局並有曲義馬瑞辰毛詩傳箋通釋卷二十

从弱得聲之字

如弱粥弱並有弱義魏源六書釋例

从堇得聲之字

多有寡少義楊樹達釋謹

疑紐

从吾得聲之字

如晤悟寤吾並有明義段玉裁說文解字注晤篆下

多有明義沈兼士右文說在訓詁學上之沿革及其推闡第四節

多有逆止義沈兼士右文說在訓詁學上之沿革及其推闡第四節

从兀得聲之字

多有孤高義段玉裁說文解字注兀篆下

从元得聲之字

如忨玩並有隱蔭義王引之經義述聞卷廿七

多有抽引上穿義劉師培正名隅論

从堯得聲之字

如堯嶢翹並有危義王念孫廣雅疏證卷六上

得有高義吳夌雲小學說

多有崇高延長義劉師培小學發微補

皆有嵩高長大義胡韞玉六書淺說

从敖得聲之字

如聱鼇嫯𢧢嗷敖驁傲謷並有大義王念孫釋大第四

如敖傲遨並有外放義郝懿行爾雅義疏卷三

如敖傲驁並有高長義馬瑞辰毛詩傳箋通釋卷六

从咢得聲之字

如咢諤崿堮鄂鶚齶並有大義王念孫釋大第四

从巍得聲之字（巍从委聲委在影紐）

如巍魏犩並有大義（王念孫釋大第四）

从禺得聲之字

如顒䮈並有大義（王念孫釋大第四）

如隅偶愚並有邪義（王引之經義述聞卷三）

从原得聲之字

如原䝙願並有大義（王念孫釋大第四）

多有抽引上穿義（劉師培正名隅論）

从義得聲之字

如議儀義並有度義（王引之經義述聞卷十九）

从卮得聲之字（卮从乚聲乚在喻紐）

如梔卮扼並有半規曲形義（阮元車制圖解軥解第三）

从乂得聲之字

如刈艾⿱辟乂忞婋乂並有乂義（吳㚔雲廣韵說）

从樂得聲之字

如鑠⿰目樂爍並有美義（錢繹方言箋疏卷二）

从臬得聲之字（臬從自聲自在從紐）

如甈劓臬闑並有中正義破碎義（錢繹方言箋疏卷五）

从吳得聲之字

皆有大義（錢繹方言箋疏卷十三）

多有大義（馬瑞辰毛詩傳箋通釋卷四）

多有大義（楊樹達釋雌雄）

从午得聲之字

如午仵並有逆義（錢繹方言箋疏卷十三）

从厃得聲之字

多有隱暗狹小義（劉師培正名隅論）

从業得聲之字

多有隱暗狹小義（劉師培正名隅論）

从我得聲之字

多有傾邪義（楊樹達字義同緣於語源同例證例廿四）

端紐

从單得聲之字（單从吅聲吅在曉紐）

如⿰犭單嘽幝單並有疲⿰亻敝義（段玉裁說文解字注⿰犭單篆下）

如戰憚並有懼義（王引之經義述聞卷廿二）

得有⿰亻敝義（吳㚔雲經說卷一）

如單幝嘽繟並有寬緩散漫義（吳㚔雲廣韵說）

多有白義（馬瑞辰毛詩傳箋通釋卷五）

从多得聲之字

如殫癉燀彈蟬禪單並有盡義魏源六書釋例

多有白義王先謙詩三家義集疏卷三中

皆有大義段玉裁說文解字注⿰多阝篆下。又烗篆下

如誃哆侈並有離析義王引之經義述聞卷廿七

皆有多義馬瑞辰毛詩傳箋通釋卷一

多有大義馬瑞辰毛詩傳箋通釋卷二十

如多⿰多阝哆烗⿸广多並有廣大盛厚義章太炎文始一

如多夥侈皆有多義劉師培正名隅論

多有豐盛義沈兼士國語問題之歷史的研究

从氏得聲之字

如祇坻氏底並有下義焦循易通釋卷十

如柢邸底氏抵並有本義郝懿行爾雅義疏卷三

如氏柢並有根本義馬瑞辰毛詩傳箋通釋卷二十

如氏柢低底砥泜坻阺蚳軝邸羝祗覗抵並有低義梁啓超從發音上研究中國文字之源

从東得聲之字

如動東棟⿰氵東凍並有動義焦循易餘籥錄

从耑得聲之字

如喘端揣並有動義王念孫廣雅疏證卷一下

如惴顓惴歂並有敬慎義王引之經義述聞卷廿二

从丁得聲之字

如訂汀町並有平義王念孫廣雅疏證卷三下

多有抽引上穿義劉師培正名隅論

得有平義馬瑞辰毛詩傳箋通釋卷二十

从敦得聲之字敦从𦎫聲𦎫在禪紐

如譈懟敦憝並有惡義王念孫廣雅疏證卷三下

如憝譈懟敦並有惡義錢繹方言箋疏卷七

从黨得聲之字黨屬向聲向在曉紐

如黨讜欓並有明義錢繹方言箋疏卷一

如儻曭並有不明義錢繹方言箋疏卷一

从登得聲之字

如鐙隥橙凳並有自下升高義吳葰雲廣韻說

从刀得聲之字

皆有短義馬瑞辰毛詩傳箋通釋卷六

从且得聲之字
皆有小義劉師培字義起於字音說
多有小義楊樹達字義同緣於語源同例證例十一。又說少
多有白義馬瑞辰毛詩傳箋通釋卷五
多有白義王先謙詩三家義集疏卷三中

从亶得聲之字
多有抽引上穿義劉師培名隅論
多有白義馬瑞辰毛詩傳箋通釋卷五
多有白義王先謙詩三家義集疏卷三中

从丹得聲之字
得有赤義楊樹達釋旃

透紐

从妥得聲之字
如妥綏並有安義王引之經義述聞卷二
得有安義王先謙詩三家義集疏卷一

从彖得聲之字
如緣篆瑑並有緣飾隆起義阮元揅經室集釋易盭音
多有抽引上穿義劉師培名隅論

从兔得聲之字
如菟兔並有白義吳夌雲經說卷二

从西得聲之字
如茜𢐑西筃並有輔義陳詩庭讀說文證疑

从咅得聲之字音从不聲不在幫紐
如䣊部峼錇菩蔀培並有小義錢繹方言箋疏卷五。卷十三

从壬得聲之字
多有直義章太炎文始四
如壬呈廷珽莛挺頲霆挺娗並有挺生義劉師培名隅論
多有挺然卓立義楊樹達形聲字中有義略證。又字義同緣於語源同例證例十九例三十四。又釋經。又說骹骭

从㬎得聲之字
多有隱暗狹小義劉師培名隅論

从它得聲之字
多有曲垂義劉師培物名溯源

定紐

从田得聲之字
如田畋佃並有田義王國維觀堂集林五

从同得聲之字
如同迵洞駧侗並有大義段玉裁說文解字注迵篆下。又侗篆下
如同詷侗並有大義劉師培名隅論

从弟得聲之字弟从丿聲丿在喻紐

从童得聲之字童屬東聲東在端紐

如稊弟娣涕並有稚義焦循易通釋卷十

如衝憧並有動義王念孫廣雅疏證卷一下

从覃得聲之字覃屬咸聲咸在匣紐

如覃醰並有長義王念孫廣雅疏證卷二上

如覃潭橝䁴並有宎下義吳夌雲小學說

如覃嘾瞫潭醰撢並有深長義沈兼士右文說在訓詁學上之沿革及其推闡第五節

从廷得聲之字廷从𡈼聲𡈼在透紐

如鋌逛並有空盡義王念孫廣雅疏證卷一下

如脡挺珽侹頲廷庭並有直義郝懿行爾雅義疏卷二

如廷珽莛梃頲霆挺娗並有挺生義劉師培正名隅論

从兌得聲之字兌从㕣聲㕣在喻紐

如娧說並有好義王引之經義述聞卷廿二

如兌涚並有和義黃承吉與劉孟瞻書

从豆得聲之字

如豎裋短並有短小義錢繹方言箋疏卷四

如豎侸並有直立義馬瑞辰毛詩傳箋通釋卷廿九

如侸豎並有立義高學瀛說文解字略例

多有樹立義楊樹達形聲字字中有義略證

多有直立義楊樹達字義同緣於語源同例證例十九

从隶得聲之字

如隶逮隸並有及義錢繹方言箋疏卷七

从段得聲之字段从耑省聲耑在端紐

如鍛碫段並有椎物義馬瑞辰毛詩傳箋通釋卷廿五

从盜得聲之字

多有小義楊樹達說少

泥紐

从農得聲之字

皆有厚義段玉裁說文解字注襛篆下。又濃篆下

多有厚義馬瑞辰毛詩傳箋通釋卷三

皆有厚義陳瑑六九齋饌述稿卷一

多有濃厚義 沈兼士右文說在訓詁學上之沿革及其推闡表式凡例

从夒得聲之字
如夒⿰忄夒並有大義 王念孫釋大第三
多有厚義 楊樹達形聲字中有義略證例八

从難得聲之字 難从𦰩聲𦰩在群紐
如難戁熯並有敬義 王引之經義述聞卷十六
如難漢歎嘆並有艱治義 阮元揅經室續集卷一

从乃得聲之字
如仍扔⿰言乃乃並有因義 郝懿行爾雅義疏卷二

从內得聲之字
如汭芮內並有相入義 錢繹方言箋疏卷一

从念得聲之字 念从今聲今在見紐
如念諗敜並有止義 馬瑞辰毛詩傳箋通釋卷廿六

知紐

从卓得聲之字
如卓⿰禾卓逴倬並有高大義 段玉裁說文解字注卓篆下
如卓趠逴踔⿰禾卓並有超絕義 王引之經義述聞卷十
如卓倬焯晫並有明義 馬瑞辰毛詩傳箋通釋卷廿七

从叕得聲之字
如⿰黹出掇叕⿱䜌叕⿰叕頁惙棳蝃並有短義 王念孫廣雅疏證卷二下
如綴叕畷輟並有繫屬義 阮元揅經室集釋郵表畷
如⿰黹出掇叕⿱䜌叕惙⿰叕頁棳並有短義 錢繹方言箋疏卷十三
如惙叕⿰黹出裰並有短義 馬瑞辰毛詩傳箋通釋卷七
皆有短義 劉師培字義起於字音說。又釋⿰黹出
多有止義 楊樹達字義同緣於語源同例證例五十四

从屯得聲之字
如⿱竹屯屯沌並有圓義 王念孫廣雅疏證卷八上
如肫沌芚並有屯義 魏源六書釋例
多有抽引上穿義 劉師培正名隅論

从耴得聲之字
如耴輒並有下垂義 阮元車制圖解輿解第二

从肘得聲之字
如肘紂並有聚義 吳夌雲廣韻說

从灷得聲之字
如朕⿰亻灷送賸並有推義 吳夌雲小學說

从中得聲之字
如沖盅忡忠仲並有中義 魏源六書釋例

从展得聲之字

如仲衷忠並有中義胡韞玉六書淺說

多有抽引上穿義劉師培正名隅論

从竹得聲之字

多有厚義楊樹達形聲字中有義略證例八

徹紐

从豖得聲之字

多有徵逐義宋保諧聲補逸卷二

如椓敪豛掾涿諑並有有所椎擊義錢繹方言箋疏卷十

澄紐

从宁得聲之字

如佇眝並有久義王念孫廣雅疏證卷二上

如衧貯竚並有裝盛義王引之經義述聞卷十八

如佇宁貯竚並有久義郝懿行爾雅義疏卷二

如宁貯䐗並有積儲義黃承吉與劉孟瞻書

从兆得聲之字

如姚佻挑逃䟺並有達義王引之經義述聞卷廿二

皆有小義錢繹方言箋疏卷八

多有小義劉師培物名溯源

多有小義楊樹達字義同緣於語源同例證例十一。又說少

从朕得音之字朕从灷聲灷在知紐

如賸滕騰螣並有達義王引之經義述聞卷廿二

如朕賸並有推義吳夌雲小學說

如朕騰螣賸滕並有副二義錢繹方言箋疏卷二

如朕騰賸勝並有高義加義劉師培正名隅論

从召得聲之字召从刀聲刀在端紐

如韶紹並有繼義阮元揅經室續集齊陳氏韶樂罍銘釋

多有上指義黃承吉字義起於右旁之聲說

皆有短義馬瑞辰毛詩傳箋通釋卷六

从重得聲之字重从東聲東在端紐

如重腫種鍾緟並有大義多義劉師培正名隅論

多有厚義楊樹達形聲字中有義略證例八

娘紐

从聶得聲之字

如攝懾並有懼義王引之經義述聞卷十八

如欇攝並有動義王引之經義述聞卷廿八

多有隱暗狹小義劉師培正名隅論

从尼得聲之字尼从匕聲匕在幫紐

多有止義沈兼士右文說在訓詁學上之沿革及其推闡第四節

來紐

从盧得聲之字盧从虍聲虍在曉紐

如盧鑪爐甗黸並有盧義王觀國學林卷五

如黸盧壚瀘並有黑義王念孫廣雅疏證卷八上

如黸矑盧壚瀘並有黑義錢繹方言箋疏卷二

多有連立義楊樹達形聲字中有義略證例五

从畾得聲之字

皆有鬱積義段玉裁說文解字注𥁞篆下。又瓃篆下

从侖得聲之字

如侖倫論並有理義段玉裁說文解字注侖篆下

如論倫輪綸並有理義焦循易通釋卷十

如掄倫論並有擇義王念孫廣雅疏證卷一下

如侖惀論並有思義王念孫廣雅疏證卷一下

如論綸惀並有知義王引之經義述聞卷二

如論倫侖並有理義馬瑞辰毛詩傳箋通釋卷廿四

多有分析條理義劉師培小學發微補

多有抽引上穿義劉師培正名隅論

皆有條理分析義胡韞玉六書淺釋

如論倫淪綸輪並有條理成文義朱宗萊文字學形義篇

从力得聲之字

如力阞朸泐扐並有理義段玉裁說文解字注力朸阞泐諸篆下

皆有文理義龔自珍述段玉裁論說文以聲爲義

如朸阞泐並有理義高學瀛說文解字略例

多有䚡理義章太炎文始八

从彖得聲之字

多有理義（劉師培字義起於字音說）

多有消盡義（焦循易通釋卷十）

如盠湙淥並有極盡義（錢繹方言箋疏卷十三）

从立得聲之字

如泣立並有不行義（焦循易通釋卷十）

从霝得聲之字

皆有中空義（王念孫廣雅疏證卷四上）

从呂得聲之字

皆有相連義（王念孫廣雅疏證卷七上）

多有連立義（楊樹達形聲字中有義略證例五）

多有纍侶義（楊樹達字義同緣於語源同例證例十四）

多有連侶義（楊樹達字義同緣於語源同例證例廿三）

从利得聲之字

如黧黎黐並有黑義（王念孫廣雅疏證卷八上）

从栗得聲之字

如栗瑮並有密緻有理義（王引之經義述聞卷十七）

从䜌得聲之字

如攣䜌並有綴連義（王引之經義述聞卷廿二）

从尞得聲之字

如繚撩並有周繞義（王引之經義述聞卷廿二）

如嫽鐐璙僚並有美好義（錢繹方言箋疏卷二）

从列得聲之字

如裂烈栵並有餘義（王引之經義述聞卷廿六）

如栵烈裂⿱列巾並有餘義（馬瑞辰毛詩傳箋通釋卷廿四）

如列⿰鬲刂裂例迾並有分解義（章太炎文始一）

从留得聲之字（留从丣聲丣在喻紐）

如畱鐂並有熟義（王引之經義述聞卷廿七）

从婁得聲之字

如屢婁僂數並有疾速義（郝懿行爾雅義疏卷一）

如塿樓簍甊並有小義（錢繹方言箋疏卷十三）

如寠婁並有空義（馬瑞辰毛詩傳箋通釋卷四）

如僂簍瘻⿱婁土樓婁屢並有隆高義（馬瑞辰毛詩傳箋通釋卷廿四）

得有無義（王先謙詩三家義集疏卷三上）

从夌得聲之字

如菱綾淩並有纖刺義（錢繹方言箋疏卷二）

如陵棱淩菱綾並有凸出尖利義（梁啓超從發音上研究中國文字之源）

从𣎆得聲之字

如[illegible]羸嬴蠃並有小義（錢繹方言箋疏卷八）

从令得聲之字　如蛉軨舲鈴並有小義錢繹方言箋疏卷十一

皆有小義劉師培字義起於字音說。又物名溯源

从良得聲之字良從亡聲亡在微紐

如浪閬並有高起義馬瑞辰毛詩傳箋通釋卷四

从翏得聲之字　得有高大義馬瑞辰毛詩傳箋通釋卷十八

从勞得聲之字　皆有大義劉師培字義起於字音說。又物名溯源

从麗得聲之字　如麗邐酈驪並有侈陳於外義劉師培正名隅論

从林得聲之字　如林婪霖並有多義劉師培正名隅論

从龍得聲之字龍屬東聲東在端紐

如龍巃隴籠籠並有大義劉師培正名隅論

从連得聲之字　多有抽引上穿義劉師培正名隅論

从維得聲之字　多有隱暗狹小義劉師培正名隅論

从旅得聲之字　多有連立義楊樹達形聲字中有義略證例五

日紐

从爾得聲之字　如爾薾瀰並有盛義段玉裁說文解字注薾篆下

从兒得聲之字　如婗倪麑蜺齯並有小義王念孫廣雅疏證卷六下

从而得聲之字　如栭鮞並有小義王念孫廣雅疏證卷十下

多有耎弱溫厚義章太炎文始八

从耎得聲之字　如偄㼷難並有小義王念孫廣雅疏證卷十下

如耎偄並有不進義章太炎小學答問

从仁得聲之字　得有仁義阮元揅經室續集卷一釋佞

从柔得聲之字柔从矛聲矛在明紐

如揉柔煣睬並有安順義馬瑞辰毛詩傳箋通釋卷廿七

从戎得聲之字　皆有大義劉師培字義起於字音說

从入得聲之字　多有隱暗狹小義劉師培正名隅論

从刃得聲之字　多有止義沈兼士右文說在訓詁學上之沿革及其推闡第四節

照紐

从㐱得聲之字㐱从眞聲眞在莊紐

多有濃重義段玉裁說文解字注袗篆下

得有黑義臧鏞拜經堂集與段若膺明府書

如㐱袗軫並有多而黑義馬瑞辰毛詩傳箋通釋卷五

多有重義馬瑞辰毛詩傳箋通釋卷五

多有抽引上穿義劉師培正名隅論

多有稠密重滯義高起義沈兼士右文說在訓詁學上之沿革及其推闡表式凡例

从周得聲之字

如周稠髑調惆惆並有多密義焦循易餘籥錄卷四

皆有短義馬瑞辰毛詩傳箋通釋卷六

从者得聲之字者从旅聲旅在來紐

如都豬並有聚義王念孫廣雅疏證卷三下

得有上小下大義吳夌雲經說卷三

皆有分別義王國瑞釋箸

多有赤義楊樹達形聲字中有義略證例四

从詹得聲之字

如襜幨並有障蔽義王念孫廣雅疏證卷七下

从戠得聲之字

如識幟織並有識別義王念孫廣雅疏證卷七下

从旨得聲之字旨从匕聲匕在幫紐

如指耆並有致義王引之經義述聞卷三

从占得聲之字

如痁阽並有臨近義王引之經義述聞卷十五

多有隱暗狹小義劉師培正名隅論

从支得聲之字

如支跂枝並有歧義王引之經義述聞卷廿七

皆有岐出義陳詩庭讀說文證疑姕妓條下

从至得聲之字

如莖挃並有刺義王引之經義述聞卷廿八

多有實義吳夌雲經說卷三

从叀得聲之字叀从屮聲屮在徹紐

多有抽引上穿義劉師培正名隅論

从正得聲之字

如延証政並有正義胡韞玉六書淺說

从執得聲之字執从夲聲夲在娘紐

如蓻蟄𡫸褺𩃟𥁕縶並有攝藏義沈兼士右文說在訓詁學上之沿革及其推闡第五節

从朱得聲之字

多有赤義楊樹達形聲字中有義略證例四

穿紐

从春得聲之字春从屯聲屯在知紐

如春蠢偆並有動出義王念孫廣雅疏證卷五下

从芻得聲之字

如𧸛䮱騶並有茲義王念孫廣雅疏證卷十上

多有小義陳詩庭讀說文證疑梓材條下

从出得聲之字

如屈黜並有收聚義王引之經義述聞卷二十

如朏詘屈並有曲義宋保諧聲補逸卷七

得有出義王先謙詩三家義集疏卷二

从川得聲之字

多有抽引上穿義劉師培正名隅論

从究得聲之字

多有抽引上穿義劉師培正名隅論

从赤得聲之字

多有赤義楊樹達形聲字中有義略證例四

審紐

从少得聲之字少从丿聲丿聲多音

如秒杪並有末義段玉裁說文解字注杪篆下

如紗眇秒杪篎𩣡並有微小義王念孫廣雅疏證卷四下

如杪眇篎𩣡秒妙並有小義錢繹方言箋疏卷二

如杪秒眇篎並有小義章太炎小學答問

皆有小義劉師培字義起於字音說

皆有不多義劉師培小學發微補。又物名溯源

多有小義楊樹達說少

从朩得聲之字

得有不能張大之義吳夌雲廣韻說

皆有蹙聚義吳夌雲廣韻說

如戚俶埱並有動義錢繹方言箋疏卷十二

从叔得聲之字

如俶埱並有動義王念孫廣雅疏證卷一下

如俶埱並有作起義郝懿行爾雅義疏卷二

皆有無義馬瑞辰毛詩傳箋通釋卷廿六

从世得聲之字

如呭詍諜喋泄並有眾多義王引之經義述聞卷七

从象得聲之字

如蠡喙𢡱褖彖並有劙刻分解義阮元揅經室集釋易彖音。又釋易彖意

从矢得聲之字

如矢雉並有自此至彼延陳而去義阮元揅經室集釋矢

从罙得聲之字

如罙探深並有突下義吳夌雲小學說

多有隱暗狹小義劉師培正名隅論

得有動義楊樹達說測

从商得聲之字商从朿聲朿在清紐

如嫡敵適並有匹敵義郝懿行爾雅義疏卷一

从朿得聲之字

如速蔌遬並有狹小義郝懿行爾雅義疏卷四

从庶得聲之字

多有廣多義馬瑞辰毛詩傳箋通釋卷八

从鼠得聲之字

如鼠癙並有憂義馬瑞辰毛詩傳箋通釋卷二十

多有隱暗狹小義劉師培正名隅論

从申得聲之字

如神呻曳伸胂鰰紳陳並近電義宋保諧聲補逸卷十一

如神伸紳並有申義魏源六書釋例

多有抽引上穿義劉師培正名隅論

从升得聲之字

如升昇陞抍並有上舉義劉師培正名隅論

禪紐

从蜀得聲之字

如蜀獨並有大義程瑤田九穀考稷條下

如蜀獨並有獨大義王念孫廣雅疏證卷十上

如蜀獨觸並有觸義黃承吉與劉孟瞻書

多有口竅義楊樹達釋屬

从辰得聲之字

皆有動義段玉裁說文解字注䟢篆下。又娠篆下

如震辰振晨娠並有動義焦循易餘籥錄卷四

如震振娠䟢並有動義郝懿行爾雅義疏卷二

如震脣䟢並有動義馬瑞辰毛詩傳箋通釋卷三二

从勹得聲之字

多有抽引上穿義（劉師培正名隱論）

多有小義（焦循易通釋卷十）

如灼的並有明之小者義（吳夌雲經說卷三）

从臣得聲之字

多有屈出義（黃承吉字義起於右旁之聲說）

如臣絚賢藖鋻堅臤並有堅義（王念孫廣雅疏證卷一下）

从成得聲之字（成从丁聲丁在端紐）

得有成義（王引之經義述聞卷十四）

多有隱暗狹小義（劉師培正名隱論）

从尙得聲之字（尙從向聲向在曉紐）

如讜黨當並有當義（王引之經義述聞卷廿六）

得有尙義（王先謙詩三家義集疏卷三上）

得有加義（楊樹達釋贍）

从𦎧得聲之字

如淳諄並有反覆義（黃承吉與劉孟瞻書）

如敦惇淳並有大義（錢繹方言箋疏卷一）

如啍諄憝譈憞敦並有惡義（錢繹方言箋疏卷七）

如惇敦醇焞啍錞享並有敦厚義（魏源六書釋例）

如諄惇敦醇並有純厚義（胡韞玉六書淺說）

从甚得聲之字

如堪戡諶湛嵁踸並有甚義（魏源六書釋例）

从是得聲之字

如提偍媞並有舒緩義（王先謙荀子集解修身篇）

多有小義（劉師培物名溯源）

从善得聲之字

多有抽引上穿義（劉師培正名隱論）

从殳得聲之字

如服羖並有大義（楊樹達字義同緣於語源同例證例四二）

精紐

从贊得聲之字

如儹欑饡贊並有會聚義（段玉裁說文解字注儹篆下）

多有相佐義（錢大昕潛研堂文集卷三）

多有非一義（陳瑑六九齋撰述稿引錢大昕說）

多有相佐義（王引之經義述聞卷九）

如酇欑籫並有叢聚義 吳夌雲經說卷二
皆有雜出不齊非一義 陳瑑釋贊
如贊瓚饡欑儹酇並有左助義 章太炎文始一

从最得聲之字
如最撮並有聚義 王念孫廣雅疏證卷三下

从兓得聲之字
如鐕簪兓並有銳而合物義 焦循易通釋卷十七
如兓鐕僭譖並有尖刺義 楊樹達字義同緣於語源同例證例三九

从焦得聲之字 焦从雥聲雥在從紐
如醮僬潐並有盡義 王念孫廣雅疏證卷一下
如僬顦醮並有盡義 王引之經義述聞卷六
如醮憔燋潐醮蕉並有盡義 馬瑞辰毛詩傳箋通釋卷廿一
多有小義 楊樹達字義同緣於語源同例證例五一

从尊得聲之字
皆有聚義 王念孫廣雅疏證卷三下
如蕁噂僔並有聚義 陳瑑釋尊
如劓繜僔撙並有減義 陳瑑釋尊

从㚇得聲之字 㚇从囟聲囟在曉紐
皆有聚義 王念孫廣雅疏證卷三下
如緵稯豵騣並有細小義 錢繹方言箋疏卷二
多有聚合義 楊樹達形聲字中有義略證例九。又字義同緣於語源同例證例十四

从卒得聲之字
如綷粹萃顇並有會萃義 王念孫廣雅疏證卷四上
如瘁悴啐卒並有盡義 王引之經義述聞卷六
如萃踤辭綷琗粹並有會集義 錢繹方言箋疏卷三
如䃀碎崒並有破折義 馬瑞辰毛詩傳箋通釋卷二十

从且得聲之字
皆有始義大義 阮元揅經室集釋且
如徂退殂且並有往義 錢繹方言箋疏卷一

从蚤得聲之字 蚤从叉聲叉在莊紐
如慅騷並有動義 郝懿行爾雅義疏卷二

从茲得聲之字 茲从絲省聲絲在心紐

如茲滋並有益義（錢繹方言箋疏卷十）

如滋孳並有茲義（魏源六書例）

如滋孳並有滋生義（劉師培正名隅論）

从宗得聲之字

如宗琮崇並有大義（劉師培正名隅論）

从晉得聲之字

多有抽引上穿義（劉師培正名隅論）

从前得聲之字（前从歬聲　歬在從紐）

多有抽引上穿義（劉師培正名隅論）

从奏得聲之字

多有會聚義（楊樹達形聲字中有義略證例九）

清紐

从青得聲之字

如青睛清晴精並有精明義（張世南游宦紀聞）

如青菁請精倩婧情清清並有抽萌義（劉師培正名隅論）

从悤得聲之字（悤从囪聲　囪在初紐）

如鏓蔥聰悤並有中空義（段玉裁說文解字注鏓篆下）

多有會聚義（楊樹達形聲字中有義略證例九）

从朿得聲之字

如朿莿並有芒刺義（段玉裁說文解字注莿篆下）

如刺莿並有多刺義（劉師培物名溯源）

从取得聲之字

如菆緅並有小義（錢大昕潛研堂文集卷四）

多有小義（陳詩庭讀說文證疑）

多有小義（楊樹達字義同緣於語源同例證例四十三。又釋雌雄）

多有會聚義（楊樹達形聲字中有義略證例九）

从夋得聲之字（夋从允聲　允在喩紐）

如竣踆逡悛並有止義（王念孫廣雅疏證卷三下）

如餕竣逡並有休退義（吳夌雲經說卷三）

如駿峻浚俊並有大義（郝懿行爾雅義疏卷一）

如陖崚俊駿並有高材義（章太炎文始一）

从此得聲之字

如柴佌並有小義（王念孫廣雅疏證卷十上）

多有小義（楊樹達字義同緣於語源同例證例四十三。又釋雌雄）

从僉得聲之字
如檢斂並有收義（王引之經義述聞卷八）
多有隱暗狹小義（劉師培正名隅論）

从妻得聲之字（妻从屮聲屮在徹紐）
多有齊等義（馬瑞辰毛詩傳箋通釋卷六）

从咠得聲之字
如濈戢輯緝湒並有聚義（馬瑞辰毛詩傳箋通釋卷十九）
多有隱暗狹小義（劉師培正名隅論）

从千得聲之字（千从人聲人在日紐）
得有眾多義（劉師培小學發微補）
多有抽引上穿義（劉師培正名隅論）

从妾得聲之字
多有隱暗狹小義（劉師培正名隅論）

從紐

从戔得聲之字
如戔淺殘賤並有小義（夢溪筆談卷十四引王聖美說）
如戔淺殘賤棧並有淺小義（張世南游宦紀聞）
如踐餞並有進義（王引之經義述聞卷廿六）
如醆琖盞棧淺並有小義（錢繹方言箋疏卷五）
如籛盞棧並有小義（劉師培物名溯源）
多有小義（梁啓超從發音上研究中國文字之源）
如諓殘棧賤淺並有小及盡義（胡韞玉六書淺說）

从曾得聲之字
皆有增益義（段玉裁說文解字注㬻篆下）
皆有平高義（吳夌雲廣韻說）
如曾增層譄橧並有益義（郝懿行爾雅義疏卷二）
多有重義加義高義（楊樹達形聲字中有義略證例三）
多有加益義（楊樹達字義同緣於語源同例證例八例十一。又釋贈）

从齊得聲之字
如濟霽並有止義（焦循易通釋卷十七）
如濟懠齌並有憂急義（錢繹方言箋疏卷一）
如癠薺濟並有小義（錢繹方言箋疏卷十一）
皆有齊義（馬瑞辰毛詩傳箋通釋卷廿一）

从疌得聲之字疌从屮聲屮在徹紐

皆有平等整齊義胡韞玉六書淺說

如疌捷倢並有健捷義王念孫廣雅疏證卷二上

从從得聲之字

如聳慫並有獎勸義王引之經義述聞卷十九

如從樅縱並有雜義劉師培正名隅論

从坐得聲之字

如坐侳並有安義王引之經義述聞卷廿六

从酋得聲之字

如猷酋並有終義王引之經義述聞卷廿六

从崔得聲之字崔从照聲隹在隹紐

如摧催讙並有毀折義馬瑞辰毛詩傳箋通釋卷四

从鼻得聲之字

如䑋濞並有大義馬瑞辰毛詩傳箋通釋卷廿六

从泉得聲之字

多有抽引上穿義劉師培正名隅論

从聚得聲之字聚從取聲取在清紐

多有小義楊樹達字義同緣於語源同例證例四十三。又釋雌雄

从族得聲之字

得有叢聚義楊樹達字義同緣於語源同例證例廿三

心紐

从斯得聲之字斯屬丌聲丌在見紐

如斯撕嘶𧭹並有散析義段玉裁說文澌字注𧭹篆下。又解篆下

得有盡義吳夌雲經說卷一

多有分析義沈兼士右文說在訓詁學上之沿革及其推闡表式凡例

从辥得聲之字辥屬屮聲屮在徹紐

如糵櫱孼並有芽義段玉裁說文解字注糵篆下

从襄得聲之字襄从𤕦聲𤕦在泥紐

多有包裹縕入義焦循易餘籥錄卷四

如釀孃壤穰並有盛多義王念孫廣雅疏證卷一下

如釀孃壤穰並有肥盛義錢繹方言箋疏卷二

从小得聲之字

皆有微小義劉師培正名隅論

皆有微妙眇小義胡韞玉六書淺說

从肖得聲之字　如⿰豸肖梢稍並有長而尖義（王念孫廣雅疏證卷一下）　如肖宵痟並有小義（王念孫廣雅疏證卷二上）　如揱蕱梢並有本大末小義（王引之經義述聞卷廿八）　皆有小義（錢繹方言箋疏卷十二）　皆有微小義（劉師培正名隅論）

从昔得聲之字　如腊昔並有久義（王念孫廣雅疏證卷三下）　如踖趞蜡措並有驚起義（吳夌雲小學說）

从辛得聲之字　如丵辛並有小義（王念孫廣雅疏證卷十上）　如丵叢樷莘並有眾多立起義（吳夌雲小學說）　多有抽引上穿義（劉師培正名隅論）

从亘得聲之字　如烜咺愃並有大義（王念孫釋大第七）　如宣桓並有和義（王引之經義述聞卷八）

从巽得聲之字（巽从𢁉聲　𢁉在牀紐）　如選撰並有齊義（王引之經義述聞卷五）　如選僎巽並有具義（王引之經義述聞卷六）

从戌得聲之字（戌從一聲　一在影紐）　如戌咸烕滅並有滅義（宋保諧聲補逸卷二）

从歲得聲之字（歲屬一聲　一在影紐）　如劌⿰亻歲並有傷義（楊樹達釋暍）

从先得聲之字　如跣洗並與足義有關（陳詩庭讀說文證疑）　多有抽引上穿義（劉師培正名隅論）

从韱得聲之字（韱从𢦏聲　𢦏在精紐）　如纖攕孅並有細義（錢繹方言箋疏卷二）

从叜得聲之字　如廋溲並有隱匿義（錢繹方言箋疏卷三）

从囟得聲之字　如㐰細並有小義（馬瑞辰毛詩傳箋通釋卷二十）　如囟思䚡並有䚡理義（章太炎小學答問）　多有上義（楊樹達說丨）

从散得聲之字　如霰散並有散義馬瑞辰毛詩傳箋通釋卷廿二

从需得聲之字　如需儒儒並有不進義章太炎小學答問

从丮得聲之字　多有抽引上穿義劉師培正名隅論

从孫得聲之字　多有抽引上穿義劉師培正名隅論

从算得聲之字　多有抽引上穿義劉師培正名隅論

从肅得聲之字　皆有斂肅蕭索義胡韞玉六書淺說

邪紐

从習得聲之字習从自聲自在從紐　得有勤義錢大昕潛研堂文集卷四

从席得聲之字席从庶聲庶在審紐　如蓆席並有大義郝懿行爾雅義疏卷一

从𦓔得聲之字　如轉嶂鏄樽縛獯並有小義錢繹方言箋疏卷九

从寺得聲之字寺从㞢聲㞢在照紐　如時跱塒待並有止義錢繹方言箋疏卷十三

如跱塒時待並有止義馬瑞辰毛詩傳箋通釋卷廿四

如侍峙詩時恃並有法義魏源六書釋例

如寺峙特跱持並有挺直義劉師培正名隅論

莊紐

从眞得聲之字　多有充實上升義段玉裁說文解字注眞篆下。又禛篆下

多有稠密重滯義高起義沈兼士右文說在訓詁學上之沿革及其推闡表式凡例

从責得聲之字責从朿聲朿在清紐　如嫧䚍幘蹟積簀並有齊義王念孫廣雅疏證卷四上

如簀嫧嘖䚍幘蹟並有齊平義錢繹方言箋疏卷五

如䚍幘嫧並有相值義陳瑑六九齋饌述稿卷二

从爭得聲之字　如靜竫並有善義王引之經義述聞卷三

从斬得聲之字　多有隱暗狹小義劉師培正名隅論

初紐

从叉得聲之字
如叉杈並有相錯義王念孫廣雅疏證卷十上
从臿得聲之字
如臿鍤插並有插入義錢繹方言箋疏卷五
从囪得聲之字
多有中空義沈兼士國語問題之歷史的研究。又右文說在訓詁學上之沿革及其推闡表式凡例
牀紐
从毚得聲之字
皆有銳義王念孫廣雅疏證卷四下
多有隱暗狹小義劉師培正名隅論
如鑱劖攙讒並有尖刺義楊樹達字義同緣於語源同例證例三九
从事得聲之字事从㞢聲㞢在照紐
如事傳並有立義王引之經義述聞卷廿八
疏紐
从疋得聲之字
如疋䟽疎並有稀義黃生字詁
从疏得聲之字
如疏梳並有稀義黃生字詁
从生得聲之字
如笙生腥猩星並有小義錢繹方言箋疏卷二
如生性姓旌甥青星並有抽萌義劉師培正名隅論
从瑟得聲之字瑟屬八聲八在幫紐
得有潔鮮義馬瑞辰毛詩傳箋通釋卷廿四
从參得聲之字
如篸槮並有槮差義高學瀛說文解字略例
从山得聲之字
多有抽引上穿義劉師培正名隅論
从⿱罒⿱𢆶止得聲之字
多有隱暗狹小義劉師培正名隅論
从叜得聲之字叜屬几聲几在禪紐
多有隱暗狹小義劉師培正名隅論
幫紐
从卑得聲之字
如稗䵗並有卑義程瑤田九穀考黍條下
皆有自卑加高義段玉裁說文解字注埤篆下。又椑篆裨篆下
如裨卑並有卑下義王念孫廣雅疏證卷十上
得有扁義吳夌雲經說卷二
如俾埤陴並有增益義吳夌雲經說卷二

从賁得聲之字 賁从卉聲卉在曉紐

如庳蜱猈⿰矢卑椑並有短小義 錢繹方言箋疏卷十

如俾裨埤並有增益義 許瀚與莱友論說文異部重文

多有大義 段玉裁說文解字注𡙡篆下

如賁墳並有大義 錢大昕潛研堂文集卷四

如墳蕡黂獖豶鼖饙轒濆並有大義 魏源六書釋例

从辟得聲之字

如檗⿰爿辟並有小硬義 段玉裁說文解字注檗篆下

如辟襞並有曲義 王引之經義述聞卷廿七

从般得聲之字

如槃般幋鞶磐並有大義 王念孫廣雅疏證卷一上

如般槃鞶磐盤並有大義 錢繹方言箋疏卷一

从卜得聲之字

如朴卜並有離義 王念孫廣雅疏證卷三下

从百得聲之字

如百陌⿺走百並有前越義 王引之經義述聞卷十七

从必得聲之字

如宓密謐並有安義 郝懿行爾雅義疏卷一

从半得聲之字

如胖半判牉伴並有大義 錢繹方言箋疏卷一

如半胖判畔泮並有分義 章太炎文始一

从𠤏得聲之字

多有比次行列義 馬瑞辰毛詩傳箋通釋卷十一

如𠤏鴇並有比次義 王先謙詩三家義集疏卷八

从賓得聲之字 賓屬丏聲丏在明紐

如儐擯殯並有賓義 魏源六書釋例

从勹得聲之字

皆有包裹在外義 楊樹達字義同緣於語源同例證例三

从包得聲之字

如包苞胞匏窇泡袍並有裹義 劉師培正名隅論

皆有包括滿實義 胡韞玉六書淺說

多有包裹在外義 楊樹達字義同緣於語源同例證例三

从保得聲之字 保从孚聲孚在敷紐

如保褒葆褓緥宲並有包義 劉師培正名隅論

滂紐

从𠂢得聲之字

如⿰糸𠂢𠂢派衇並有理義 段玉裁說文解字注⿰糸𠂢篆下

从朮得聲之字（朮从八聲八在㸚紐）

得有盛義不可禁禦義（吳夌雲小學說）

得有艸木葉盛義（吳夌雲廣韻說）

从品得聲之字　如品臨喦碞並有眾義（劉師培正名隅論）

並紐

从麃得聲之字（麃从票省聲票在非紐）

如麃爊儦並有白義（段玉裁說文解字注麃篆下）

从犮得聲之字　如跋茇拔並有本根義（焦循易通釋卷十）

如茇跋並有本義（王引之經義述聞卷廿八）

多有根本義（楊樹達說髮）

从㡀得聲之字　如敝憋蔽鷩鼈獘並有惡義（王念孫廣雅疏證卷三下）

如蔽㡀敝並有小義（馬瑞辰毛詩傳箋通釋卷二）

从敝得聲之字　如敝獘幣並有餘義（王引之經義述聞卷八）

从罷得聲之字　如矲擺罷犤並有小義（錢繹方言箋疏卷十）

从奰得聲之字　如奰[illegible]並有大義（馬瑞辰毛詩傳箋通釋卷廿六）

从暴得聲之字　多有突起義（楊樹達字義同緣於語源同例證例廿一）

从比得聲之字　多有次比義（楊樹達字義同緣於語源同例證例廿二。又例廿三）

明紐

从冥得聲之字　如覭溟冥並有小義（段玉裁說文解字注覭篆下）

从尨得聲之字　如尨牻哤並有雜亂義（段玉裁說文解字注尨篆下）

如牻尨厖並有雜義（劉師培正名隅論）

从㒼得聲之字　如璊樠𣯌並有赤義（段玉裁說文解字注㒼篆下）

如璊樠𣯌並有赤義（陳瑑六九齋饌述稿卷二）

多有赤義（沈兼士右文說在訓詁學上之沿革及其推闡第四節）

从蔑得聲之字　皆有小義微義（王念孫廣雅疏證卷二上）

皆有小義（錢繹方言箋疏卷二）

皆有小義（劉師培字義起於字音說。又物名溯源）

从冡得聲之字	如幏冡幪並有覆義王念孫廣雅疏證卷二下
从蒙得聲之字	如濛矇曚饛幪蒙並有蒙義魏源六書釋例
从免得聲之字	如勉浼並有進靡巳義阮元揅經室集釋門 皆有低下義楊樹達字義同緣於語源同例證例十。又釋晚
从民得聲之字	如民泯昏𥅕殙䖟並有昏昧義陳詩庭讀說文證疑 多有抽引上穿義劉師培正名隱論
从莫得聲之字	如摸莫瘼並有去義錢繹方言箋疏卷六 如莫模幕並有大義劉師培正名隱論
从牟得聲之字	多有大義馬瑞辰毛詩傳箋通釋卷廿八
从毛得聲之字	多有選擇義楊樹達說現
非紐	
从分得聲之字	皆有亂義黃生字詁 如坋頒並有大義段玉裁說文解字注蟲篆下 如枌粉並有白義王引之經義述聞卷廿八 皆有大義吳夌雲經說卷二 如盼份頒並有分義馬瑞辰毛詩傳箋通釋卷六 如芬盼坋份粉並有細末分別義朱宗萊文字學形義篇 多有大義楊樹達字義同緣於語源同例證例四十二。又釋雌雄
从票得聲之字	皆有末聲段玉裁說文解字注蟲篆票篆熛篆下 如僄嫖票漂飄剽並有輕薄義王念孫廣雅疏證卷二下 如剽蔈並有小義郝懿行爾雅義疏卷八 多有上飛義黃承吉字義起於右旁之聲說
从非得聲之字	皆有分背義段玉裁說文解字注奰篆下。又斐篆下 如腓菲扉騑非並有兩相對義吳夌雲經說卷二 如蜚[illegible]並有百義吳夌雲廣雅說 皆有赤義龔自珍說文段注札記。又述段玉裁論說文以聲為義 多有分背義沈兼士右文說在訓詁上之沿革及其推闡第四節

从弗得聲之字　如奘奔佛紼並有大義王念孫廣雅疏證卷一上
　如蕟拂沸並有拔義錢繹方言箋疏卷三

从不得聲之字　如嚭丕並有大義王引之經義述聞卷廿二
　皆有物始生未成義陳詩庭讀說文證疑不字條下

从辡得聲之字　皆有分辨義宋保諧聲補逸卷十四
　如辨辯辧並有辡義魏源六書釋例
　如辡辧辯並有判義張行孚同部重文異部重文中有今古文
　如辡辯辧瓣並有分別義章太炎文始一

从甫得聲之字甫从父聲父在奉紐　多有大義郝懿行爾雅義疏卷一
　如甫誧博溥並有大義劉師培正名隅論

从付得聲之字　如府弣俯並有小義錢繹方言箋疏卷十

从發得聲之字發从𣥠聲𣥠在幫紐　如廢發並有去義馬瑞辰毛詩傳箋通釋卷廿一

从方得聲之字　如方旁並有大義馬瑞辰毛詩傳箋通釋卷廿四
　如方旁滂騯並有大義劉師培正名隅論

敷紐

从丰得聲之字　如丰蚌邦並有豐大義焦循易通釋卷十三
　如唪玤菶並有茂盛義王引之經義述聞卷七
　皆有大義錢繹方言箋疏卷一
　如丰唪浲菶逢捧琫蓬縫洚並有盛大義劉師培正名隅論

从畐得聲之字　如愊偪畐稫䭮並有飽滿義錢繹方言箋疏卷六
　如富畐偪愊並有滿義馬瑞辰毛詩傳箋通釋卷二十

从孚得聲之字　如脬箁郛稃捊乳並有外包義劉師培正名隅論
　多有包裹在外義楊樹達字義同緣於語源同例證例三

奉紐

从皮得聲之字皮从爲省聲爲在爲紐

从番得聲之字

皆有分析義段玉裁說文解字注皺篆下

如披陂被波並有傍義王引之經義述聞卷廿八

如髮帔披皮均有侈張義劉師培正名隅論

皆有自此至彼義陳衍說文舉例

得有分析義加被義傾衺義沈兼士右文說在訓詁學上之沿革及其推闡第四節

如皤蕃䪛並有白義王引之經義述聞卷十五

如番播並有播散義吳夌雲經說卷一

皆有白義龔自珍述段玉裁論說文以聲爲義

多有抽引上穿義劉師培正名隅論

如播繙幡翻皤蕃燔潘並有分別義梁啓超從發音上研究中國文字之源

得有白義沈兼士右文說在訓詁學上之沿革及其推闡第五節

多有白義楊樹達說皤

从緐得聲之字

如蘩繁並有白義王引之經義述聞卷十五

从凡得聲之字

如凡芃汎風並有冢廣義劉師培正名隅論

从乏得聲之字

多有隱暗狹小義劉師培正名隅論

微紐

从𢼸得聲之字

如𢼸微溦並有小義章太炎文始一

得有止義錢大昕潛研堂文集卷四

从微得聲之字

如徽黴並有大義王念孫釋大第七

从曼得聲之字曼从冒聲冒在明紐

如曼蔓並有長義王念孫廣雅疏證卷二上

如漫鏝槾並有杇抹義錢繹方言箋疏卷三

如僈慢漫嫚謾並有欺侮義錢繹方言箋疏卷十二

如蔓縵嫚謾並有曼義魏源六書釋例

如僈嫚慢並有侮易義王先謙荀子集解修身篇

多有抽引上穿義劉師培正名隅論

从眉得聲之字

如眉湄楣並有下垂義王念孫廣雅疏證卷七上

从眇得聲之字疏屬丿聲丿聲多音

如眇篎𩥶並有微小義王念孫廣雅疏證卷四下

如眇篎𩥶並有小義錢繹方言箋疏卷二

多有小義楊樹達字義同緣於語源同例證例五一

从敄得聲之字敄从矛聲矛在明紐

如嵍霿並有小義王念孫廣雅疏證卷十下

从無得聲之字

如幠膴無撫廡並有大義郝懿行爾雅義疏卷一

从臱得聲之字

如顥櫋邊並有連緜義錢繹方言箋疏卷二

从夢得聲之字夢从瞢聲瞢在明紐

如夢懜儚並有不明義馬瑞辰毛詩傳箋通釋卷廿六

从文得聲之字

多有抽引上穿義劉師培正名隅論

从毋得聲之字

多有抽引上穿義劉師培正名隅論

从䌛得聲之字

多有抽引上穿義劉師培正名隅論

第三章　形聲多兼會意說示例

前人有志於是說之闡明者，旣已引述其方法如前；抉發是說之閫奧者，亦已彙輯其精要如前矣。開創誠難爲力，繼起則易爲功，爰作示例，以抒己見。凡示例所發諸端，皆取前人所未發，苟有闇合於曩編，雖愛而必捐之，以重創獲也。示例以聲爲部首，而形聲之字屬之設非難以猝解之字，皆不注从某某聲，以省繁文，屬字之次第，以意之相近爲先後；部首則以四十一聲紐爲次，以觀其聲近意肖之迹。凡形聲字之變例，其字根爲假借者，必推明其假借之本，先取聲韵爲矩矱古韻依段氏十七部，有旁轉對轉者，則依黃先生廿八部，古聲變遞之迹，則依黃先生古聲十九紐，復以經典訓詁之書證其義。其爲「狀聲詞」「以聲命名」諸不能直說其義者，皆別爲條陳。至於無聲字之多音多義者，則分別證之，不牽合爲說。意有難知，則闕如也。自惟畬其淺學，與於宏業，而書未遍讀，術豈云精，爲山期遠，進此一簣而已。

影紐

凡從蒦得聲之字多有獲得之義

蒦，說文：「規蒦、商也。从又持萑，一曰視遽皃，一曰蒦、度也。彠、蒦或从尋，尋亦度也。楚辭曰：求矩彠之所同。」林義光文源曰：「按卽獲之古文，手持萑，獲之也。」魯師實先曰：「隻、甲骨文作[illegible]，从又持隹，爲獲之初文。」又曰：「㝵、甲骨文作[illegible]，从又獲貝。」今按蒦與隻義同，蒦與㝵義近，㝵卽今得字，蒦字从又持萑，當以獲得爲本義。

穫，說文：「刈穀也。」段注：「穫之言獲也。」朱駿聲引呂覽審時稼就而不穫注：「得也。」沈濤說文古本考曰：「易无妄不耕穫。集解引虞注云：禾在手中，故稱穫。蓋釋所以从蒦之意也。」禾在手中稱穫，與萑在手中稱蒦，貝在手中稱得同義。

獲，說文：「獵所獲也。」小爾雅廣言：「獲、得也。」定公九年左傳：「獲寶玉大弓，凡獲器用曰得，得用曰獲。」按獲與得對文則異，散文則通也。說文手部：捷、獵也，軍獲得也。獲得連文而義通。

擭，說文：「擊擭也。一曰布擭也。一曰握也。」眾經音義引廣雅：「擭、持也。」段注引西京賦擭獑猢薛注：「擭謂握取之也。」今按握取卽獲得義也。蒦已从又，又加手旁，義當同也。

獲得義引伸有保守義。護，救視也。

護，說文：「救視也。」按護从蒦聲而有救視義者，正如蒦爲持萑而一曰視遽也。蒦爲持萑恐其奪去，圖所以處之（見段注），故引伸有商圖義，有視遽義，而護字正有相助保守義、救視義。漢書張良傳：「煩公卒調護太子。」注：「謂保安之。」素問離合眞邪論：「適而自護。」注：「愼守也。」又廣雅釋詁二：「護、助也。」然則保安、愼守、助、救視，與獲得義引伸皆可通。

獲得義引伸有多義大義，矆、濩、鱯、鑊並有大義，雘爲善丹，引伸與大義亦通。

矆，說文「大視也。」徐鍇說文繫傳曰：「驚視也。」今按蒦一曰有遽視義，後世加目旁造矆字以表其義，持萑恐奪去，故驚遽救視，其視必大，故矆爲大視。

濩，說文：「雨流霤下皃。」朱駿聲引楚辭疾世望江漢兮濩渃注：「大皃。」漢書司馬相如傳：「氾溥濩之。」濩爲大義也。

鱯，說文：「魚名。」按爾雅說文並曰：「魾，大鱯，小者鮡。」鮡从兆聲，兆聲字多有小義（見前彙例），魾从丕聲，得有大義（見魾下段注），大鱯與小鮡相對，是鱯當有大義也。郭注爾雅曰：「鱯似鮎而大。」桂馥說文義證引永喜郡記鮎爲大魚，是鱯亦爲大魚也。

鑊，說文：「鐫也。」按說文：鐫、鬵也。鬵，大盆也。少牢饋食禮有羊鑊，有豕鑊，漢書刑法志顏注：「鼎大而無足曰鑊。」一知鑊爲烹飪之大器。

雘，說文：「善丹也。」按說文丹、巴越之赤石也。是雘字以赤色之善者爲本義也。赤字从大火，本有大義（紅字與洪鴻空龍重語根同，皆有大義），善美義亦與大義通（文言曰元者善之長，元善長並有大義，善美義同，美亦从大），故知雘爲善丹，實含大義。

籆字所从之聲當爲袁之假借。蒦、影紐，籆、爲紐，袁、爲紐，雙聲。籆重文作䚯，䚯从角間聲（王筠說文句讀依御覽引有聲字），間、十四部，袁、十四部，疊韻。

籆，說文：「收絲者也。」桂馥說文義證：「玉篇：籆、樺也。所以絡絲也。絡、所以轉籆絡車也。攀、轉籆也。廣雅樺謂之籆。方言籆、樺也。注云：所以絡絲也。是籆者，所以圓轉絡絲之具也。今按玉篇樺下曰：「絡絲具也。或作簑。」是簑者籆之正篆也。蓋籆从蒦聲，於圓轉絡絲無所取義，而簑从袁聲，袁聲之字如環還圜檈翾轅園遠並與圓轉義近，又袁从叀省聲，叀聲之字如專蓴膞篿團傳磚摶轉，並有圓轉義，故知圓轉絡絲之具當以簑榱爲正篆，篗則爲假借也。又按䚗爲簑之重文者，䚗亦爲簑榱之假借字也，篗與簑雙聲，䚗與簑疊韻，本字當作簑榱，說文不載簑榱字，而但以䚗爲篗之重文，䚗篗二字之聲韻遂礙隔而不通矣。大徐遂謂䚗字从角从間，段氏改爲从角閒，而王筠依御覽引作从角間聲，是許書本有聲字，後人不明本篆當作簑，以爲聲韻不通而刪聲字也。

凡從㥯得聲之字多有安隱之義

𢀡，說文：「所依據也。」按依據有安隱義。徐灝說文解字注箋曰：「引申爲凡依據之偁，孟子梁惠王篇隱几而臥，莊子齊物論隱几而坐是也。又引申爲安隱，卽安穩也。」段注亦曰：「凡諸書言安隱者，當作此，今俗作安穩。」

㥯，說文：「謹也。」

櫽，說文：「棼也。」棼，說文複屋棟也。釋名：「櫽、隱也。所以隱桷也。或謂之望，言高可望也。或謂之㯳，棟、中也，居屋之中也。」按屋棟有依據安穩義，王筠謂釋名隱字，卽今穩字。

𩝬，說文：「秦人謂相謁而食麥曰𩝬餫。」徐鍇說文繫傳𩝬篆下曰：「人相謁相見後，設麥飯以爲常禮，如今人之相見飲茶也。」按坐定飲茶有安謹義，故知相謁食麥亦有安謹義。

檃，說文：「栝也，从木隱省聲。」按檃栝者，矯制衺曲之器也。凡欲矯其性、定其形，皆當安謹以行之，書盤庚：尙皆隱哉。傳：相隱括共爲善政。是隱括有安謹義也。段注曰：「凡古云安隱者，皆謂檃括之而安也，俗作安穩。」

隱字所从之聲當爲衣之假借。𢀡、影紐，衣、影紐，雙聲。𢀡、十三部，衣、十五部，黃先生痕魂部與灰部對轉。

隱，說文：「蔽也。」按禮記曲禮：不以隱疾。注：衣中之疾也。朱駿聲謂衣隱爲聲訓。又白虎通：「衣者隱也，裳者彰也，所以隱形自鄣閉也。」衣隱古同音，義又並爲蔽，而隱从㥯聲，㥯聲字於蔽義有隔，而衣聲之字皆有隱蔽義（詳見後證），故知隱所从之聲當爲衣之假借也。然自語根言之，𢀡爲依據，而衣聲字如衣依㐲並有依義，其義本可通也。由是觀之，凡古同音之字猶言假借者，多以字義有隔，究其語根則多可通，故與聲同義近之說不相悖也，下皆倣此。

凡從因得聲之字多有親近之義。

因，說文：「就也。从囗从大。」詩皇矣：「因心則友。」傳云：「因、親也。」魯師實先曰：「因於甲骨文有二義，除方名外，卽以說文就也爲本義，就卽近也，引申作親解、作依解。」如前編四、二四、一片：「辛丑卜設貞龠姒不因」貞問龠姒二方不親近王朝乎？甲骨又有「…其因」「…毋因」「女弗因」「絲酒因」皆作親近解（說詳魯師殷契新銓釋因）。

捆，說文：「就也。」段注：「捆與因音義同。」王筠說文句讀曰：「捆者因之絫增字。」說詳因字。

茵，說文：「車重席也。司馬相如說茵从革。」今按說文席、藉也。疊韻爲訓。車重席有依藉義，依藉與親近義通。

恩，說文：「惠也。」詩鴟鴞：「恩斯勤斯」傳：「愛也。」今按說文恩訓爲惠，惠訓爲仁，仁訓爲親，是恩可有親義也。

姻，說文：「壻家也。女之所因故曰姻，从女因，因亦聲。籀文姻从𣶒。」左隱元年傳：「多姻至。」注：「猶親也。」說文繫傳通論於姻下引左傳曰：「姻者女之所因也。女因媒而親，父母因女而親也。」又婣爲姻之重文，周禮六行：「孝友睦婣任恤。」注云：「婣者親於外親。」具可證。

欭爲狀聲之字。欭、氣逆之聲也。

欭，說文：「嚘也。」王筠說文句讀曰：「筠按集韻欭，氣逆。玉篇：歋、氣逆也。說文不收歋，以嚘攝之。」今按玉篇嚘、氣逆也。氣逆於因聲無所取義，當是狀聲之詞。

駰字所从之聲當爲侌之假借，侌、影紐，因、影紐，雙聲。

駰，說文：「馬陰白襍毛也。」錢坫說文解字斠詮曰：「爾雅詩傳同，孫炎曰：淺黑曰陰。」許愼用爾雅釋畜文，云「陰白」而不言「黑白」者，知駰自侌得聲義也。凡形聲字之聲母爲假借者，每可自其音訓字中得之。

凡從衣得聲之字多有隱蔽之義

衣，說文：「依也。上曰衣，下曰常，象覆二人之形。」釋名：「衣、依也，人所依以庇寒暑也。」覆與庇皆有隱蔽之義。白虎通：「衣者隱也，裳者鄣也，所以隱形自鄣閉也。」衣隱雙聲，朱駿聲曰：「衣，所以蔽體者也。」衣蔽皆在十五部，疊韵。

哀，說文：「閔也。」廣韵、「哀、悥也。」隱从悥聲有悥義，故知哀與隱義近。繫傳通論引孔子對魯哀公語云：「詩曰：明發不寐，有懷二人。此文王之哀也；桓魋奔宋，宋公閉門，泣之，目盡腫，此亂君之哀也。」所云哀者，皆含隱蔽義，內在義。呂氏春秋：「人主何可以不務哀士。」高注：「哀、愛也。」釋名：「哀、愛也。愛乃思念之也。」又馬瑞辰毛詩傳箋通釋卷十六破斧下釋曰：「關雎詩序哀窈窕即愛窈窕也。」愛聲之字多有隱蔽義（見前彙例）知哀固有隱蔽義也。

⿴衣火，說文：「炮肉以微火溫肉也。」桂馥說文義證曰：「以微火溫肉也者，五音集韵：⿴衣火蘊物灰中，令其熱也。」王筠說文句讀補正曰：「今語用火煨之是也。⿴衣火煨雙聲。」王氏以煨釋⿴衣火。今按⿴衣火者熅也，熅者鬱積生煙而無焱，⿴衣火者蘊物灰中，無焱以溫肉也。⿴衣火熅雙聲，皆有隱蔽之義。

扆，說文：「戶牖之間謂之扆。」曲禮：「天子當依而立。」疏：「狀如屏風。」釋文本又作扆。書顧命：「設黼扆。」東京賦：「負斧扆。」注：「屏風樹之坐後也。」屏風有隱蔽之義。又通俗文：「奧內曰扆。」廣雅釋詁四：「扆、藏也。」釋詁一：「庡、翳也。」字林：「庡，翳也。」朱駿聲謂庡庡皆扆字，均有隱蔽之義。

㥋，說文：「痛聲也。孝經曰：哭不㥋。」王筠說文句讀曰：「喪親章文，今作偯。注云：氣竭而息，聲不委曲。」今按氣竭而息與隱義通。又文心雕龍：「哀者依也，悲實依心，故曰哀也。」㥋字从心依聲，取「依心」義也，依於心有隱蔽義。

依字所从之聲當爲奇之假借。依，影紐，倚，影紐，雙聲。依、十五部，倚、十七部，黃先生灰部與歌灰部旁轉最近。

依，說文：「倚也。」說文依倚互訓，並取倚側義。按依从衣聲，於倚側無所取義，而从奇聲之字多有偏側義（見前彙例），故知倚當爲正篆，依則爲假借。

凡從㠯得聲之字多有遠望之義

𣅀，說文：「望遠合也。从日匕，匕、合也。讀若窈窕之窈。」按說文窈、深遠也。

窅，說文：「冥也。」按說文窔下曰：「窅窔、深也。」爾雅釋言：「冥、幼也。」孫叔然本作窈，云：「冥、深暗之窈也。」又老子：「窈兮冥兮。」王注：「深遠之歎。」

⿱宀𣅀，說文：「戶樞聲也。室之東南隅。」今按戶樞聲非⿱宀𣅀之本義，門部闇、門聲也。闇、乙鎋切，影紐，與⿱宀𣅀雙聲，⿱宀𣅀訓戶樞聲者、蓋闇之假借也。⿱宀𣅀从宀，當以室之東南隅爲本義，釋名：「東南隅曰窔，窔、幽也。」故知東南隅有幽深義。論語謂登堂入室，室亦有深遠義。

⿰火𣅀，說文：「望火皃。从火𣅀聲，讀若馰顙之馰。」今按𣅀聲勺聲皆在二部，从𣅀聲則聲義皆不相類，朱駿聲曰：「按此字从𣅀聲，各本从𣅀，誤。」朱說是也。玉篇：「⿰火𣅀、望見火。」五音集韻：「⿰火𣅀、望見火光。」皆有遠望之義，今系於𣅀聲。

⿰彳𣅀字所从之聲當爲翟之假借。𣅀、二部、翟、二部，疊韻。

⿰彳𣅀，說文：「行不正也。讀若燿。」錢坫說文解字斠詮曰：「今吳人語云行燿燿然，此字也。」葉德輝說文讀若考曰：「按行不正與躍同，故讀燿。」按葉說近是，从足與从尣義近，故尦字俗作跛字也。

凡從𢆶得聲之字多有微小之義

𢆶，說文：「微也，从二幺。」

幽，說文：「隱也。从山𢆶，𢆶亦聲。」按微則隱也。

⿰虫幽，說文：「⿰虫幽蟉也。字亦作蚴。」按重文作幼聲，幼聲之字多有小義見前彙例 又方言十一：「蠽，其小者謂之蠓螉，或謂之蚴蜺。」朱駿聲以爲小蠽乃⿰虫幽之本義。

⿸鹿幽，說文：「牝鹿也。麀或从幽。」按牡大牝小，物多如此，如鯨雄而鯢雌，鯨從京聲，從京得聲之字多有大義見前彙例；鯢從兒聲，從兒得聲之字多有小義見前彙例，理與此同。

凡從鬱得聲之字多有積盛之義

鬱，說文：「芳草也。十葉爲貫。百卄貫，築以煮之爲鬱，从臼缶冖鬯，彡其飾也。一曰鬱鬯，百艸之華，遠方鬱人所貢芳艸，合釀之以降神，鬱，今鬱林郡也。」今按百卄貫合釀，有積盛之義，而字從冖鬯者，以冖封固之，使香氣積盛也。

鬱，說文：「木叢生者。」秦風：「鬱彼北林」傳：「積也。」海賦：「鬱沏迭而隆積」注：「盛皃。」又王筠說文句讀熅下注曰：「鬱與韭鬱之意相似，謂不使出氣，鬱之則煙盛。」皆鬱有積盛義之證。

凡從𥁕得聲之字多有熱中之義

𥁕，說文：「仁也，从皿以食囚也，官溥說。」仁本有熱衷之義，王筠說文句讀云：「易林坤之訟：溫仁受福。屯之家人：溫仁正直。是知溫仁者，漢人之恒言。」今按說文煖下曰𥁕也。溫仁與和煖並有熱中義。

殟，說文：「暴無知也。」殟，二徐本作胎敗也。慧琳音義卷廿八引說文與二徐同，卷五十七引則與二徐本異，段氏據玄應書引說文三見皆作暴無知也，逐正之如上。今按暴無知者，卒然中暑而不知人事，中暑有熱中之意。二徐本所作胎敗，廣韻所云病也，又云心悶，皆與熱中義近。

熅，說文：「鬱煙也。」漢書蘇武傳：「置熅火。」注：「謂聚火無焱者也。」王筠說文釋例卷十八：「熅蓋猶粃盆蓄火，無燄而生煙，鬱積之故也。」徐鍇說文繫傳曰：「易曰天地烟熅。相烝也。」按皆熱中之義。

慍，說文：「怒也。」詩緜：「肆不殄厥慍。」傳云：「慍，恚也。」正義云：「說文慍、怨也。恚、怒也。有怨者必怒之，故以慍為恚。」段氏據以改為怨也。今按廣雅：「慍、怒也。」韓詩車舝：「以慍我心。」傳：「恚也。」又如今俗語謂恚怒為怒火中燒，是慍有熱中之義。

溫，說文：「溫水出犍為涪南入黔水。」水經延水注：「溫水一曰煖水。」

搵，說文：「沒也。」桂馥說文義證：「中庸：溫故而知新。鄭注：溫讀如尋溫之溫。馥按：燖溫卽燖搵。燖本作𤎖，內肉於湯中也。」今按桂氏以搵卽鄭注尋溫之溫，燖搵有熱中義也。

緼，說文：「紼也。」段氏於紼篆下注曰：「可以裝衣，可以然火。」今按玉篇：「緼，舊絮也。」蒯通傳：「束緼乞火。」師古曰：緼、亂麻。」然則裝衣之舊絮、然火之亂麻，皆有熱中之義。

轀，說文：「臥車也。」史記始皇紀：「棺載轀涼車中。」朱駿聲曰：「按如衣車，密閉者為轀，開窻牖者為輬。」今按密閉之車有熱中之義。

醞，說文：「釀也。」一切經音義十二引蒼頡篇：「醞，酒母也。」今按醞釀有熱中之義，酒母亦有熱中之義，如麯亦為酒母，說文作孰穪。玉篇作熱麴，五音集韻作熟麴火藏，皆與熱中義近。

薀，說文：「積也」。重文作蘊。荀子富國篇：使民夏不宛暍。」注：「宛讀曰薀暑氣。」漢書循吏召信臣傳：「晝夜難薀火。」注：「薀、火畜也。」又段注熱篆下曰：「毛詩傳曰：蘊蘊而暑，爞爞而熱。」今按畜火與暑氣皆有熱中之義。

嗢為狀聲之字，嗢、笑聲也。

嗢，說文：「咽也。」段注：「咽當作噎聲之誤也。」又曰：「笑云嗢噱者，嗢在喉中，噱在口也。」今考廣雅釋詁一：「嗢、笑也。」廣韻：「嗢噱、笑不止。」于鬯說文職墨曰：「漢書敘傳顏師古注：噱噱、笑聲也。噱為笑之聲，則嗢亦笑聲可知。嗢為笑聲，則本義咽聲可知。」于說是也。嗢為狀聲詞，不必强說以義。今作盈盈笑語者，狀聲詞但況其聲，不拘形體之異也。

媼字所從之聲當為句之假借，媼讀若奧，奧在三部，句在四部，黃先生蕭部侯部旁轉。

媼，說文：「女老稱也，讀若奧。」段注曰：「按从𥁕蓋與嫗同意，形聲中有會意也。」今按媼說文曰母也。然嫗從區聲亦無所取義，媼嫗字皆當以姁為正篆，說文姁、嫗也。從句得聲之字多有曲義（見前彙例），老人背傴僂為耇（朱駿聲說），女老背傴僂當以姁為正篆也。

喻紐

凡從侖得聲之字多有中空躍上之義

侖，說文：「樂之竹管，三孔，以龢眾聲也，从品侖，侖、理也。」釋名：「侖、躍也。氣躍出也。」漢書律歷志：「侖者黃鐘律之實也，躍微動氣而生物也。知侖有中空躍氣之義。

籥，說文：「書僮竹笘也。」徐灝說文解字注箋：「此籥字當以樂之管籥為本義，假借為鍵之管籥，又為竹笘之名耳，侖籥古今字。」按徐說是也，侖為樂之竹管，又加竹旁為緐文，朱駿聲引釋名籥躍也，字正作籥。

𨗨，說文：「違𨗨也。」徐鍇說文繫傳曰：「臣鍇曰：猶躍也。」錢坫說文解字斠詮：「方言踚、行也，即此字，汗簡以為古文躍。」朱駿聲曰：「字又作踚，方言十三：出火為踚。」今按離為中虛，火為炎上，出火為踚亦有中空躍上之義。

爚，說文：「火飛也。」今按離為中虛，火飛有中空躍上之義。

䚫，說文：「視誤也。」錢坫說文解字斠詮曰：「今人視不審曰䚫光，聲近耀，即此字。」按今人所曰䚫光者，光不定而躍動，炫眼使中明而無見。錢氏謂聲近耀，耀與躍義引伸可通（詳見後證）。

蘥，說文：「爵麥也。」桂馥說文義證：「海錄碎事：蘥麥草似麥，亦曰雀麥。古歌：田中兔絲，何嘗可絡，道邊蘥麥，何嘗可穫。北史邢邵傳：國子雖有學官之名，而無教授之實，何異兔絲蘥麥。」今按此艸似麥而不可食，北史比擬有名無實者，與中空義近。

龥，說文：「評也。讀與籥同。」今按出聲評龥與中空上躍義近。

凡從敫得聲之字多有上揚之義

敫，說文：光景流也。从白从放，讀若侖。」王筠說文句讀：「史記索隱引作讀如躍。西都賦：震震爚爚。李善注：光明皃。案蓋借爚為敫也。」今按光與揚義相成，又從侖得聲之字多有上躍之義（見前證），翟聲字亦然，敫讀若侖、讀如躍，故知有上揚義。

噭，說文：「吼也，一曰噭呼也。」桂馥說文義證曰：「吼也者，本書無吼字，玉篇：吼、牛鳴也。一曰噭呼也者，本書楚謂兒泣不止曰噭咷，曲禮：毋噭。應注云：噭，號呼之聲也。」今按高聲噭呼有上揚義。

謷，說文：「痛呼也。」今按說文号、痛聲也。号謷疊韻（同在二部），古又雙聲（喻、喻紐，号、匣紐），謷号皆揚聲高呼也。

歊，說文：「所歌也，从欠噭省聲，讀若叫呼之叫。」按叫呼有揚聲義。朱駿聲曰：「楚謌也（按楚所古同音），从欠激省聲。上林賦：激楚結風。注：楚歌曲也。按楚歌促迅激切，故曰歊。」依朱說則歊有激揚義

激，說文：「水礙衺疾波也。一曰半遮也。」詩揚之水傳：「激，揚也。」疏：「水急而飛揚。」孟子：「激而行之，可使在山。」知激有上揚義。

覈，說文：「實也。考事而笮邀遮其辭得實曰覈。」今按實與眞義相成，故以眞為聲之字，多取充實之義（見段注眞篆下），凡物充實

而後上升，段玉裁曰：「其顚槇字，以頂爲義者，亦充實上升之意也。故知驟訓爲實，實與上升上揚義引伸可通。

鬐，說文說「杖耑角也。」段注：「杖耑謂杖首。」今按杖耑謂杖槇也。木頂爲槇，有上揚義。

摮，說文：「旁擊也。」桂馥說文義證：「宣六年公羊傳：公怒，以斗摮而殺之。何注曰：摮猶摮也。摮謂旁擊頭頂。」今

按擊頭頂有上揚義。

繳、說文：「生絲縷也。」段氏依文選文賦李善注增「謂縷系矰矢以隿䠶也」十字。段說可從也，隹部隿，說文：繳䠶飛鳥也。知繳有上揚義。

檄，說文：「二尺書。」爾雅釋木：「小枝上繚爲喬，無枝爲檄」。郭注：「檄擢直上。」今按皦擢上揚爲皦字之本義，訓爲二尺書者，取其有白義。如皦有白義也。五臣注文選序：「檄者皦也，喻彼令皦然明白。」則以檄之聲母爲皛之假借詳見皦下。

皦字所从之聲當爲皛之假借，敫、二部，皛、二部，疊韻。敫、喻紐，皛、影紐，古雙聲。

皦，說文：「玉石之白也。」段注：「王風有如皦日，傳曰：皦、白也。按此叚皦爲皢也。」今按皢、說文：日白也。然敫聲堯聲於白無所取義，說文皛、顯也，通白曰皛，讀若皎。知皦皢字之聲母並爲皛之假借，古但以敫堯交諸聲近皛之字代皛，恐白義不顯，遂各加白旁成皦皢皎字，後人分爲玉白、日白、月白，本爲一字而已。

憿字、儌字所从之聲爲冀之假借，冀又爲覬之假借，冀、二部、異、一部、黃先生沃部德部旁轉。又冀覬同在見紐，雙聲。段注冀覬皆几利切，而一在一部，一在十五部，今因二部十五韻不可通，故不直言憿儌字所從之聲，爲覬字之假借。

憿，說文：「幸也。」玉篇：「行險也。」中庸曰：「行險以徼幸。」王筠說文句讀：「憿幸是連語，兩字同義，俗又作儌。眾經音義：儌、冀；冀、幸也，得其旨矣。」知憿訓爲幸，於敫聲無所取義，依王說則爲冀之假借。然冀說文爲北方州，段注冀下曰：「叚借爲望也、幸也。蓋以冀同覬也。覬者，欲幸也。」故知憿字之聲母實爲覬之假借。

徼，說文：「循也。」今按循，說文：「行順也。」行順有幸義，蓋幸者，吉而避凶。中庸曰：「行險以儌幸。」行險與行順一義之引申耳。乃知憿幸、儌倖、徼幸、饒倖、僥倖，皆覬幸之假借，覬从豈聲，豈、說文作欲也。

凡從舀得聲之字多有包裹在內、從中取出之義

舀，說文：「抒臼也。从爪臼，詩曰：或簸或舀。舀或从手冗。」段注：「抒、挹也。既舂之，乃於臼中挹出之，今人凡酌彼注此皆曰舀，其引伸之語也。」

韜，說文：「劍衣也。」廣雅釋詁四：韜、藏也。釋器：韜、弓藏也。詩彤弓傳：櫜、韜也。段注曰：「引伸爲凡包藏之偁。」按韜有可從中取出義。

稻，說文：「稌也。」朱駿聲引春秋說題辭稻太陰精注：包裹也。桂馥引春秋說題辭宋均注：稻、苞苴也。舀包疊韻。林義光文源曰：「稻爲象形字，則舀卽稻省，稻象禾入臼中爪取之，故舂畢挹出亦謂之稻。」皆可證稻以包裹在內、從中取出爲義。

搯，說文：「棺也，周書曰師乃搯，搯者擂兵刃以習擊刺也，詩曰：左旋右擂。」按棺者剜也，擂者抽也，皆有包裹在內，從中取出義。

𠥾，說文：「古器也。」桂馥說文義證：「或作𥮜，纂文：趙代以筥爲𥮜，玉篇：𥮜、牛筐也。」按方言：箈、篆也。說文篆、食牛匡也。徐鍇以筥爲竹籠，聲類以筥爲箱，凡此皆有自中取出義。

包裹在內、從中抒出引伸有舒暢義，故慆爲說也。

慆，說文：「說也。」王筠說文句讀：「尙書大傳：師乃慆，前歌後舞。鄭注：慆、喜也。或借陶字。檀弓：人喜則斯陶。注云：陶、鬱陶也。釋詁：鬱陶、喜也。詩王風：君子陶陶。傳云：陶陶、和樂皃。後漢書杜篤傳注引韓詩：陶、暢也。」今按訓陶爲暢義，當卽慆之借字，陶慆叠韵，古亦雙聲。詩君子陶陶傳和樂皃，亦卽騊字，鬱陶連言，積蘊而抒暢之義尤顯，故爲喜也，是則暢快之本字當作慆，暢當从昜聲，昜聲舀聲並屬喻母爲雙聲也。說文無暢字，有愓字，愓訓放也，與慆義亦相近。

蹈字、騊字所從之聲當爲道之假借。舀道並在三部，叠韻。蹈道又並屬定紐，同音。騊在透紐，與道古亦雙聲。

蹈，說文：「踐也。」釋名：蹈、道也。以足踐之如道路也。又釋道：道、蹈也。按道蹈从辵从足同義，蹈从舀聲無所取義，故知爲道之假借。說文䆃字朱駿聲謂卽稻字，可爲舀聲道聲相假借之證。

騊，說文：「馬行皃。」今按騊字从馬，取馬行義，與道字从辵、蹈字从足同義，騊从舀聲當與蹈字取義相同，蹈本自道得聲得義，故騊亦當同。說文道、所行道也，導、引也，與蹈騊義引伸可通。

滔字所從之聲當爲昜之假借，舀、喻紐，昜、喻紐，雙聲。

滔，說文：「水漫漫大皃。」今按書堯典：湯湯洪水方割。詩氓：淇水湯湯。傳：水盛皃。離騷：怨靈脩之浩蕩兮。注、猶蕩蕩。知水大浩蕩之字古多從昜聲爲之。今說文湯訓熱水，蕩訓水名，而訓滔爲水大浩蕩字。考滔從舀聲，舀聲於水大皃無所取義，而凡從昜聲之字多有揚義、大義(見前彙例)，說文訓湯爲熱水，水熱則上烝上沸，蓋自高揚得義。然湯亦當有大義，湯湯水盛，湯實爲本字。以湯有二義，遂另造滔以別之，後世水盛字或作滔，或滔用湯。書堯典：浩浩滔天。滔猶兼大義揚義。詩載驅三章作汶水湯湯，四章作汶水滔滔，湯滔同義，是其證。

凡從舁得聲之字多有舉之義

舁，說文：「共舉也。从臼从廾。」廣雅：「舁，舉也。」王筠說文句讀：「舁則兩人共舉一物也。」

輿，說文：「車輿也。」釋名：「輿，舉也。」王筠說文句讀依一切經音義所引補「一曰車無輪曰輿」，且案曰：「案無輪則人舁之矣。」

凡從盈得聲之字多有上出之義

盈，說文：「滿器也。从皿夃。」今按說文滿下云盈溢也，溢下云器滿也。滿溢有上出之義。

楹，說文：「柱也。」朱駿聲引明堂位殷楹鼓注：「楹謂之柱，貫中上出也。」上出義引申有輕義，輕引伸有緩義。楹、緩也。

縕，說文：「緩也。讀與聽同，緹，縕或从呈。」今按聽緹皆從壬聲，凡从壬得聲之字多有挺生之義（見前彙例），挺生有上出之義，縕讀與聽同，重文从呈，是本有上出義也。說文訓縕爲緩也者，蓋自上出義引申爲輕義，輕重緩急爲一義之引申，故從盈聲之字又多有輕義，如體態輕盈，以輕盈連言之，縕訓爲緩，亦當自輕義引申。

凡從攸得聲之字多有長之義

攸，說文：「行水也。从攴从人水省，汥，秦刻石繹山文攸字如此。」嚴章福說文校議議：「行水爲長，攴者引導之使順其性也。」

筱，說文：「疾也，長也。」

脩，說文：「脯也。」徐灝說文解字注箋曰：「戴氏侗曰：肉條割而乾之爲脩，故脩有長義。」小爾雅：「脩，長也。」

筱，說文：「箭屬小竹也。」廣韻：「筱，細竹也。」按箭屬細竹有長義。

條，說文：「小枝也。」詩椒聊：「遠條且」。傳：「長也。」書禹貢：「厥水惟條。」傳：「條、長也。」

悠，說文：「憂也。」爾雅釋詁：「悠，思也。」憂思之深不能自已，故詩關雎曰：「悠哉悠哉。」憂思與長義相成。爾雅釋詁：「悠，遠也，悠，遐也。」禮記中庸：「徵則悠遠。」鄭注：「長也。」

鰷，說文：「魚名。」桂馥說文義證：「爾雅翼：鰷，白鰷也。其形纖長而白。」正字通：「今俗呼參條魚。」今按條肉爲脩取長義，條魚亦當有長義。

滫，說文：「久泔也。」久有長義。

絛，說文：「扁緒也。」段注：「毛詩左傳正義曰：王后親織玄紞，即今之條繩。」王筠說文句讀引服虔注：「偏諸如牙條。」邵瑛說文解字羣經正字引周禮巾車鄭注：「條讀爲條，以條絲飾之是也。」今按：名之从繩、條、絲者，並有長義存焉。

窱，說文：「杳深也。」廣雅釋詁：「窱，深也。」西京賦：「望窊窱以徑廷。」注：「窊窱徑廷過度之意也。」與深長義同。

蓨，說文：「苗也。」苗有長義。

䏧字所从之聲當爲丩之假借。攸，三部。丩，三部。疊韻。

䏧，說文：「眣也，䀏，䏧或从丩。」朱駿聲曰：「謂目不正。」目不正蓋從丩聲得義，䏧重文作䀏，䀏當是本篆。

倏字當爲犬之假借。攸，三部。犬，三部。疊韻。

倏，說文：「走也。」段注依韻會本訂正爲「犬走疾也。」今按犬說文爲犬走皃，疾步曰走，倏即犬之形聲字也。

儵字所从之聲當爲幼之假借。攸、三部，幼、三部，叠韻。攸、喻紐，幼、影紐，古雙聲。

儵，說文：「青黑繒發白色也。」今按黝，說文微青黑色也。儵从攸聲，無所取義，當從幼聲取微青黑義。

虪字、鋚字所從之聲當爲黝之假借。音證同右。

虪，說文：「黑虎也。」按虪从儵聲而得黑義，然儵卽黝之假借字也右文所證。周禮牧人鄭注：「幽讀爲黝，黝黑也。」是黝可但訓爲黑義也。

鋚，說文：「鐵也。」說文鐵、黑金也。今俗鐵青連語，是鐵爲青黑之金也。虪儵字於攸聲無所取義，皆當爲黝聲之假借。說文黝、微青黑色也。

滌字所从之聲當爲翟之假借。滌屬攸聲，三部，翟，二部，黃先生蕭部豪部旁轉最近。

滌，說文：「洒也。」滌訓爲洒，於攸聲皆無所取義，條聲當爲翟聲之假借。沈濤說文古本考：「濤案一切經音義卷二十五引：濯、滌也。」今本說文濯、澣也。澣、濯衣垢也。詩崧高傳曰：「濯濯、光明也。」去垢則光明，翟聲字如曜燿耀並有光明義，故知滌所从條聲，當爲翟聲之假借也。

爲紐

凡從禹得聲之字多有聲響之義

禹，說文：「蟲也。从内象形。」桂馥說文義證：「玉篇：蠁，禹蟲也。本書蠁、知聲蟲也。」是禹蟲以知聲得名。

聥，說文：「張耳有所聞也。」桂馥說文義證：「蒼頡篇：聥、驚也。馥謂聞聲而驚也。」章太炎氏文始禹下曰：「玉篇云：禹、蠁蟲也。對轉陽，變易爲蠁，知聲蟲也……還魚，孳乳爲聥，張耳有所聞也。」是聥自聲響得聲義。

齲字所從之聲當爲朽之假借。禹、爲紐，朽、曉紐，古雙聲。禹、五部，朽、三部，黃先生模部蕭部次旁轉。

齲，說文：「齒蠹也。或从齒。」釋名：「齲、齒朽也。蟲齧之齒缺朽也。」按蠹下段注曰：「今俗謂之蛀，音注，左傳曰：公聚朽蠹。」朽蠹連文而同義也。齲從禹聲無所取義，而從丂得聲之字如考巧朽並有老義，齲當從以爲聲也。

踽字所從之聲當爲疋之假借。踽、五部，疋、五部，叠韻。

踽，說文：「疏行皃。詩曰獨行踽踽。」王筠說文句讀：「獨行則無相比者，故云疏也。」今按踽從禹聲無所取義，而疋聲疏聲之字多有稀義見前彙例，獨行與稀義近，故知當從疋聲也。

雨字爲聲符後加字，以方語有殊，始加禹聲以注音者。

雨，說文：「雨皃，方語也。」段注：「方上蓋奪北字，集韻曰：北方謂雨曰雨。」今按雨卽雨字，以北方方語殊爲禹音，故於雨旁加禹聲以注其音。亦猶畬本鹵字，以河內方語殊爲差音，乃於鹵旁加差省聲以注其音，若斯之例，非形聲字之正例也，所注之音，但別方言殊異而已，皆不兼會意。

凡從曰得聲之字多有流暢之義

曰，說文：「詞也，从口」，象口气出也。」王筠說文句讀：「吐詞爲曰，發語之詞亦爲曰。」饒烱說文解字部首訂：「凡人語發則气條達。」

欥，說文：「詮詞也，从欠从曰，曰亦聲。」徐鍇說文繫傳：「詮，理也，理其事之詞也。」今按述事理順有流暢之義。

汩，說文：「治水也。」玉篇：「水流也」紐樹玉說文解字校錄以玉篇、廣韻、方言、字林所訓，並無治水之義，乃疑汩字爲後人所增。今按國語周語：「決汩九川」「汩越九原」韋昭注：「通也。」相如賦曰：「汩乎順流」汩固有流暢義。

𡰥，說文：「水流也。」徐鍇說文繫傳：「臣鍇按：相如賦曰：汩乎順流，汩即此字。」紐樹玉段氏說文注訂曰：「𡰥汩蓋古今字。」

颮字所從之聲當爲忽之假借。忽，十五部；曰，十五部，叠韻。忽、曉紐，曰、爲紐，同屬喉音，古雙聲也。

颮，說文：「大風也。」今按說文䬍亦曰大風，與颮同音同義，疑爲一字，然从曰聲胃聲皆無所取義，故當爲颶之假借。颶、說文疾風也，从風从忽，忽亦聲。風忽則有疾大義，徐灝說文解字注箋曰：「䬍與颶聲相轉。」然颶與颮亦本一字而聲轉耳。

曉紐

凡從𢻸得聲之字多有分畫之義未聲字多音故分列之

𢻸，說文：「㽋也。从攴从厂，厂之性坼，果熟有味亦坼，故从未聲。」王筠說文句讀補正：「元包經渙卦：飃亢于𢻸。案此謂飃風突入于坼罅也。」今按坼罅有分畫義，果孰亦有裂罅也。

𠢅，說文：「剝也，劃也。」朱駿聲曰：「字亦作𠜾，方言十三𠜾，解也。」又謂分離離別字，經傳皆以離爲之，離𠢅一聲之轉。

𠩺，說文：「微畫也。」段注畫下補文字，且曰：「知爲微畫之文者，以从𢻸知之，𢻸者坼也，微之意也，此舉形聲包會意。」

釐，說文：「家福也。王筠說文句讀：「釐者，飲酒受胙之謂，受福於祖宗，故曰家福。：史記賈誼傳：孝文帝方受釐。徐廣曰：祭祀福胙也。應劭曰：釐，祭餘肉也。」今按祭餘之肉爲福胙，劃而分享之，故云家福也。

分畫義引伸有引開義，𢇑、引也。

𢇑，說文：「引也。」今按引、說文開弓也。開弓有分開義。

犛字嫠字所從之聲當爲里之假借。犛嫠里皆同音。𢻸與里同在一部，叠韻。

犛，說文：「西南夷長髦牛也。」桂馥說文義證：「史記封禪書殺一狸牛以爲俎豆牢具。韋昭讀狸爲犛。漢書郊祀志作犛牛。後漢書班固傳：頓犀犛。注云：犛牛黑色。」今按里聲之貍狸鯉並有黑文義，盧聲之驢鱸鸕盧黑犬，利聲之鵹黧犁，麗聲之驪纚，與犛皆爲來紐字，而義並爲黑色。今謂犛字所從之聲當爲里之假借者，以史記狸牛字從里聲故也。實則里聲盧聲利聲麗聲𠩺聲之有黑義者，本同一語族也。且里聲之字多有文理義（詳見後證），故以黑文義之字當从里聲。

慈，說文：「楚潁之間謂憂曰慈。」桂馥說文義證：「楚潁之間謂憂曰慈者，釋詁文，彼作悝。郭引詩悠悠我悝，今詩作里，釋文本或作瘇。」今按釋文引舍人云：瘇、心憂憊之病也。憂憊傷悴，其容必黑，故當如犛之從里聲也。今字別作⿱𠩺心，意亦同也。

漦字所從之聲當為末之假借。漦從𠩺聲，大徐本𠩺从未聲，未與末同在十五部，疊韻。未在微紐，末在明紐，古又雙聲，知未末古同音也。

漦，說文：「順流也，一曰水名。」說文繫傳：「臣鍇按：爾雅注：漦，漉漉出沬沫也。」段注：「史記龍漦。韋昭曰：漦，龍所吐沫。按：龍沫必徐徐漉下，故亦謂之漦。」今按漦即沫字，漦大徐作未聲未誤，段氏以𠩺聲在一部，未聲在十五部，聲不可通，遂去聲字，固不知無聲字有多音之例也。

凡從囂得聲之字多有氣上出之義

囂，說文：「聲也。气出頭上，從㗊從頁，頁亦首也。」說文繫傳：「臣鍇按：春秋左傳楚望晉師曰：甚囂且塵上矣。」

⿱囂鬲，說文：「炊氣皃。」段注：「炊气亦上出，故從囂，舉形聲包會意。」

虈，說文：「楚謂之蘺，晉謂之虈，齊謂之茝。」錢坫說文解字斠詮：「埤倉：齊茝一曰蕙，今白芷。」傅雲龍說文古語考補正：「按白芷一名虈，香草也。」今按楚詞九思注亦曰：虈、香草名也。气香與聲喧並有氣出遠聞之義，為一義之引申，香草為虈之於聲喧為囂；猶穀馨為皀之於聲響為響也。

凡從黑得聲之字多有黑色之義

黑，說文：「火所熏之色也，从炎上出囪，囪，古窻字。」

⿰糸黑，說文：「索也。」段注：「按从黑者，所謂黑索拘攣罪人也，今字从墨。」按易坎卦：係用徽纆。虞云：徽纆、黑索也。

墨，說文：「書墨也，从土从黑，黑亦聲。」廣雅釋器：墨、黑也。

引申為赫怒義，嫼，怒也。

嫼，說文：「怒皃。」錢坫說文解字斠詮：「詩王赫斯怒應作此。」今按黑為火所熏之色，赫大徐本作火赤皃，義近也。黑為炎上出囪，怒則上見於皃，象同也。赫黑皆屬曉紐，聲又同也。故知經典以赫為嫼怒字，義本通也。

引申為恐嚇義，默，犬暫逐人也。

默，說文：「犬暫逐人也，讀若墨。」王鳴盛蛾術編說字：「案此字假借作語默之默用，周易默而成之，論語默而識之，皆是。漢書或作嘿，孔光傳：光嘿不應，史丹傳：丹嘿然而咲，口部不收。」今按默之本義，今別作嚇字，雷浚說文外編嚇字下曰：「說文無嚇字，一切經音義卷一恐嚇下引詩：反予來嚇，今詩作嚇。鄭箋：口距人謂之赫。與玉篇嚇下合。」今知口距人為嚇，與犬以口拒人為默義同，一也。嚇从口，默亦从口作嘿，俗字皆從口，二也。赫聲黑聲義象並近，又為雙聲，經典用爲通假，三也。憑斯三證，知黖之本義，俗已作嚇字，而其所取義，仍自黑義引申，黑色自有恐嚇義在也。

匣紐

凡從行得聲之字多有節限行止之義

行，說文：「人之步趨也。从彳亍。」字从彳亍，彳、小步也；亍，步止也，合彳亍會意有節行止義。爾雅：「室中謂之時，堂上謂之行，堂下謂之步，門外謂之趨，中庭謂之走，大路謂之奔。」堂上謂之行，則較謂門外大路等爲節限行止矣。

珩，說文：「佩上玉也。所以節行止也。」徐灝說文解字注箋：「按繫傳無聲字，非是。珩从行聲，正所謂因聲載義也。」

胻，說文：「脛耑也。」今按說文腳、脛也；脛，胻也；胻，脛耑也。是言腳則統脛，言脛則統胻。釋名：「腳，卻也」段注腳下亦曰：「腳之言卻也，凡卻步必先脛。」是腳卻步必先脛，脛卻步必先脛耑。又按說文徛，舉脛有度也。舉脛有度在乎胻之有度，故胻有節限行止之義。

洐，說文：「溝行水也。」衍从水行，洐當从行聲。水行溝中，有節限行止義，衍則流行無節限。

衡，說文：「牛觸橫大木其角，詩曰：設其楅衡。」徐鍇說文繫傳：「謂牛好牴觸，以木闌制之也。」段氏刪其角二字，且引鄭注周禮云：「楅設於角，衡設於鼻，如椵狀。」周禮封人杜子春云：楅衡、所以持牛令不得抵觸人。是衡有節限行止義。

凡從矦得聲之字多有防護不虞之義

矦，說文：「春饗所䠶矦也。从人、从厂象張布，矢在其下，天子射熊虎豹，服猛也。諸侯射熊虎，大夫射麋，麋，惑也。士射鹿豕，爲田除害也。其祝曰：毋若不寧，矦不朝于王所，故伉而射汝也。𥎦，古文矦。」今按習射除害，以戒備不寧，故矦有防護不虞之義。

候，說文：「伺望也。」說文繫傳：「臣鍇曰：候，守封疆吏也。周禮：郊有候館。國語：候不在疆。」又周禮有候人，宣十二年左傳杜注云：候人謂伺候望敵者。字亦作堠。

喉，說文：「咽也。」今按善屠物者斷其喉，善射人者噎其喉，是以喉者爲最宜防護之處，釋名釋言語：「侯、護也。司護諸事也。」矦護皆匣紐字爲雙聲，是字从矦聲有防護義之證也。

餱，說文：「乾食也。周書曰：峙乃餱糧。」承培元說文引經證例：「峙當作偫，儲也。」陳瑑說文引經考證曰：「餱、乾食也……說文米部糒，乾也。……凡餉遠宜乾食，大雅迺裹餱糧，正言攜以遠行。」今按儲備以餉遠，有防護不虞之義。說文糒與餱同義，糒備同从𤰇聲得義，故餱亦有儲備義。

鯸，說文：「魚名。」錢坫說文解字斠詮：「山海經：敦薨之山多赤鮭。注：鯸鮐也。論衡：人食鮭肝而死，即今河豚也。」今按鯸肝有毒，誤食則死，故食此魚必戒防不虞，遂以名魚。

緱，說文：「刀劍緱也。」廣韻：「刀劍頭纏絲爲緱。」段注曰：「按謂人所把處，如人之喉然。」今按纏絲於刀劍頭，本

有防護不虞之義。

凡從后得聲之字多有受積之義

后，說文：「繼體君也，象人之形，从口，易曰：后以施令告四方。」今按繼體有承受義，老子下篇：「是以聖人云：受國之垢，是謂社稷主；受國不祥，是爲天下王。」后有受積義可證。后以施令告四方，有所施必有所受，后受命於天，四方受命於后。后又以爲皇后字者亦取義於受也，以后配坤，故曰后土，坤有「坤厚戴物」「乃順承天」「含弘光大」之德，皆有受積義。坤順承天，王亦順承天，故后王之后轉爲后妃之后矣。

呴，說文：「厚怒聲，从口后，后亦聲。」今按厚本有受積義。呴者發怒聲使人受辱，如后之施令使四方受命。施與受一義之引伸。

詬，說文：「謑詬、恥也。」離騷：「忍尤而攘詬。」攘詬有受辱義。俞樾兒笘錄曰：「自人出之則爲呴怒，自己受之則爲詬恥，實一義之引申。」今按俞說是也。呴詬析言則有施受之別，正如后字本有施命承受二義，故后有后王后妃二義也。

垢，說文：「濁也。」俞樾兒笘錄曰：「詬呴並後出字也，后既从口，而呴又从口，詬又从言，緟複無理，古字實止作垢。宣十五年左傳：國君含垢，服注曰：垢，恥也。莊子讓王篇：强力忍垢。司馬注曰：垢、辱也。說文土部垢、濁也。凡恥辱義卽从濁義引申之，而怒詈義又从恥辱義引申之。引申之義盛行而與从土之義相去益遠，乃更製从言从口之字耳。」今按后聲之字，字義皆取於受，字形則孳乳於后，俞氏謂呴詬之義與垢濁皆一義之引申，實則垢亦取義於受也。后與受黃先生侯蕭二部旁轉最近。老子曰：「受國之垢，是謂社稷主。」莊子讓玉篇：「受天下之垢。」垢有受義。

缿，說文：「受錢器也。」桂馥說文義證：「史記酷吏傳：投缿購告言姦。集解云：徐廣曰：缿、器名也。如今之投書函中，索隱云：缿、受投書之器，入不可出。」今按缿或爲投書器，或爲受錢器，皆可證缿之取義不在書與錢，但在於投受而已。

見紐

凡從果得聲之字多有圓之義

果，說文：「木實也，从木，象果形在木之上。」按篆文木上之果形卽畫圓形，王國維爾雅草木蟲魚獸名釋例下曰：「凡在樹之果與在地之蓏，其實無不圓而垂者，故物之圓而下垂者，皆以果蓏名之。」

踝，說文：「足踝也。」段注「按踝者，人足左右骨隆然圜者也。」

髁，說文：「髀骨也。」徐灝說文解字注箋：「髁骨有二，髁之言果，以其形圜果蠃然也。戴氏侗曰：髁，膝端骨也。按此蓋相傳舊稱，至今俗語猶謂膝蓋曰髁頭。髁爲股脛間骨，故許云髀骨也。又尻骨謂之骶，其上圓而隆起者胥髁骨。」按髁骨有二，皆圓形也。

顆，說文：「小頭也。」段注：「引伸爲凡小物一枚之偁，珠子曰顆，米粒曰顆是也。」今按頭亦有圓義。

稞，說文：「穀之善者，一曰無皮穀。」段注：「謂凡穀顆粒俱佳者。」朱駿聲曰：「按謂顆粒精好。」按顆粒精好有圓轉義。

敤，說文：「研治也。」今按研治之器具，無不圓轉，見諸磨礱、墨硯、研藥之臼皆然。桂馥說文義證：「研治也者，或借課字，宋書沈約自序：少寬其工課。」今按課亦取反覆研治義。課敤義有可通，不必泥敤借課也。

課，說文：「試也。」今按試、用也。凡事課而行之，必反覆研治，與敤義同。故桂馥氏疑敤或借課而爲研治義也。研治有圓義。

裹，說文：「纒也。」段注：「纒者繞也。」今按廣韻：「纒、束也。」束縛纒繞皆有圓轉義。

窠，說文：「空也。一曰鳥巢也，在樹曰巢，在穴曰窠。」王筠氏於空也下注曰：「此通名，如窠臼是也。」今按窠臼有圓義，鳥巢亦有圓義。

鱳，說文：「鱧也。」高翔麟說文字通：「訓鱳爲鱧，則名異並爲一物。」又曰：「通雅：鰋偃、鱧圓、魴方。」是鱳魚以圓得名。

婐，說文：「妮也，讀若騧，一曰若委。」妮下曰：「婐妮弱也。」錢坫說文解字斠詮：「通俗文：肥體柔弱曰婐妮。樂府：珠佩婐妮戲金闕。」朱駿聲曰：「按婐妮疊韻連語，猶婀娜旖施。」戴氏侗曰：「婐婧，宛孌限倚之皃。」今按婐讀若騧，咼聲之字亦多有圓義（詳見後證），而女子肥體柔弱、婀娜宛孌，皆與圓義近。

錁字爲聲符後加字，以方語有殊，始加果聲以注音者。

錁，說文：「齊謂多爲錁。」徐灝曰：「錁之詞由詫其多而起，因謂多爲夥，而造字从多也。」今按形聲字以先有聲符，後加形符爲其通例，而凡一字所合二文皆爲聲者爲變例，如前述禹聲之䨞，即雨也，方俗語殊，又於雨下加禹聲以別之，此錁字亦然，即多也，以齊語有殊（楚語亦殊，見[illegible]篆下讀若），遂於多旁加果聲以示別，皆變例也。

祼字所從之聲當爲灌之假借，果灌皆見紐字，雙聲。果在十七部，灌在十四部，黃先生歌戈部寒桓部對轉。

祼，說文：「灌祭也。」朱駿聲曰：「謂始獻尸求神時，灌以鬱鬯也。君以圭瓚酌鬯授尸灌地。」段注：「注兩言祼之言灌（按周禮注），凡云之言者，皆通其音義，以爲訓詁。」

凡從咼得聲之字多有圓之義

咼，說文：「剮人肉置其骨也，象形，頭隆骨也。」按頭隆骨呈圓形。

鴰，說文：「鷙鳥食已，吐其皮毛如丸，讀若骫。」按說文丸、圜傾側而轉者。讀若骫，廣雅骫、曲也。皆有圓義。

檛，說文：「盛膏器，讀若檛。」王筠說文句讀：「玉篇曰：車缸盛膏者，字或作鍋。方言：車缸、齊燕海岱之間謂之鍋，或謂之錕，自關而西謂之釭。」按鍋釭皆有圓義。

蝸，說文：「蝸蠃也。」薛綜東京賦注曰：「蝸者螺也。」中山經：「是多僕纍蒲盧。」郭注：「僕纍、蝸牛也。」爾雅釋魚蚹蠃螔蝓注：「卽蝸牛也。」是蝸有多名。王國維爾雅草木蟲魚鳥獸名釋例下曰：「釋蟲：果蠃蒲盧，釋魚：蚹蠃螔蝓：皆有魁瘣㩻腫之意，又物之突出者，其形常圓，故又有圓意。」

渦，說文：「渦水受淮陽扶溝浪湯渠東入淮。」按漢書地理志淮陽國扶溝縣作渦水。王粲浮淮賦：「背渦浦之曲流」江賦：「盤渦谷轉」注：「渦、水旋流也。」爾雅釋水：「渦辨回川。」釋文過本或作渦。高翔麟說文字通過下曰：「一曰水回也。」今按曲流、旋流、水回皆有圓轉義，疑渦水以曲旋名。

過字、譌字所從之聲當為多之假借。咼聲，十七部，多聲，十七部，疊韻。

過，說文：「度也。」呂覽：「貴當田獵之獲常過人矣。」注：「多也。」易大過孔疏：「相過者謂相過越之甚也。」今按行過之過亦為多義，故曰「過我門而不入我室」也。說文以度訓過，度、法制也，亦所以定多少使勿過也。

譌，說文：「疾言也。」今按疾言者，言多則疾也。說文有多聲之誃字，云離別也。別字从冎从刀，冎者分解之皃，刀者所以分解也，故知離別之言當作譌，而疾言之字當作誃，譌誃二字實互借也。

禍字所从之聲當為虍之假借，咼、十七部，虍、五部，段注虍篆下曰：「五部與十七部通，故左氏陽虎，論語作陽貨。」虍在曉紐，禍今在匣紐，皆屬喉音。

禍，說文：「害也，神不福也。」釋名釋言語：「禍、毀也。」林師景伊曰：「祿、祥、禍字从示，皆有祈望義，凡畋獵獲鹿則為祿，祿、福也（祿从彔聲，無所取義，為鹿聲之假借。說文麓重文作箓，漉重文或从彔，彔讀若鹿，皆彔鹿聲通之證）。獲羊則為祥，祥、福也。遇虍則為禍，禍、神不福也。」

咼字所从之聲當為冎之假借。冎咼皆在十七部，疊韻。

咼，說文：「口戾不正也。」今按冎為土釜，俗作鍋，鍋有不平之義，故立部之竵為不正，从立冎聲；口戾不正字當作喎，从口冎聲，假借為咼聲也。又按馬部之騧、女部之媧，重文皆作冎聲，冎俗作鍋，是咼聲冎聲相通之證。

騧字所从之聲當為喙之假借，咼、十七部，彖、十四部，黃先生曷末部與寒桓部對轉。

騧，說文：「黃馬黑喙。籀文騧從冎。」今按爾雅釋畜作「白馬黑喙。」故知騧之得名不在黃馬白馬，而在黑喙。又按爾雅釋畜：「白馬黑脣駩、黑喙騧」更知騧之得名不在黑，但在喙而已。今凡聲母之假借當參伍以求其是者若如此。

媧字所從之聲當為七之假借，咼、十七部、七、十七部，疊韻。

媧，說文：「古之神聖女化萬物者也。籀文媧从冎。」段注：「媧化疊韻。」曹植女媧贊：「神化七十，何德之靈。」今按媧从咼聲，取義於化，字當從化聲也，媧有七十化，故眞亦从七而為變化登天，眞為仙媧為神，眞之从匕，可為媧從化聲之旁證。

歄為狀聲之詞，如今啊字，古但作𠀀，𠀀讀若呵，虍何切，十七部，與𥝐同音。故𥝐字所从之聲當為𠀀之假借。

𥝐，說文：「屰惡驚詞也，讀若楚人名多夥。」錢坫說文解字斠詮曰：「云驚詞也，人遇驚異則呼聲如𥝐，今吳語猶有之。」方言凡物盛多，楚魏之際曰夥。」按今人遇驚異偉大皆呼啊呵，古但作𠀀，以音近假借為咼，後人加欠旁以別之為屰惡驚詞也。遇禍事亦呼禍，禍禍同音，義又可通，故旣多假爲禍字也。

凡從矍得聲之字多有大之義

矍，說文：「佳欲逸走也，从又持瞿瞿也。讀若詩云穬彼淮夷之穬，一曰視遽皃。」今按矍讀若从廣聲字，廣聲光聲之字多有大義見前彙例。又一曰視遽皃，遽速與大義通。史記吳王濞傳索隱引瞿遠視皃，字林作大視皃，皆可證。

玃，說文：「大母猴也。爾雅云：玃父善顧。攫持人也。」

貜，說文：「𤜶貜也。」吳雲蒸說文引經異字曰：「爾雅曰玃父善顧，石經作貜。郭云貑貜也，似獼猴而大，色蒼黑，能攫持人，善顧盼，與許合。」是貜卽玃字。

趯，說文：「大步也。」

钁，說文：「大鉏也。」

彏，說文：「弓急張也。」按張有大義，急疾與大義通。

躩，說文：「足躩如也。」錢坫說文解字斠詮：「論語文，江熙曰速貌。司馬彪莊子注：疾行也。」按疾速與大義通，如大風謂之猋風，大雷謂之疾雷是也。

攫，說文：「扟也。」今按公羊莊十二傳注：「乳大攫虎」魯靈光殿賦：「奔虎攫挐以梁倚。」是以虎取物爲攫，故有疾速義大義。

凡從建得聲之字多有立而强之義

建，說文：「立朝律也。从聿从廴。」段注：「今謂凡豎立爲建。」桂馥說文義證：「盤庚：懋建大命。鄭注：勉立我大命。周禮冢宰：惟王建國。注云：建、立也。秦策：然後可建大功。高云：建、立。」今按經籍每言建立，多與大義相因。說文訓建爲立朝律，釋名：律、絫也。絫人心使不得放肆也。立法以禁人心，有立而强之義。

鞬，說文：「所以戢弓矢。」釋名：「受矢之器，馬上曰鞬，鞬、建也。言弓矢並建立其中也。」廣韻：「鞬、馬上盛弓矢器。」按弓矢盛立其中有立而强義。

健，說文：「伉也。」錢坫說文解字斠詮：「易剛健卽伉健，故以伉訓健。」釋名釋言語：「健、建也。能有所建爲也。」按「有所建爲」有立而强之義。又伉篆下徐鍇曰：「按伉、高亢壯大之皃。亢爲直項，亦有立而强之義。

楗，說文：「限門也。」桂馥說文義證：「老子善閉者無關楗。范應元注：楗、拒門木也。橫曰關、豎曰楗。」豎木以拒門，有立而强之義。

鍵，說文：「鉉也。一曰車轄。」按說文鉉、舉鼎也。舉與立義通。舉鼎則有立而强之義。段氏謂鍵引伸爲門戶之鍵。急就篇顏注：「鍵以鐵，有所豎關，若門牡之屬也。」豎鐵以拒門，亦有立而强義。

溪紐

凡從區得聲之字多有大之義

區，說文：「踦區藏匿也。从品在匸中，品、眾也。」按字从品，有眾大義，故區域、區宇皆有大義。

軀，說文：「體也。」釋名：「軀、區也。是眾名之大總，若區域也。荀子勸學篇：「曷足以美七尺之軀哉。」是軀有大義。

貙，說文：「貙獌似貍者。」桂馥說文義證：字林貙似貍而大，一名獌。釋獸：貙獌似貍。郭云：今山民呼貙虎之大者為貙豻。」吳都賦：「猰貐貙象」劉注：「虎屬也。」是貙有大義。

甌，說文：「小盆也。」方言：「甌、陳魏宋楚之間謂之題，自關而西謂之甂，其大者謂之甌。」今按廣雅題甌甂也，則知甌當與題甂為一類，而甌為此類中之大者。

鷗，說文：「水鴞也。」段注謂列子作漚，桂馥引釋文曰：「漚鳥、水鴞也，今江湖畔形色似白鴿而羣飛者是也。」今按羣飛有大義，如鳳為羣飛之鳥，故鳳（朋）聲字如鵬崩棚等皆有大義。推而言之，如丰為艸叢生，而丰聲之字如蚌邦蓬等皆有大義。區為品眾所藏匿，故區聲之字有大義也。

漚，說文：「久漬也。」按久大義通。

醧，說文：「私宴飲也。」文選魏都賦劉淵林注引說文作酒美也。玉篇注亦云酒美。美从大，美大義通。詩角弓：「如食宜饇」傳：「飽也」飽大義通。段注又云玉篇廣韻作醧，于聲之字多有大義（見前彙例），皆醧有大義之證。

嫗字、傴字、隔字、彄字、毆字所從之聲當為句之假借。句區並在四部，疊韻。區在溪紐，句在見紐，同屬牙音，古雙聲也。

嫗，說文：「母也。」今按嫗為母老稱，即嫗字（見前證），嫗亦母老之偁。說文姁下曰嫗也，知嫗即姁字也。姁从句聲，凡从句聲之字多有曲義（見前彙例），物老多曲，母老亦然，知嫗假句聲取義也。然老與大義通，故姁亦作嫗。區聲句聲互假之證甚多，如樂記區萌達，卽月令之句者畢出、萌者盡達也，是假區為句；而說文酌篆曰醉醬也，於句曲無所取義，是假句為區也。

傴，說文：「僂也。」桂馥說文義證：「僂也者，廣雅同，又云曲也。廣韻：傴、不伸也、尪也。通俗文：曲脊謂之傴僂。」今按傴與耇義同，母老則曲脊而傴，謂之嫗，耇从老省句聲，痀亦為曲脊。朱駿聲於耇下曰：「當訓老人背傴僂也。」是傴所从之聲當為句聲假借之證也。

隔，說文：「𨺅也。」段注曰：「𨺅隔以雙聲成文，謂傾側不安不能久立也。」又曰：「𨺅隔他書作崎嶇。」今按崎嶇不平者曲之甚也。說文區曰踦區，段注謂此言委曲包蔽也。是𨺅隔為曲義之證，故隔所從之聲當為句聲之假借。

彄，說文：「弓弩耑弦所居也。」段注：「詩箋云：韝所以彄沓手指。」徐灝說文解字注箋：「彄之言鉤也。謂弓弩之兩耑鉤弦者，韝亦用以鉤弦也。」徐說是也，彄必曲以居弦，故彄所从之聲當為句聲之假借。

毆，說文：「捶轂物也。」段注謂俗作毆。今按字从殳从攴多同義，說文攴、擊也、讀若扣。與毆字義同。毆轂、攴擊、扣鏂、叩頭，疑皆同一語族字。

摳字所从之聲當為口之假借。區口並屬溪紐、四部，同音。

摳，說文：「繑也。一曰摳衣。」段注曰：「按糸部曰：繑，絝紐也。與摳義絕遠。疑是矯之譌。矢部曰：矯、柔箭箝也。摳之義爲矯枉。」今按段氏以摳爲矯枉，然摳所从區聲無矯枉義，矯枉有曲義，則爲句聲之假借，說文有拘字，與摳義不同，故知摳不當訓矯，說文作繑不誤也，繑爲絝紐，摳者扣也，扣牽、鈕釦俗从金，當从手也，卽繑字義，故知摳字所从之聲當爲口聲之假借也。扣本訓牽馬，作小擊義者，假借爲敂也。

樞字所从之聲當爲主之假借。區主並在四部，疊韵。樞在穿紐，主在照紐，古雙聲。

樞，說文：「戶樞也。」徐灝說文解字注箋：「管子水地篇楊注：樞、主運轉者也，因之爲樞要之稱。」今按戶樞者，戶之柱也，亦卽戶之主也。故樞要義爲主要，中樞義爲中主也。

褔字所从之聲當爲㒸之假借，㒸段注从侃聲，㒸、溪紐；區、溪紐，雙聲。

褔，說文：「編枲衣，一曰頭褔，一曰次裹衣。」桂馥說文義證：「一曰次裹衣者，廣韻：褔、小兒涎衣。廣雅：繄袼褔、次衣也。方言繄袼謂之褔，注云：卽小兒次衣也。」今按褔乃得義於次，而㒸爲次之重文，段氏以㒸从侃聲，則與區雙聲相假也。

驅字、謳字、歐字皆爲狀聲之詞。

驅，說文：「驅馬也。古文驅从攴。」按今人毆鵮毆禽，猶作此聲。驅馬之義爲段氏所改，段氏是也。古文从攴者，知驅之古義非限於策馬。孟子毆魚、毆爵、毆民皆用毆字，驅物者或手持小杖，口作區聲也。

謳，說文：「齊歌也。」師古注高帝紀曰：「謳、齊歌也。謂齊聲而歌，或曰齊地之歌。」。今按謳爲齊人之歌，但象其聲多謳音耳。假令許意如師古所云爲齊聲而歌，雖有眾盛義，亦譬況其聲謳謳然而盛。

歐，說文：「吐也。」字或作嘔，釋名曰：「嘔、傴也，將有所吐脊曲傴也。」今按釋名所訓以歐字有曲義，考說文有欨字、亦作煦呴，皆與曲傴而歐之義不近，知歐字不從句聲之假借，不當自曲傴得義也。桂馥說文義證引山海經曰：「薄魚其音如歐。注云：如人嘔吐聲也。」故知人嘔吐之聲本如歐也。又據王筠說文句讀引眾經音義曰：「歐，欲吐也。江南或謂歐爲喀。」又曰：「歐之不出喀喀然。喀又作峈。」是歐與喀皆狀聲之字耳。

凡從启得聲之字多有開明之義

启，說文：「開也。从戶从口。」說文繫傳：「臣鍇按：詩曰東有启明。爾雅：明星爲启明，言晨見東方爲開明之始也。」

啓，說文：「教也。論語曰：不憤不啓。」釋名釋姿容：「啓、開也。」桂馥說文義證曰：「教也者，玉篇：啓、開發也。」論語述而篇不憤不啓，皇疏云：「啓、開也。」

晵，說文：「省視也。」段注：「如晝姓之明也。」按省視有明義，論語啓予足，啓予手，錢坫謂啓當作此，若依錢說，則晵自有開義。

啓，說文：「雨而晝姓也。」錢坫說文解字斠詮曰：「此晴霽字。」說文繫傳：「臣鍇曰：啓、開也，今人言開姓也。」

綮，說文：「致縎也，一曰徽識信也，有齒。」洪頤煊讀書叢錄論說文一卷綮有齒條下曰：「周禮凡邦國之使節以英蕩輔之。鄭注：謂以函器盛此節。有齒當是有函之譌。」今按洪說是也。綮當有函盛之，棨亦有函封之，必開綮始能明識也。

棨，說文：「傳信也。」說文繫傳作傳書也。洪頤煊讀書叢錄曰：「綮通作棨：漢書匈奴傳：棨戟十。師古曰：棨戟，有衣之戟也。有衣亦謂有函也。」王筠說文句讀引古今注曰：「凡傳皆以木爲之，長五寸，書符信于上，又以一板封之，皆封以御史印章，所以爲信也。」皆謂棨有函封，錢坫曰：「通俗文：官信曰啓。作此字。」故知棨必開函始能明識也。

凡從中得聲之字多有偏側不穩之義

中，說文：「跨步也。從反夂，䯞从此。」今按字從反夂，有偏側不穩義，如仄爲側傾不動，反仄爲丸，則有傾側而圓轉之義。段注謂夸步爲大張其兩股，然則夸聲之字多有空其中而侈陳於外之義見前彙例，空其中而侈陳於外，多有不穩易倒之勢，故垮刳瓠誇等字皆有此義，故知跨亦有不穩易倒之勢，說文以跨訓中，跨从夸聲，夸與中皆屬溪紐，雙聲也。章氏文始以中爲過之初文，今以中爲騎之初文，中騎皆在十七部，疊韻。騎爲跨馬，中爲跨步，知騎之初文爲中也。凡从奇得聲之字皆有偏義見前彙例，騎从奇聲似無義可說，不知跨本有偏側不穩義。

䯞，說文：「秦名土釜曰䯞，讀若過。」桂馥說文義證：「一切經音義二鍋字體作䯞，方言：秦云土釜也。字體從鬲中聲，今皆作鍋。」今按䯞讀若過，俗又作鍋字，凡從咼聲之字多有圓轉義見前證鍋底似丸之傾轉，故䯞有偏側不穩義。又按女部媧籀文作嫋，馬部騧籀文作驕，皆鬲聲咼聲聲義相通之證。

㛹，說文：「不正也。」廣韻：「㛹、物不正也。」今按㛹从立鬲聲，立之不正則偏側不穩。

蟠字重文作蜾，蜾當爲正篆，蟠爲借字，鬲果皆十七部，疊韻。鬲、溪紐，果、見紐，皆屬牙音，古雙聲也。

蟠，說文：「蟠蠃蒲盧、細要土蠭也，天地之性，細要純雄無子，詩曰：螟蠕有子，蟠蠃負之。蟠或从果。」今按蟠重文作果，凡果聲之字多有圓義，王國維爾雅草木蟲魚鳥獸名釋例下謂果蠃蒲盧皆有圓而下垂之意，故知蜾从果聲爲正字，从鬲聲無所取義，乃果聲之假借耳。

㲋紐

凡從咎得聲之字多有毀惡之義

咎，說文：「災也，从人从各，各者相違也。」方言十三：咎、謗也。廣雅釋詁三：咎、惡也。人違則相謗惡，是咎之本義。

偺，說文：「毀也。」王筠說文句讀：「偺者咎之分別文。玉篇：諮、毀也，則從言。」

慦，說文：「怨仇也。」段注：「此與人部偺，皆謂歸咎於彼，舉形聲包會意也。」

鼛字、格字、櫜字、磬字、鮥字、綹字所从之聲當爲叴之假借，玉篇：叴、大也。咎叴皆屬㲋紐，雙聲。咎在三部，叴在五部，黃先生蕭模次旁轉。

鼛，說文：「大鼓也。詩曰鼛鼓不勝。」詩鼓鐘伐鼛傳云：鼛，大鼓也。緜傳曰：長一丈二尺。今按㲋紐之字如喬聲、𡖅聲、桀聲、虔聲、巨聲、共聲、具聲多近大義，而巨咎韻部較近，巨有大義章氏文始曰：父訓巨，父有大義，巨亦有大義。又按孟子梁惠王爲巨室、公羊哀六年傳巨囊、玉篇等皆以巨爲大，且巨聲字如巨鉅𨱆皆有大義，知巨聲之有大義，非後起也。故以䕉格橐麔鮥絡字所從之聲當爲巨之假借也。

格，說文：「格木也，讀若晧。」戴氏侗六書故云烏臼樹也。本草：烏臼樹高數仞。今按咎臼同音，格爲大樹。

橐，說文：「車上大橐，詩曰戴橐弓矢。」御覽卷七百四引作車上大橐。

麔，說文：「麇牡者。」雄大雌小，物多如此。若鯨从京聲而爲雄大；鯢从兒聲而爲雌小，故知本或作麇牝者，牝字必是牡之誤也。爾雅釋獸：麇牡麔，是其證。

鮥，說文：「當互也。」段注：「見釋魚。今爾雅互作魱。郭云：海魚也。似鯿而大鱗，肥美多鯁。今江東呼其最大長三尺者爲當魱。」是鮥爲肥美大魚也。

絡、說文：「緯十縷爲絡，讀若柳。」徐灝曰：「甌人以繅餘粗絲爲絡。」王筠曰：「今諺絲麻一束爲一絡。」是絡有粗大義。

稽字所從之聲當爲曲之假借。曲在三部；咎在三部，疊韻。曲、溪紐，咎、羣紐，同屬牙音，古雙聲也。

稽，說文：「稽䅘而止也。讀若晧，賈侍中說稽穡稽三字皆木名。」徐鍇說文繫傳曰：「詘曲而後止也。」稽有曲義也。今按魯師實先曰：「甲骨文曲有四義，其中一義爲咎之假借。凡甲骨之亡咎、勿咎、非咎、不咎、又咎、其咎、隹咎、降咎、不隹咎、其隹咎、勿隹咎、不允咎、亡至咎、其至咎、不至咎，其降咎、亡降、㞢降咎、不冓咎、㞢乍咎、亡乍咎等多見皆作曲字。簠室征伐十八片：壬子卜𣪊貞：工方出，隹我㞢作咎？正作曲。」依魯師之說，則咎曲之相假借，由來甚夙矣。

晷字所从之聲當爲規之假借。規，見紐；咎，羣紐，今音晷猶在見紐，雙聲也。

晷，說文：「日景也。」朱駿聲曰：「釋名釋天：晷、規也。如規畫也。晷規雙聲。」

㵿字所從之聲當爲咎之假借，㵿从晷聲，晷从咎聲，㵿从晷聲無所取義，當从咎聲取毀惡義。

㵿，說文：「仄出泉也。讀若軌。」釋名：「仄出曰氿泉，氿、軌也。流狹而長，如車軌也。」爾雅釋水：「氿泉穴出，穴出、仄出也。」知㵿氿同音同義也。今考說文氿、水厓枯也。爾雅水醮曰㵿。郭注：謂水醮盡。是氿㵿字並謂水枯而爲災也，㵿从晷聲、晷从咎聲，㵿當从咎聲爲本義，咎從九聲爲假借。

凡從臼得聲之字多有舂臼之義非謂取臼之名詞義

臼，說文：「舂也。古者掘地爲臼，其後穿木石，象形，中象米也。」

臼，說文：「舂糗也。」按大徐本作从臼米，小徐本作從米臼聲，段氏作从米臼，臼亦聲。今依韻會引臼下有聲字，故次於此。

齨，說文：「老人齒如臼也，一曰馬八歲齒臼也。从齒从臼，臼亦聲。」按謂齒凹下，此仍取形況義，非謂取臼之名詞義。

舊當爲以聲命名之字，但取臼聲，不兼臼義。

舊，說文：「雖舊、舊留也。舊或从鳥休聲。」段注：「釋鳥：怪鴟。舍人曰謂鵂鶹也。南陽名鉤鵅。」徐灝說文解字注箋曰：「海外南經：陽山有鵃久。郭注：鵃久、鶹鷗之屬。按鵃久卽鵃舊，鶹鷗猶舊畱也。」今按舊、鶹、鵂、鶹、久、畱、鉤古皆疊韻，舊鳥雖多異名，其譬況之聲皆未變，故文字雖異而語言本同，但依聲爲名而已。

舅字所從之聲當爲久之假借。臼在一部，久在三部，黃先生蕭部咍部旁轉。

舅，說文：「母之兄弟爲舅，妻之父爲外舅。」白虎通：「舅者舊也。」釋名釋親屬：「舅、久也。久老稱也。」今按白虎通以舊訓舅，然故舊非舊字之本義，故舊之舊卽久之假借，段氏六書音均表舊久皆在一部。小爾雅廣詁曰：「舊、久也。」說文匛之籀文从舊聲，皆其證。

凡從具得聲之字多有偕共之義

具，說文：「共置也。从廾从貝省，古以貝爲貨。」共、供也。王筠說文釋例：「是知共置一物，必非一品，故引申卽得皆義。」又曰：「毛詩具字，率皆俱字也，蓋毛公時始有俱字。」由此知俱從、具備古但作具字，具有偕共之義。

俱，說文：「偕也。」段注作皆也，謂白部皆，俱詞也，與此爲互訓。

㮂，說文：「所以舉食者。」說文繫傳：「臣鍇曰：如食牀兩頭有柄，二人對舉之。」按二人對舉有偕共義。

䋶，說文：「約也。」廣雅：「䋶、連也。」廣韻：「䋶、靴䋶子、纙連者。」今按約者纏繞也，纏連有偕共義。

輂、說文：「直轅車轙也。」廣韻引轙下有縛字，則與䋶同義。桂氏說文義證謂韻會輂、上轝也。本書异，共舉也。謂輂當从异聲。今按具聲字本有偕共之意，轝者人轝之以行，與㮂形製一也，不必改爲异聲。

疑紐

凡從卬得聲之字多有上仰之義

卬，說文：「望也，欲有所庶及也。从七卩，詩曰：高山卬止。」詩曰高山卬止者，小雅車舝文，彼作仰，箋云：有高德者則慕仰之。又爾雅釋訓：禺禺卬卬，孫炎注：卬卬，志氣高遠也。可知卬有上仰義。

仰，說文：「舉也，从人卬。」今依錢坫王筠等說作卬聲。王筠謂仰卽卬之分別文，吳麦雲小學說：「後俗又加人旁，古止作卬。詩卷阿箋：志氣卬卬高朗，可證卬有舉義。」又按一切經音義卷八引作仰、舉首也。仰卬之義尤近。

䩕，說文：「䩕角、鞮屬。」桂馥說文義證：「釋名：仰角，屐上施履之名也。行不得蹶，當仰履角，舉足乃行也。顏注急就篇：卬角……欲其下不蹶，當卬其角，舉足乃行，因爲名也。」是䩕以上仰其角而得名也。

枊，說文：「馬柱，一曰堅也。」說文繫傳：「晉王謐縳宋武帝于馬枊，今京師有馬枊洲也。謂之枊者，旁有一杙昂起也。」是枊有卬起義。今又按柱亦有上卬義，若楹柱也，盈聲字皆有上出義（見前證），可爲旁證。張文虎舒藝室隨筆論說文謂一曰堅唐本作一曰豎，豎柱音義並近，其說近是。

䭹，說文：「䭹䭹、馬怒皃。」紐樹玉說文解字校錄曰：「楚辭：寧昂昂若千里之駒，當卽䭹字。」朱駿聲曰：「漢書楊雄傳：激卬。如淳注：卬、怒也。仰者怒狀，人馬略同。」皆䭹有上仰義之證也。

迎字所从之聲當爲屰之假借。屰卬皆在疑紐，雙聲。屰在五部，迎在十部，黃先生鐸部唐部對轉。

迎，說文：「逢也。」段注曰：「夆，啎也，逢，遇也。其理一也。是迎以相對取義也。吳麦雲小學說卬偶條曰：「迎、逢也。謂彼來此往，中道偶合，誼取相向爲義……兩人相向必擧首相望，單子視不登帶，叔向以爲譏，可證也。」若依吳說，則迎亦有擧首相望義，今所以不取者，嫌失之於鑿也。迎自彼來此往取義，故當爲逆之假借，關東曰逆，關西曰迎，逆爲本篆，逆从屰聲，屰爲不順，於彼來此往有所取義。羅振玉氏以爲从倒大之形，於彼來此往之義尤合。甲骨文逆有二義，除方名外皆作迎義解，尤證迎卽逆字，東西音變，遂另造迎字。

凡從虐得聲之字多有虐害之義

虐，說文：「殘也。從虍，虎足反爪人也。」

瘧，說文：「寒熱休作病，从疒虐，虐亦聲。」釋名曰：「瘧、酷虐也。」

謔，說文：「戲也。詩曰：善戲謔兮。」今按戲，說文一曰兵也，其下段注曰：「一說謂兵械之名也，引申之爲戲豫、爲戲謔，以兵杖可玩弄也，可相鬥也，故相狎亦曰戲謔。」是謔有戲鬥之義，與虐害義通。

凡從牙得聲之字多有出之義

牙，說文：「壯齒也，象上下相錯之形。𠙵、古文牙。」今按周易大畜六五豶豕之牙，虞翻注曰：「巽爲白、震爲出，剛白從頤中出，牙之象也。」是牙有出象。

芽，說文：「萌芽也。」月令季春：「句者畢出、萌者盡達。」王筠說文句讀曰：「句者、屈生者也，芒者、直生者也……萌者芒之轉音。」是萌芽有出義。

訝，說文：「相迎也。周禮曰：諸侯有卿訝也。迓，訝或从辵。」徐鍇曰：「周禮使將至，使卿訝。」是訝爲出迎也。詩鵲巢百兩御之，箋：御、迎也。是迎迓皆有出義，重文从辵，出義尤顯。

枒，說文：「枒木也。一曰車网會也。」王筠說文句讀：「異物志：枒樹似檳榔，無枝條，高十餘丈，葉在其末。」今椰樹也，其樹上出而高。今以槎枒形容老樹者，取義於枝榦衺出分開也。

衺，說文：「𡗃也。」段注𡗃下曰：「大明傳違卽𡗃字，𡗃久不行，俗乃作違。經典多作回。」今按違、離也。違離與出義通。又按衺斜同音斜在邪紐古韵五部，今已通用，義當可通。斜者抒也。段氏曰：「凡以斗挹出之謂之斜。」斜固有出義也。

釾，說文：「鏌釾也。」錢坫說文解字斠詮：「繫傳作鏌釾、大戟也。李善羽獵賦注同。」今按說文戟、有枝兵也。段注曰：「似木枝之衺出也。」又曰：「史言須髯如戟，皆取衺出。」

庌字所從之聲當爲夏之假借。牙、五部；夏、五部，疊韻。

庌，說文：「廡也。周禮曰：夏庌馬。」朱駿聲曰：「按字亦作厦。」紐樹玉說文新附考曰：「玉篇：厦，今之門廡也。按禮記檀弓：見若覆夏屋者矣。鄭注：夏屋，今之門廡也。與玉篇厦訓合。」今按庌厦皆爲廡，庌从牙聲，無所取義，厦从夏聲則取其大義也（詩權輿夏屋渠渠。毛傳：夏、大也。）庌廈又疊韻，故知庌字所從之聲，當爲夏之假借也。

雅字爲以聲命名之字，但取牙聲，不取牙義。

雅，說文：「楚烏也。一名鸒，一名卑居，秦謂之雅。」桂馥說文義證：「釋文：雅本亦作鴉，崔云烏也。馥謂雅鳴啞啞，故名爲雅。淮南原道訓：烏之啞啞，鵲之唶唶。世說：見一羣白頸烏，但聞喚啞啞聲。」奚世榦說文校案謂：「雅爲同類，雅亦利喙鳥也，故水經注謂之赤嘴烏，然則雅之從牙，亦兼會意，猶爲之從㠯也。」今按奚說非也，雅不當以利喙名，烏聲如烏乎，雅聲如啞啞，故雅字亦作鴉，但況其鳴聲以爲名也。

端紐

凡從弔得聲之字多有往復慰問之義

弔，說文：「問終也。从人弓。古之葬者厚衣以薪，故人持弓會歐禽也。弓蓋往復弔問之義。」段注曰：「孝子歐禽，故人持弓助之。」又曰：「左傳有相問以弓者。」

⿺辶弔，說文：「至也。」段注曰：「至者，弔中引伸之義，加辵乃後人爲之。」是⿺辶弔即弔字也。

盄字所从之聲當爲了之假借，弓、二部；了、二部，疊韻。

盄，說文：「器也。」徐灝說文解字注箋曰：「今北人謂酒器曰盄子。」朱駿聲曰：「今蘇俗煎茶器曰吊子，即此盄字。」今按方言七：佻、縣也。郭注：了佻、縣物。盄者提懸物。盄者提懸以斟酒茶，且其形亦如了，故知當自了聲得名也。

⿰衤弔字所從之聲當爲雕之假借。⿰衤弔讀若雕，⿰衤弔雕同音也。

⿰衤弔，說文：「棺中縑裏也，讀若雕。」段注：「喪大記曰：君裏棺用朱綠，用雜金鐕。大夫裏棺用元綠，用牛骨鐕，士不綠。……顏師古定本綠皆作琢，謂鐕琢繒則著於棺。則士不琢尤爲不辭，蓋綠與琢皆字之誤，古本三綠皆正作⿰衤弔。」今按士不琢不爲不辭，師古改綠作琢者，以綠爲刻木彔彔之彔（彔彔爲麗廔嵌空之貌，與鐕義正合。）然則琢彔皆雕義也，古本綠作⿰衤弔，說文⿰衤弔讀若雕，借遞之迹於焉可見。

凡從對得聲之字多有對嚮之義

對，說文：「譍無方也。从丵口从寸。對或從士，漢文帝以爲：責對而爲言，多非誠對，故去其口以從士也。」廣韻云：「漢文責對而面言。」責對面言有對嚮義。徐灝曰：「廣雅曰：對、當也。對有相當義，故从丵，丵者相並出也。」

⿰亻對，說文：「市也。」王玉樹說文拈字曰：「今俗語云兌換字，當作⿰亻對，謂財與物輕重相等而易之也。」按兌換有對嚮義。

懟，說文：「怨也。」國語曰：「以我爲懟怨乎？」懟爲彼我相怨之辭。又孫子地形篇：「大吏怒而不服，遇敵懟而自戰。」敵懟有對嚮義，今俗語謂寃家對頭，疑當作此。

轛，說文：「車橫軨也。周禮曰：參分軹圍，去一以爲轛圍。」段注曰：「後鄭又云：轛者以其鄉人爲名，按字所以从對與？」

凡從典得聲之字多有厚大之義

典，說文：「五帝之書也。从冊在丌上，尊閣之也。莊都說：典、大冊也。古文典从竹。」魯師曰：「大冊是典之本義。」厚大義通。

敟，說文：「主也。」魯師曰：「主之从丶，猶父之从丶，父者家主也。故主人或稱主父(見史記蘇秦傳)，父者巨也，有大義，主亦有大義也。」段注謂敟字經典多作典，敟字之主義，或自尊閣之大冊引申也。

腆，說文：「設膳腆腆多也。」多厚義通。桂馥說文義證：「小爾雅廣言：腆、厚也。方言：腆、厚也。鄭注易豐卦：豐之言腆，充滿義也。書酒誥：惟荒腆于酒。傳云：紂大厚于酒。」

悿，說文：「青徐謂慙曰悿。」方言：悿忝慙也。今按忝與悿皆他典切，義亦同，段氏謂忝為悿之或體是也。忝从天聲，天聲之字多有厚大義(詳見後證)，是忝悿亦有厚義也。俗語謂作慙事為厚顏。

錪，說文：「朝鮮謂釜曰錪。」方言：鍑，北燕朝鮮冽水之間或謂之錪。今按鍑、釜大口者。鍑有大義，錪亦當有大義也。又按方言六：錪、重也。東齊之間曰錪。是錪又有厚重義。

透紐

凡從土得聲之字多有大之義

土，說文：「地之吐生萬物者也，二象地之下，地之中，丨物出形也。」白虎通：「中央者土，土主吐含萬物，土之為言吐也。」吐含萬物有大義，五行土在中配四時，亦有大義。

吐，說文：「寫也。」吐與呑今人多對舉，呑有大義(詳見後證)，吐寫亦當有大義。又按土之為言吐，土有大義，吐亦有大義。(劉師培謂吐狀吐之聲，亦通)

徒，說文：「步行也。」朱駿聲曰：「廣雅釋詁一：徒、使也。又無車而行謂之徒，無車而戰謂之徒，無舟而渡亦謂之徒，故聲類：徒、空也。」按徒空之義蓋自大義引申，徐灝說文解字注箋曰：「徒行有相從者，故又為黨類之偁；從行者眾，故又為大眾之偁。」徐說與字形相合，其說是也，徒有眾大義也。

牡，說文：「畜父也。」凡物多牡大牝小，前文證之已夥，茲不重述。

凡從天得聲之字多有大之義

天，說文：「顛也，至高無上，从一大。」老子曰：「天大地大。」

呑，說文：「咽也。」後漢書杜篤傳注：「呑舟大魚也。」今俗語謂囫圇呑棗，是呑有大義。

忝，說文：「辱也。」今按忝悿為一字(已證見前)，典聲之字多有厚大義，天聲之字亦多有大義，俗謂悿顏為厚顏，忝在其位亦有厚顏從事之意。

定紐

凡從翟得聲之字多有光明美好之義

翟，說文：「山雉也，尾長，从羽从隹。」桂馥說文義證：「博物志：鸐雉長毛，雨雪，惜其尾，栖高樹杪，不敢下食。」又曰：「師曠禽經：五采備曰翬，亦曰夏翟。注云：雉尾至夏則光鮮也。」朱駿聲曰：「禹貢：羽畎夏翟。翟有五采。」按翟是以羽毛鮮明美好得名也（故字从羽）。

燿，說文：「照也。」廣雅釋詁曰：燿、明也。賈逵國語注：燿、明也。釋名曰：曜、燿也，光明照燿也。說文無曜耀字，卽燿字也。榮耀與美好義亦近。

濯，說文：「澣也。」說文瀚、濯衣垢也。去垢則明潔可愛。崧高傳曰：濯濯、光明也。靈臺傳曰：濯濯、娛遊也。正是明潔可愛義之引伸也。

嬥，說文：「直好也。」段注：「直而好也，嬥之言擢也。」桂馥說文義證：「廣雅：嬥嬥、好也。廣韻引聲類：嬥、細腰貌。」是嬥取義於美好也。

光明美好義引伸有上引義。躍、趯、擢、蠗，⿱翟鬲並有上引義。

躍，說文：「迅也。」朱駿聲曰：「廣雅釋詁一：躍、上也。二、跳也進也。左僖廿八傳：距躍三百。疏：躍是舉身向上之言。」

趯，說文：「躍也。」大徐本作踊也，踊、說文跳也。僖二十八年傳邵寶注：躍踊者，皆絕地而起、所謂跳也。

擢，說文：「引也。」說文繫傳：「臣鍇曰：謂拔擢也。」小爾雅：「拔根曰擢。」按拔根有上引義。

蠗，說文：「禺屬。」上林賦：「蛭蜩蠗蝚，棲息乎其間。郭璞云：蠗猱似猴而黃。今按禺屬之字，徐鍇禺二字爲象形外，其餘諸形聲字多自敏捷取義：如蝯爲善援（說文），猱爲善升木（詩經毋教猱升木，爾雅猱蝯善援），玃善攫持（說文），猿爲蝯之異體（說文有獿字爲善跳，其獸非一物而命名之意正相近），並取義於所從之聲，蠗從翟聲，亦當自跳躍迅升得名也，郭璞以蠗猱併言之，是其證。

⿱翟鬲，說文：「內肉及菜湯中薄出之。」按薄出所納肉有上引之義，出義與上引義可通也。

上引義引伸有出義。糶、糴、耀並有出義也。

糴，說文：「穀也。」徐灝說文解字注箋：「古傳注未見有名穀爲糴者，出部糶、出穀也。入部糴、市穀也。糶糴本一聲之轉……糶糴皆售穀……蓋糴之本義卽售穀，因聲岐爲二義，故加出爲糶，加入爲糴耳。玉篇糴字兼戚徒的徒弔二切是也。」按徐說是也，糴之本義當爲售穀，售穀有出義。

糶，說文：「出穀也。从出从糴，糴亦聲。」

糴，說文：「市穀也。从入糴。段玉裁、朱駿聲並謂糴亦聲，今依之。徐灝說文解字注箋：「糶糴皆售穀，自買者言之，則爲糴；自賣者言之，則爲糶，正如出物貨曰賣，購取曰買，皆一事而以出入爲二義，實是一字。」按市穀出穀並有出義，溯夫文字未造，則糴糶糴其音爲一，義本不異也。

凡從龖得聲之字有飛震之義

龖，說文：「飛龍也。从二龍會意，讀若沓。」龍爲震，按說文霅曰霅霅震電皃，霅从譶省聲，實乃从龖聲之假借，故爲震電皃。

讋，說文：「失氣言，一曰言不止也，从言龖省聲，傅毅讀若慴。」段注曰：「此與慴音義同。今按漢書項籍傳：諸將讋伏。張湯傳：羣臣震讋。皆謂恐懼失氣皃。而慴說文訓懼，諫慴爲失氣之皃。又考謵說文作言讋也，聲類謵，傷讋不止也。與讋義亦同，知讋慴謵義本同也。故讋讀若慴。然則慴謵之從習聲何所取義耶？朱駿聲曰：「飛數則气急見于口鼻，故从㕯。」（習下注）。是習爲鳥數飛，引伸有失气義，故慴謵字爲失气，由是類推，龖爲龍飛，故引伸亦可有失气義。說文讋、失氣言，正飛震義之引伸也。

襲字所从之聲當爲習之假借。龖習皆在七部，疊韻。唯襲褶之語根並爲疊，疊在定紐，七部，與龖同音。

襲，說文：「左衽袍，从衣龖省聲。」廣雅釋詁四：襲、重也。李善注王命論引作重衣也。今考說文褻亦曰重衣也。龖執皆在七部，然字从龖聲从執聲於重衣皆無所取義，故字當作褶也。段注曰：「若記曰帛爲褶，士喪禮古文作襲，段借字也。喪大記玉藻用禮今文作褶，注曰：褶、袷也。有表裏而無著，許依古文禮，故不收褶字。」又曰：「凡經典重襲之義，皆當作褶，褶義之引申。」段說是也。有表有裏而無絮著其間，是重襲之義。

永武謹案：今自襲褶袷並同義而推廣求之，凡與「疊」字音素相近之字多有重疊之義，習爲數飛，龖从二龍，亼爲三合，合爲亼口，咠爲聶語（从口附耳），集爲羣鳥在木，立爲人在地上（釋名曰立林也），邑爲眾人所聚（釋名邑，邑人聚會之稱），沓爲語多沓沓，及爲以手及人，執亦爲及人，歰从四止，㬎爲微杪之眾，十、廿、卅、卌皆數之并，覃者味之長（長與重疊義通），咸爲皆，凡爲冣括，彡爲飾畫文（說文云：數至三而眾，故以彡象之），㐭爲穀所振入，品爲眾庶，林爲叢木，从爲眾立，琴爲弦樂（弦非一也），音爲和聲（白虎通謂音者剛柔清濁和而相飲也。），男者任也（任荷有重疊義），甚爲尤安樂，宷者悉也，罙者深也（悉與深皆與重疊義通），兂爲首笄（連冠於髮而又有枝也），森爲木多，譶爲疾言（琴賦李注譶爲聲多），凡上皆說文通訓定聲臨部第三之聲母字，並有重疊義，衍生爲百千形聲字，其聲義要皆不離其宗，復推之說文通訓定聲謙部第四（朱氏臨部謙部字皆段氏七部八部），如兼者并也，僉者皆也，染爲加色其上，弇者蓋也，奄者覆也，厃者人在厂上，猒者飽也，竷者舞曲也（曲有以章計者），劦者同力也，聶者附耳私語（與咠義同），業者大版（所以覆縣鐘鼓），盇者覆也，夾者挾二人。亦多與重疊義近。故信苟能得語言之道樞，繁賾之文字體系殆可運於掌也。

凡從譶得聲之字多有重疊之義

譶，說文：「疾言也，从三言、會意，讀若沓。」琴賦：「紛澀譶以流漫。」注：「澀譶、聲多也。」按沓說文語多沓沓也，與譶聲義並同，疑是重文，語多則重疊。

霅字所從之聲當爲龖之假借。譶讀若沓，龖亦讀若沓，同音。

霅，說文：「霅霅、震電皃，从雨，譶省聲，一曰霅、眾言也。」按一曰眾言者，有重疊義。謂震電皃者，聲母爲龖之假借。說文龖爲龍飛，說卦震爲龍爲雷，震雷如龍飛象也。

凡從沓得聲之字多有重疊之義

沓，說文「語多沓沓也，從水從曰。」段注：「車攻傳曰：舄、達履也，達履卽沓履，所謂複下曰舄也。」又曰：「引伸爲凡重沓字。」臧琳經義雜記曰：「重沓是多饒積厚之意。」又曰：「顏氏引俗閒有䜚䜚之語，自注音沓，則䜚䜚當作沓矣：从水已爲多義，俗人復加重旁。」皆沓有重複義之證。

諮，說文：「謎諮也。」段注：「與曰部沓字音義皆同，荀卿書：愚者之言諮諮然而沸。注：諮諮、多言也。」

碴，說文：「舂已，復擣之曰碴。」王筠說文句讀：「玉篇：碴、再舂也。沓者重沓也，兼意。」

涾，說文：「涫溢也。」朱駿聲曰：「海賦：長波涾涾。注涾灑、相重之皃。」

䛏，說文：「歠也。」承培元廣說文答問疏證：「䛏、歠也。从舌沓聲，沓、語多沓沓也、引伸爲緟疊義，䛏者長歠不已也，許書無㗳，卽䛏俗字。」承氏以䛏爲長歠不已，與緟疊義近，凡字從某聲多有某義，承氏此條實發其理。今按曲禮毋㗳羹，㗳字之義爲「含而歠呑之欲速而多」（見孔疏），亦有緟疊義。

揩，說文：「縫指揩也，一曰韜也，讀若眔。」段注：「縫指揩者，謂以鍼紩衣之人，恐鍼之椠其指，用韋爲箍韜於指，以藉之也。揩之言重沓也。」

錔，說文：「以金有所冐也。」段注：「冃、各本作冐，凡覆乎上者，頭衣之義之引申耳。輨下曰：轂耑錔也，錔取重沓之意：形聲包會意。」

泥紐

凡從奴得聲之字多有賤之義

奴，說文：「奴婢皆古之辠人也。周禮曰：其奴：男子入于辠隸，女子入于舂稾。从女又。」朱駿聲曰：「凡下賤之稱皆曰奴，木之類近根者奴，今妻帑（毛傳帑、子也），鳥帑（左傳鳥尾也）字以帑爲之，駑馬字別作駑（駑下乘也）。」

賤引申有殘破義（凡物殘破則賤），袈絮砮並有殘破義。

袈，說文：「敝衣。」

絮，說文：「絜緼也，一曰敝絮也，易曰需有衣絮。」桂馥說文義證：「今易作繻有衣袽，虞云：敗衣也。」

砮，說文：「石可以矢鏃，夏書曰：梁州貢砮丹，春秋國語曰：肅愼氏貢楛矢石砮。」段注：「鏃當作族，族、矢鏠也。」

按矢鋒可殘破物。

賤引申又有多義大義（物稀爲貴多則賤），怒怓弩呶並有大義。

怒，說文：「恚也。」繫傳通論：「又努也，若强弩之發也。人心之怒，則面目張起也。」按强弩、張起並近大義。段注曰：「古無努字，祇作怒。」今努力字有多義大義，故廣雅釋詁三：「怒、勉也。又多也。」

怓，說文：「亂也。詩曰：以謹惛怓。」段注：「大雅民勞毛傳曰：惛怓、大亂也。怓當作怋：怋怓爲連綿字。」是怓有大

義，物必多始亂，故怓亦近多義。

弩，說文：「弓有臂者，周禮四弩：夾弩、庾弩、唐弩、大弩。」弩爲大弓，釋名：「弩、怒也，有勢怒也。」太白陰經發弩圖篇：「弩者怒也，言其聲勢威響如怒，故名弩也。」是弩有強大義。

呶，說文：「讙聲也。詩曰：載號載呶弩按號爲聲高大，號呶義近，知呶當有聲多聲大義。

帑字所從之聲當爲囊之假借，奴、泥紐，囊、泥紐、雙聲。奴在五部，囊在十部，黃先生模部唐部對轉。

帑，說文：「金幣所藏也。」朱駿聲曰：「按帑之爲言囊也，漢匈奴傳：虛費府帑。注：藏金帛之所也。按本訓裹金帛之囊曰帑。」帑从奴聲於藏金帛無所取義，知當爲囊之假借。

笯字所从之聲疑爲圉之假借。奴、五部，圉、五部，疊韻。

笯，說文：鳥籠也。籠爲舉土器，亦非鳥籠之本字，而圉爲囹圄所以拘辠人，與鳥籠形義爲近。

挐字所從之聲當爲如之假借。奴、泥紐，如、日紐，章太炎先生謂娘日古歸泥，是古雙聲也。奴、五部，如、五部。疊韻。

挐，說文：「持也。一曰巳也。」按挐持於奴聲無所取義，今段訂說文挐从如聲，牽引也。凡從如得聲之字多有柔順之義詳見後證，故知挐字所從之聲當爲如之假借。朱駿聲引蒼頡篇：「挐、捽也，引也。」是挐挐義同之證。今所疑者，說文挐一曰巳也，巳有敝義，奴聲字多有賤敝之義，疑巳爲挐之本義，說文以持訓挐，蒼頡以引訓挐，則假借挐爲挐字耳。

凡從寍得聲之字有安之義

寍，說文：「安也，从宀心在皿上，人之飲食器所以安人。」徐鍇說文繫傳：「風雨有時，飲食無虞，人所以安也。」

寧，說文：「願詞也。」爾雅釋詁：「寧、靜也。」今經典安寍字統用寧字。

寗，說文：「所願也。」徐鍇曰：「寗猶寍也。」段注曰：「此與丂部寧音義皆同。」今按所願與願詞皆與安義通，趨安避凶，是人情所願也。

濘，說文：「滎濘也。」說文滎下曰：「滎濘、絕小水也」段氏解絕小水爲極小水。非也。甘泉賦：梁弱水之濎濴段氏曰濴寧義同，濴卽許之滎字，極小水則何能擬弱水，又何須以梁絕之，是絕者橫渡也，有安義焉。邵瑛說文解字羣經正字曰：「胡東樵不解絕小水之義，以問百詩，百詩曰：爾雅正絕流曰亂，邢昺疏云：正、直也。孫炎所謂橫渡是也。」其說近是，又廣雅釋詁一：濘、清也。與寧爲靜、寍爲安義通。

來紐

凡從來得聲之字多有有所賜予之義

來，說文：「周所受瑞麥來麰也，二麥一夆，象其芒束之形，天所來也，故爲行來之來。詩曰：詒我來麰。」案詒一曰遺也，繫傳引詩仍作貽，是先民傳來者天所賜予，以爲周有天下之瑞也。

秾，說文：「齊謂麥秾也。」說文繫傳：「臣鍇按：詩曰：貽我來牟，來卽秾也。」段注：「加禾旁作來俗字而已。」

賚，說文：「賜也。周書：賚爾秬鬯。」詩周頌賚序曰：「賚，大封於廟也。賚，予也。言所以錫予善人也。」

勑，說文：「勞勑也。」詩云：「神所勞矣。」箋云：「勞勑猶佑助也。」按佑助與有所賜予義同。又廣雅：勑，謹也，勤也。勤謹皆當受賚勸，故詩賚曰：「文王既勤止，我應受之」也。

睞，說文：「目童子不正也。」段注：「目精注人，故从來，屈賦所謂目成也。」按洛神賦明眸善睞，謂美人旁視以垂青，目成與垂青義近，並有所許予之義。

來引申爲行來入內義，䚕、內視也。

䚕，說文：「內視也。」段注：「趙良曰：『內視之謂明』，於从來取意。」章氏文始曰：「來則入內，故又孳乳爲䚕，內視也。」凡字有自聲母之引申義得義者，則言其引申之故，引申不可通，始究其字根假借之迹。本文通例如此。

騋字所從之聲當爲麗之假借，來、來紐，麗、來紐，雙聲。

騋，說文：「馬七尺爲騋，八尺爲龍，詩曰騋牝。」段注：「此以驪牝釋詩之騋牝，驪與騋以雙聲爲訓，謂騋馬驪色，亦兼牝馬也。」今按爾雅釋畜以驪牝釋騋牝，（今本爾雅誤，當依段訂）騋驪並屬來紐，皆以深黑色命名也。

斄字當爲褚之假借，斄從來聲，者從旅聲，來旅皆來紐字，雙聲。

斄，說文：「彊曲毛也，可以箸起衣，从犛省來聲。𠩺、古文斄省。」段注：「箸同褚，裝衣也。王莽傳：以斄（依段注所訂）裝衣。師古曰：毛之彊曲者曰斄（依段注訂），以裝褚衣，令其張起也。」今按斄从犛省者，取犛彊曲毛可以箸起衣之義。與褚之從衣同義，犛从來聲無所取義，而說文以箸訓斄，師古則以褚訓斄，皆斄所从來聲當爲者聲假借之證，斄褚又同義，故知斄當爲褚之重文也。

凡從里得聲之字有文理之義

里，說文：「居也，从田从土。」周禮遂人曰：「五家爲鄰，五鄰爲里。」釋名：「五鄰爲里，居方一里之中。」風俗通：「五家爲軌，十軌爲里。」按編制有條理義。又宣十五年穀梁傳：「古者三百步爲里，名曰井田。」里字從田，田有阡陌之形制。推諸行道計里、計里以井，並與文理之義相因，故井井爲有條理之皃也。

理，說文：「治玉也。」苗夔說文繫傳校勘記引徐鍇說：「物之脈理，惟玉最密，故從玉。」朱駿聲引韓非子解老：「理者成物之文也。短長、大小、方圓、堅脆、輕重、白黑之謂理。」是理字以玉之䚡理得義也。引伸之，則爲分理，肌理、腠理、條理、道理、天理也。

裏，說文：「衣內也。」詩邶風：「綠衣黃裏。」漢書賈誼傳：「白縠之衣、薄紈之裏。」謂衣之內層有文彩也。朱駿聲引素問調經論注：「經脈爲裏。」經脈亦文理之在內者。

俚，說文：「賴也。」漢書季布傳：「其畫無俚之至」晉灼注：「揚雄方言：俚、聊也。許慎曰：俚、賴也。爲其計劃無所聊賴，至于自殺耳。」今按無聊、無憀、無賴、無俚並同義，皆謂無條理、無道理而妄作也，字本當作俚。演書以無俚形

容謀畫，是徑有條理義之證也，而徑多叚理爲之見段注**，義有可通處也。**

鯉，說文：「鱣也。」說文以鱣釋鯉，就其自大魚言之耳山海經郭注鱣魚大魚也，孔鯉字伯魚，亦就大魚言之，然字從里聲，似不當自大得名，今觀常見之鯉，其黑文多甚明著。

貍，說文：「伏獸似貙。」桂馥說文義證引急就篇王氏補注曰：「貍者：口方而身文黃黑彬彬，蓋次於豹。」又引埤雅曰：「貍似貙而小，文彩斑然，脊間有黑理一道。」貍之以黑理得名可證，故前疑鯉亦以黑理得名也。

永武謹案：考來紐字如从力聲、侖聲多有條理之義見前榮例，而麗聲之驪鱺，豊聲之鱧，利聲之黎𪇰犁，犛聲之犛，盧聲之驢鱸鸕，來聲之𪏰，並有黑義，今貍字乃兼有黑色、文理兩義，至於從貍得聲之薶䵡，遂但取黑義，不取文理義，考其故，在於字義所起，多有先後，譬況指謂，非自一端，薶䵡從貍聲而取黑義，正不必謂自盧聲麗聲等所假借也。

貍有黑文義，薶䵡並从貍得聲，多有黑義。

薶，說文：「瘞也。」瘞、說文幽薶也。

䵡、說文：「風雨土也。」釋名釋天：「䵡、晦也。言如物塵晦之色也。」

由里居義引申則有留意，趩，留意也。

趩，說文：「留意也。」章太炎氏文始曰：「里又孳乳爲趩，留意也，居留同義。」

凡從豊得聲之字多有行禮之義

豊，說文：「行禮之器也，从豆象形，讀與禮同。」

禮：說文：「履也，所以事神致福也，从示从豊，豊亦聲。」

體，說文：「總十二屬也。」禮記禮器：「禮也者猶體也。」詩鄘風：「相鼠有體，人而無禮」以體禮對文相擬。漢書賈誼傳：「所以體貌大臣。」注：「謂加禮容而敬之也。」又按特牲饋食禮有九體，此謂士體，若大夫禮則十一體，朱駿聲謂俎有十一體、九體、七體、五體、三體、一體之差，皆行禮之俎數也。

醴，說文：「酒一宿孰也。」段注：「周禮酒正注曰：醴猶體也。」又曰：「許云一宿孰，則此酒易成，與醴經以醴敬賓曰醴賓，注多改爲禮賓。」釋名曰：「醴、禮也。釀之一宿而成禮，有酒味而已也。」

鱧字所从之聲當爲麗之假借，豊麗皆在來紐，雙聲。豊、十七部，麗、十六部，黃先生歌戈部與齊部旁轉最近。

鱧，說文：「鱯也。」按爾雅：「鱺、鮦也。」，廣雅：「鱺、鮦也。」是鱧鱺一物之證。朱駿聲依埤雅、韓詩外傳諸書，謂鱧鱺皆蘇俗謂之黑魚，有斑點作北斗七星之象者。今按古來紐字如驪鱺𪇰黎犁犛貍狸鯉驢鱸鸕盧黑犬等，皆以黑色命名也。知鱧亦自黑色得名，非从豐聲得義也。

日紐

凡從辱得聲之字多有厚之義辱聲字假借乳爲聲母，故有厚義

辱，說文：「恥也。从寸在辰下，失耕時，於封畺戮之也，辰者農時也，故房星爲辰，田候也。」（辱字無厚義）

蓐字、溽字、縟字所從之聲當爲乳之假借。辱、日紐，乳、日紐，雙聲。辱在三部，乳在四部，黃先生屋部侯部對轉。

蓐，說文：「陳艸復生也。一曰蔟也。」邵瑛說文解字羣經正字曰：「此卽寢蓐字，一曰蔟也，艸部云：蔟、行蠶蓐，亦寢蓐義。」又曰：「周禮圉師：春除蓐。鄭注：蓐、馬茲也。又左宣十二年傳：左追蓐。杜注：在左者追求草蓐爲宿備。孔疏云：蓐謂臥土之草，皆寢蓐義，而俗祗知褥爲寢褥。劉熙釋名釋牀帳云：褥、辱也。人所坐褻辱也。」今按邵氏所引周禮馬藉草之蓐、左傳爲宿備之蓐、釋名牀褥之褥，說文行蠶之蓐，皆有厚義，故方言十二：蓐、厚也。至於陳艸復生之義，饒炯說文解字部首訂曰：「凡陳艸復生字，然其質初生柔靱，亦可刈爲藉席，性與薦同，故又借爲席名。」謂陳艸復生引伸可有厚義也。今按蓐以辱聲，辱聲無厚義可說，蓋假借乳爲其聲母，故有厚義，與農聲字假借乳爲聲母始有厚義正同（參見章氏文始七），以乳爲聲母，故有陳艸復生之義。

溽，說文：「溽暑、溼暑也。」段注：「謂之溽者，濃也、厚也。」按濃亦假借乳爲聲母，故有厚義。

縟，說文：「緐采飾也。」廣雅釋詁三：「縟、數也。」緐數與孳乳浸多義相應，與厚義亦通。

槈字當爲薅之假借。槈从辱聲，薅从好省聲，辱好古音並在三部，疊韻。

槈，說文：「薅器也。」段注：「蓐部曰：薅、披去田艸也。槈者、所以披去之器也。」是槈爲名詞薅爲動詞，本一字也。

永武按中國文字造字之初，動詞名詞每多合一互用，後世乃有加偏旁以識別之者，今析此類約有四例：如木梳之於梳髮，動詞名詞猶無別，一例也，帽子之於冒髮，名詞動詞其一加偏旁以別之者，二例也。鑷子之於攝物，名詞動詞各加偏旁以別之者，三例也。薅草之於槈器，名詞動詞之字形有聲母假借以別之者，四例也。

凡從如得聲之字多有柔之義

如，說文：「從隨也。从女从口。」按從隨有柔順義。

茹，說文：「飤馬也。」廣雅釋詁四：「茹、柔也。」詩烝民：柔則茹之。

帤，說文：「巾帤也，一曰幣巾。」玉篇作大巾也，大巾有柔義。一曰幣巾者（段氏謂幣當爲敝字之誤），疑假借奴聲爲義，猶袽之爲敝衣，絮爲敝絮也。說文本有帑字，假借爲囊字，遂又假帤字爲敝巾。

恕，說文：「仁也。」按己所不欲、勿施於人，有順施之義。朱駿聲曰：「按字亦作伽，詩民勞：柔遠能邇。箋：能猶伽也。按順施之意。」今按柔遠能邇皆仁恕之道。

絮，說文：「敝緜也。」段注：「敝緜、孰緜也。是之謂絮，凡絮必絲爲之。」廣韻：「絮、絲結亂也。」今按以絮裝褚有柔軟義，敝緜爲絮、柳花名絮，並取散絲柔弱義。

挐，說文：「牽引也。」牽引與柔順義相因。段注：「招魂：稻粢穱麥挐黃粱些。王注：挐、糅也。王逸九思殽亂兮紛挐注：君任佞巧、競疾忠信、交亂紛挐也。」按以糅訓挐，糅从柔聲得義也。紛挐連語，亦柔義之引申。

滓，說文：「漸溼也，从水䍐聲。」今按說文漚、久漬也。考工記：㡛氏从涗水漚其絲。注云：漚、漸也。可證漚滓二字義同。詩陳風：東門之池，可以漚麻。傳：漚、柔也。是滓亦有柔義。

知紐

凡從乇得聲之字多有寄託之義

乇，說文：「艸葉也，从𠂹采上貫一，下有根，象形字。」段注：「當作艸華皃，下云垂采上貫一，華則有采，葉不當言采也。」今按段說是也，然乇者今植物學謂之花托者是也，花果之戴生於花梗頂端，多賴花托。

託，說文：「寄也。」僖十年穀梁傳：「以重耳爲寄矣」范云：「以託里克。」段注曰：「與人部侂音義皆同。」

侂，說文：「寄也。」王筠說文釋例：「案託蓋謂以物託之於人，侂蓋謂以身侂之于人，意正相對，然孟子：士者不託諸侯。即侂義也。與論語可以託花尺之孤，不分兩字，玉篇引論語作侂，是一字也。」

宅，說文：「人所託居也。」廣韻引作：「託也，人所投託也。」按寓、寄也。今人某宅猶云某寓。

⿷匚⿰豆乇，說文：「奠酒爵也，周書曰：王三宿三祭三⿷匚⿰豆乇。」王鳴盛蛾術編說字云：「書梅傳云：酌者實王爵于王，王三進爵、三祭酒、三奠爵既釋爲奠爵，則有居義，故其字無妨作宅。」今按宅爲人所託居，依王氏之說則⿷匚⿰豆乇當有託居義也。而酌者實三爵，王者三奠爵，亦有轉託之義。

亳，說文：「京兆杜陵亭也。」王筠說文句讀亭篆下曰：「春秋國語有寓室，謂今亭也。亭、民所安定也。漢家因秦，大率十里一亭，亭、留也。今語有亭傳，蓋行旅宿食之所館也。案戰國韓桓惠王時，有上黨守馮亭。既以亭命名，則其字之作已久，特不見於經耳。」今按寓室謂之亭，是亭有寄託義，說文以亭爲民所安定，釋名以亭爲人所停集，合而觀之，亭者人所停歇託庇處也。亳字从高省，說文次於亭，知亳者亭之類，非某亭之名也。

魠字、⿸广秅字所從之聲爲袥之假借。乇、五部，石、五部，疊韻。乇、知紐，石、禪紐，皆爲舌音，黃先生古聲十九紐知系照系**皆歸端系，乇石古雙聲也。**

魠，說文：「哆口魚也。」段注：「哆者、張口也：廣雅曰：魧䱇魠也，以魠爲名，取開袥之意。」今按段說是也，段氏雖未明言造字有字根假借之例，於此實已發其端。朱駿聲氏於袥下曰：「言其開展曰袥，今展袥字以拓爲之。」今考凡從石聲字多有用力而大之義，引申有開展義（詳見後證），魠之爲名，正自開袥取義也。

⿸广秅，說文：「開張屋也。」段注：「謂屋之開張者也。」王筠曰：「吾鄉於人之張大不知斂抑者謂之⿸广秅。」知⿸广秅从秅聲，自開張取義，而袥爲衣之開展，其象相近。而從石聲字又如磔，廣雅釋詁一：磔、張也。三：磔、開也。義亦與⿸广秅近似，且磔字亦作矺，（史記李斯傳十公主矺死于杜，磔正作矺。）尤爲乇聲石聲通假之明證。

吒字所從之聲當爲磔之假借，磔從石聲，乇聲石聲音轉之迹，已詳於右。

吒，說文：「噴也。」章太炎氏文始謂吒者今之炸字。今按吒噴者口之爆發，炸者火之爆發，磔者車力之所爆裂，義本相近。

史記李斯傳磔正作矺，可爲旁證。

奼字所從之聲當爲多之假借，乇、知紐（段注奼丁故切則在端紐見虎篆下注），多、端紐，古雙聲（錢大昕謂舌音類隔之說不可信）。乇、五部，多、十七部，黃先生模部與歌戈部次旁轉，段玉裁謂五部與十七部通，㚌重文作姼，姼在十六部，則與奼旁轉甚近。

奼，說文：「少女也。」玉篇：「奼、美女也。」廣韻：「奼，嬌奼也。」嬌亦謂姣好。今按㚌、說文美女也。多與大，大與美，義並相因。奼从乇聲無所取義，知爲㚌之重文也。

頊字所從之聲疑爲豆之假借，乇、知紐，豆、定母，古雙聲（右文已引錢氏大昕說今不重贅，下皆倣此），乇、五部，豆、四部，黃先生模部侯部爲旁轉。

頊，說文：「頊顱也。」朱駿聲曰：「頊顱者疊韻連語，短言之即頭。」頭從豆聲，豆聲字多有樹立義（見前條例），頊從乇聲則無所取義，故疑爲豆聲之假借，所以曰疑者，以頊顱或爲聲狀物形之詞，如𩑶𩕳、陀螺之狀圓形耳。

徹紐

凡從蠆得聲之字多有危厲之義

蠆，說文：「毒蟲也，象形，萬或从蚰。」螫毒傷人，有危厲義。

巁，說文：「巍高也。讀若厲。」按巍高本有危厲義，厲與大義可通，故大風爲厲風，粗石爲礪石，劇疾爲厲疾，說詳噧下。

厲，說文：「旱石也，从厂蠆省聲，厲或不省。」徐灝說文解字注箋：「戴氏侗曰：石之廉悍者也，引之爲危厲、爲嚴厲，爲厲聲厲色之厲。」釋名釋天：「厲、疾氣也，中人如磨厲傷物也。」是磨厲與危厲義近之證。

癘，說文：「惡疾也。从疒蠆省聲。」惡疾有危厲義。

濿，說文：「砅或从厲。」砅、履石渡水也，从水从石，詩曰：深則砅。按玉篇水深至心曰砅。涉深水有危厲義。

㸼字所從之聲當爲脊之假借。蠆、十五部、脊、十六部，黃先生曷末與錫部旁轉最近。蠆、徹紐，脊、精紐，黃先生古音十九紐則知系精系皆歸端系。

㸼，說文：「牛白脊也。」按說文㸘亦云牛白脊也。㸼㸘疊韻，段氏疑本爲一字。然㸘从寽聲，犡从厲聲，皆無所取義，並爲脊之假借也。

噧字所從之聲當爲萬之假借。蠆、十五部，萬、十四部，黃先生曷末與寒桓爲對轉。

噧，說文：「高气多言也。从口蠆省聲。春秋傳曰噧言。」說文有譪从萬聲，譀也。釋文以爲過謬之言，朱駿聲以爲誇誕之意，皆與噧字義同。故陳瑑說文引經考證謂：「言部譪亦噧，言口二部，互相出入。」今按萬聲之字，多有大義（詳見後證），噧爲高气多言，與大義近，故知噧从蠆聲，實爲萬聲之假借。且夫蠆萬二聲，古多相假，如噧从蠆聲而作𠽾，蠇从萬聲而作蠣（厲从蠆省聲）、勱从萬聲而字或作勵、且讀若厲，㸼从萬聲而字或作犡，邁从萬聲而重文或从蠆聲，贎从萬聲而廣韻或作贎貨，考其故，萬蠆韻本相近，厲義與大義引伸亦可通，故多借用。

凡從廛得聲之字多有居次之義

廛，說文：「二畝半也，一家之居。从广里八土。」段注里下曰：「周禮：載師廛里。鄭云：廛里者，若今云邑居矣。」又廛下注曰：「詩伐檀毛傳曰：一夫之居曰廛。遂人：夫一廛。先鄭云：廛、居也。後鄭云：「廛、城邑之居。」

躔，說文：「踐也。」廣雅：「廛、居也。東齊海岱之閒或曰廛，或曰踐。」是踐與廛次義通。天官書：日月所會次曰躔度。呂覽圜道月躔二十八宿注：舍也。文選月賦注：躔、處也，亦次也。思元賦：躔建木于廣都兮。舊注：息也。皆居次義也。

纏字所從之聲當爲專之假借。廛、十四部，專、十四部，疊韻。廛、澄紐，專、照紐，黃先生古聲十九紐知系照系古皆歸端系。

纏，說文：「繞也。」纏繞於廛聲無所取義。今考專聲之字如轉篿團蓴膞摶皆有圓轉義，且廣雅釋詁三：縛、束也。左襄廿五傳：以惟縛其妻。昭廿六傳：縛一如瑱。注：卷也。此从糸專聲之字，義與纏繞相合。朱駿聲以爲縛與纏略同，段氏則謂卷縛非縛字本義。按段說非也，今就專聲之字多有圓轉義例之，卷繞是縛之本義也。因字根假借而成纏字，遂以縛爲別一義。由是觀之，說文所解諸字，非盡爲本義，而其本義散見於經傳及訓詁書籍者，非縛字一端也。

凡從直得聲之字多有直立而長之義

直，說文：「正見也。从十目」。按木從繩則直，易說卦巽爲繩直，易坤直方大，知直與長義相因。紐樹玉說文新附考：「矗疑直之俗字，吳都賦曰：橚矗森萃…李善曰：橚矗、長直貌。」是直長義相因之旁證。

植，說文：「戶植也。或从置。」段注：「植當爲直立之木，徐鍇以爲横鍵，非也。按今豎直木而以鐵了鳥關之，可以加鎖，故曰持鎖植，植之引伸爲凡植物、植立之植。」

稙，說文：「早穜也，詩曰：稙稚尗麥。」韓詩：稙、長稼也。直長義通，又由長短引申爲禾之先後早晚，釋名釋親屬：「青徐人謂長婦曰稙，長禾苗先生者曰稙，取名于此也。」

置，說文：「赦也，网直聲。」各本或無聲字，今依鍇曰非聲而知舊本原有聲字。段氏於植之重文櫃下注曰：「置亦直聲也。漢石經論語：置其杖而耘。商頌：置我鞉鼓，皆以置爲植。」今按赦放與直長義相因法者所以令觸不直。又廣雅釋詁四：「置、立也。」禮記雜記：「無子則爲之置後。」注：「猶立也。」晉語：「置茅蕝。」注：「立也。」考工廬人置而搖之注：「猶尌也。」皆可證置从直聲，本有直立義，非必自植字假借而有尌立義也。

值，說文：「持也。一曰逢遇也。」朱駿聲曰：「詩宛邱：值其鷺羽。傳：持也。漢書地理志陳地注：立也。」又曰：「或曰當者田相值也。值者人相當也。」今按相當相值之義或自持立短長義引申也。

德，說文：「升也。从彳悳聲。」悳段注直亦聲，周易地中生木、升。君子以順德積小以高大。今按草木之升有直立而長義。

悳字段注直亦聲，悳字所從直聲當爲㝷之假借，悳直㝷皆在一部，疊韻。直、澄紐，㝷、端紐，古雙聲。

悳，說文：「外得於人內得於己也。从直心。」段注：「直亦聲」今依段注系屬於此。禮記樂記：「德者得也。」鄉飲酒義：「德也者得于身也。」釋名釋言語：「德、得也。得事宜也。」按道德字本當作悳，而經籍傳注皆訓得，得，本字當作㝵。

埴字、殖字所從之聲當爲戠之假借，直、一部，戠、一部，疊韻。直、澄紐，戠、照紐，黃先生知系照系古皆歸端系。

埴，說文：「黏土也。」段注：「釋名：土黃而細密曰埴，埴、膱也。黏昵如脂之膱也。按禹貢埴字，鄭本作戠而讀爲熾。……禹貢正義曰：戠埴音義同……戠熾壁皆埴之異字。」今按埴爲黏土，於直聲無所取義，釋名以爲自脂膱取義是也。天地賦云：海岱赤熾。蓋古字歟？

殖，說文：「脂膏久殖也。」段注：「考工記故書昵作樴，注云：樴讀爲脂膏膱敗之膱，按膱即殖字。字林云：『膱、膏敗也。亦作膱。』廣雅云：『膱、臭也。』玉篇廣韻皆云：膱、油敗也。……脂膏以久而敗，財用以多藏而厚亡，故多積者謂之殖貨，引伸假借之義也」按段氏雖未明言形聲字有字根假借之例，然細讀各條，已滿紙皆躍如欲發。

娘紐

凡從女得聲之字多有迷暗之義

女，說文：「婦人也。象形，王育說。」按易繫辭：「坤道成女。」荀九家八卦逸象有坤爲迷者。至於女字之形，繫傳通論謂女以深邃爲德，象其衣裳綢繆閉固之象也。段氏以爲蓋象其揜斂自守之狀。皆與迷暗義近。

𡪤，說文：「楚人謂寐曰𡪤，从㝱省女聲。」徐鍇於寐篆下曰：「寐之言迷也，不明之意也。」

照紐

凡從止得聲之字多有基止之義

止，說文：「下基也。象艸木出有阯，故以止爲足。」按許書無趾字，趾即止之繁文，文選西征賦注：趾、基也。章太炎氏文始曰：「止本足也，故禮古文有趾即止之變，引伸乃爲下基。」

沚，說文：「小渚曰沚，詩曰：于沼于沚。」釋名：「沚、止也。小可以止息其上也。」章太炎氏文始曰：「止爲基阯可居，故孳乳爲沚，小渚曰沚。」

阯，說也：「基也。阯或从土。」段注：「阯與止音義皆同，止者艸木之基也，阯者城阜之基也。」

祉，說文：「福也。」說文繫傳：「臣鍇曰：祉之言止也，福所止不移也。」

齒，說文：「口齗骨也。象口齒之形，止聲。按齒本象形兼聲字，然字从止聲，其義亦同。口齗骨有下基之義，又釋名釋形體：「齒、始也。」釋名以始訓齒，爾雅以始訓基（釋詁基始也），是義可通也。

穿紐

凡從昌得聲之字多有美大之義

昌，說文：「美言也，从日从曰，一曰日光也，詩曰：東方昌矣。」段注：「蓋昌之本義訓美言，引伸之爲凡光盛之偁…云朝已昌盛，與美言之義相應。」廣雅曰：昌、光也，昌光疊韻，光明亦美大義也。

閶，說文：「天門也。楚人名門曰閶闔。」按天門有美大義，淮南墬形：西方曰閶闔之門。注：閶、大也。

唱，說文：「導也。」段注：「鄭風曰：唱予和女。…古多以倡字爲之。」今按和唱有美大義。廣雅釋詁：昌、始也。禮記檀弓：婦人倡俑。注：先也。朱駿聲氏謂皆唱之假借。唱之有先始義，蓋自發歌句得義（禮記樂記鄭注：倡、發歌句也），倡導發歌者其聲必善美，俞樾兒笘錄曰：「說文人部：俶、善也，一曰始也。蓋始則有善義。故曰元者善之長也。俶訓善又訓始，昌訓始又訓美，其義一也。」是先始有善美義之證。

美大引申有樂義，倡、樂也。

倡，說文：「樂也。」主唱發歌句者爲倡工，遂假借倡爲倡導字。

神紐

凡從盾得聲之字多有遮隱之義

盾，說文：「瞂也，所以扞身蔽目，象形。」釋名：「盾、遯也，跪其後避以隱遯也…今謂之露見是也。」

遁，說文：「遷也。一曰逃也。」廣雅釋詁三：遁、避也。四：遁、隱也。遷遁與隱避義通。又按說文遯、遁也，遯有退隱義，與遮隱義相應，可爲旁證。

楯，說文：「闌檻也。」王筠說文句讀：「云闌檻也者，闌、遮也，以楯閒道而穿於檻，是遮闌其檻也。」朱駿聲曰：「上林賦：宛虹拖于楯軒。漢書注：軒之闌板也。」是楯有遮義之證。

㡒，說文：「載米䈖也，讀若易屯卦之屯。」桂馥說文義證：「本書䈖、㡒也，所以載盛米。廣雅：㡒、䈖也。廣韻：布貯曰㡒。」錢坫以㡒讀若屯，謂㡒卽屯聚字。今按屯貯有藏蔽遮隱之義。

循字、揗字所從之聲當爲川之假借。盾、十三部，川、十三部，疊韻。盾、神紐，川、穿紐，古雙聲。

循，說文：「行順也。」王筠說文句讀：「左文十一年傳：國人弗徇，服本作循，云循、順也。」皆以順訓循，今按順從川聲，凡從川聲之字如馴順巡川訓圳皆有順義，循爲行順，於盾聲無所取義，知爲川聲之假借也。說文及左傳服注以順訓循，禮記月令注及珠叢以巡訓循，禮記檀弓𨊻字作輴，皆盾聲川聲可假借之證。

揗，說文：「摩也。」段注：「廣雅曰：揗、順也。廣韻曰：手相安慰也。今人撫循字古蓋作揗。循者行順也。」揗爲撫摩，取義於順，故當爲川聲之假借。

腯字所從之聲當爲成之假借。盾、神紐，成、禪紐，古雙聲。盾、十三部，成、十一部，黃先生痕魂與青部爲次旁轉。

腯，說文：「牛羊曰肥，豕曰腯。」今按肥腯於盾聲無所取義，方言十三有䐣字，曰䐣、腯也。考成從丁聲，丁有丁實義，成有長成收成義，盛有豐盛盛大義，知肥腯字本當從成作䐣也。

凡從躲得聲之字多有去此就遠之義

躲，說文：「弓弩發於身而中於遠也。从矢从身，篆文躲从寸，寸，法度也，亦手也。」

麝，說文：「如小麋，臍有香。」麝以臍香為名，馨香有遠聞義，如說文馨、香之遠聞也。詩唐風椒聊傳：條、馨之遠聞也、是遠聞有去此就遠之義。

謝，說文：「辤去也。」王筠說文句讀：「廣韻：謝、去也。曲禮：若不得謝。謝謂致為臣也，故曰辤。歸其故居，故曰去。兩事牽連言之耳。段注：「引伸為凡去之偁，又為衰退之偁。」

審紐

凡從舂得聲之字多有撞之義

舂，說文：「擣粟也。从廾持杵以臨臼，杵省，古者雝父初作舂。」釋名釋樂器：舂、撞也。以舂築地為節也。按說文撞、丮擣也。撞舂疊韻（並在九部），並屬舌音，古又雙聲，故知舂撞語根本同。

⿱舂見字當為矇之假借。舂、九部，蒙、九部，疊韻。

⿱舂見，說文：「視不明也。一曰直視。」今按⿱舂見从舂聲於視不明無所取義，說文有矇字，一曰不明也，从目从見同義，凡冡聲曰聲字多有覆蔽之義（見前彙例），故知⿱舂見字當為矇之假借。

惷、說文：「愚也。」周禮司刺三赦曰惷愚。惷愚連文。蒼頡解詁：惷、愚也。按愚从心禺，段注曰禺亦聲，禺、母猴屬，愚者之心似之，故愚當從禺亦聲也。惷從舂聲於愚惷無所取義，知卽愚之假借也。

惷字所從之聲當為禺之假借。舂、九部，禺、四部，黃先生東部侯部對轉。

凡從首得聲之字多有在上率引之義

首，說文：「古文𦣻也，巛象髮，髮謂之鬊，鬊卽巛也。」首在人身之上以統率全身者也。廣雅首、君也。爾雅、釋名首、始也，今謂之元首卽在上率引之義也。

道，說文：「所行道也。从辵首，一達謂之道。古文道从首寸。」段注：首亦聲。道首疊韻，今依段說。莊子漁父：「道者萬物之所由也，天地行于萬物者道也。」是所行道多含在上率引之義，故易繫辭曰形而上者謂之道，禮記中庸曰率性之謂道也。朱駿聲謂古文道作䢸者當為導之古文，說文導、引也。

導，說文：「引也。」段注：「經傳多假道為導，義本通也。」按導引卽在上率引。

䆃字所從之聲當為舀之假借，首舀並在三部，疊韻。䆃稻並屬定紐，知䆃舀為同音字。

䆃，說文：「禾也，司馬相如曰：䆃一莖六穗也。」朱駿聲曰：「疑䆃實與稻同字。」按朱說近是。䆃从道聲無所取義，從舀聲則取其包裹在內之義，舀包疊韻。凡字從舀得聲多有包裹在內之義（已詳前證）。而說文⿰馬舀、馬行貌；蹈、踐也，於舀聲無所取義，又當為道聲之假借。釋名道、蹈也。蹈、道也。道蹈互訓，亦可為道聲舀聲相假借之旁證。

禪紐

凡從石得聲之字多有堅重用力之義

石，說文：「山石也，在厂之下，口，釋形。」釋名：「山體曰石，石、格也，堅捍格也。」古者獵獸斫物皆以石，廣雅釋詁四：石、擿也。後漢堅鐔傳注：石謂發石以投人也。已運石擲物有用力義。又如四鈞重一石，後製秙字，仍取石重之義。

祏，說文：「宗廟主也。周禮有郊宗石室，一曰大夫以石爲主，从示从石，石亦聲。」桂馥說文義證石下曰：「禮記外傳：社主用石。注云：石、土中堅者。」知祏逕取石義。

跖，說文：「足下也。」段注：「史記曰跖勁弩，按弩以足蹋張之，故曰跖。」今按吳語謂以足尖踶人爲踼，以足踵踶人爲跖。呂覽：用眾必食其跖。注：雞足踵。是呂覽之跖爲名詞，史記之跖爲動詞，跖蹋義近而小異，跖勁弩有用力而重義。

柘，說文：「柘桑也。」風俗通：「柘材爲弓。」淮南注烏號云：「柘桑，其木堅勁，烏峙其上不屈。」堅勁與有力義相因。

橐，說文：「囊也。」今按說文囊訓橐，段注以囊者實其中如瓜瓤，橐者言虛其中以待如木欜。段氏以囊爲實其中，可自形聲兼義之理考得之，字從襄聲多有緼入之義見前彙例，故囊有實其中之義；至於以橐爲虛其中如木欜則未允，欜從石聲，當自用力而重得義，故爲行夜所擊之欜，非自虛中取義也，石聲無虛中義，故知囊橐說文互訓，囊取實中義，橐則取用力而重義，詩斯干：椓之橐橐。傳：用力也。是古義之猶存者矣。

秙，說文：「百二十斤也。稻一秙爲粟二十斗，禾黍一秙爲粟十六斗大半斗。」段注：「石者大也，權之大者也，四鈞爲石，古多段石爲秙。」

碩，說文：頭大也。」桂馥說文義證曰：「石聲者，漢書律歷志：石、大也。」知石本亦有大義，重大義相因。左桓六年傳：博碩肥腯。並兼重與大義。

斫，說文：「擊也。」凡斫木、斫地、斫人皆有用力而重之義。

欜，說文：「夜行所擊者，易曰：重門擊欜。」九家易注：欜、兩木相擊以行也。段注曰：「從橐者，蓋虛其中則易響，今之敲梆是也。」按欜自敲擊得義，非自虛中得義，段說未安，已詳橐下。詩斯干：椓之橐橐。傳：用力也。可爲旁證。

堅重用力引伸有開展之義。磔字、袥字並爲開展義。

磔，說文：「辜也。」段注：「按凡言磔者開也、張也。刳其胸腹而張之，令其乾枯不收。」朱駿聲曰：「廣雅釋詁一：磔、張也。三：磔、開也。……荀子宥坐：伍子胥不磔姑蘇東門外乎。注：車裂也。」按車裂字說文作轢，車裂有堅重施力之義，引伸有開展義，今俗以輾碾爲轢踐字，並從展聲，可爲旁證。

袥，說文：「衣衸。」徐鍇說文繫傳：「按字書：袥、張衣令大也。」段注：「……故謂之袥言其開拓也。……廣雅釋詁曰：袥、大也。今字作開拓。」

拓字所從之聲當爲庶之假借。石、禪紐，庶、審紐，同屬照系，古雙聲。同在五部，疊韻。

拓，說文：「拾也。陳宋語。拓或从庶。」今按拓摭爲重文，言拓爲假借、摭爲正字者，以拓從石聲於收拾無所取義，而摭从庶聲，庶爲屋下眾，與拾從合聲，合爲亼口義同，收拾與眾多義相因也。

精紐

凡從巛得聲之字多有盛而亂之義

巛，說文：「害也，从一雝川。春秋傳曰：川雝爲澤，凶。」川雝而爲災，有水盛而亂之義。

菑，說文：「不耕田也。从艸田，巛聲。易曰：不菑畬。」徐鍇說文繫傳曰：「田不耕則草塞之，故從艸，巛者川壅也。」徐氏不知形聲兼義之理，故以爲會意，然菑取草盛塞田之意則不誤也。淮南本經𦶎榛穢聚注：「茂草曰菑。」是其證。爾雅釋地：「田一歲曰菑。」郭注：「今江東呼初耕地反草爲菑。」亦取殺此盛亂之草義。

輜，說文：「輜軿、衣車也。軿、車前衣也。車後爲輜。」釋名云：「輜車、載輜重，臥息其中之車也。輜、廁也，所載衣物雜廁其中也。」按輜重、雜廁有盛而亂義。

緇字所從之聲當爲滓之假借。巛宰並在精紐，一部，同音也。緇滓並在莊紐，一部，音亦同。

緇，說文：「帛黑色也。」釋名釋采帛：「緇、滓也。泥之黑者曰滓，此色然也。」謂緇字自滓取義，按朱駿聲於滓下曰：「泥之黑者爲滓。字亦作湽，太玄更化白于泥湽注：黑也。論語：涅而不緇。以緇爲之。」緇滓湽同義，是緇所從聲當爲滓聲之假借也。又按滓從宰聲，於黑亦無所取義，宰黑並在一部，宰聲當爲黑聲之假借（詳見前證），今不直接言緇字所從之聲當爲黑之假借者，因經籍未見足資爲證者故也。說文有纔字，黑索也，是黑纔滓緇之語根本同源也。

凡從宰得聲之字多有治事之義

宰，說文：「辠人在屋下執事者。从宀从辛，辛、辠也。」公羊僖九傳：「宰周公。」注：猶治也。小爾雅廣詁、玉篇皆曰：「宰、治也。」

䔂，說文：「羹菜也。」段注：「謂取菜羹之也。集韻有𤏫字，烹也，即此字。」取菜而羹之有治事義，徐灝曰：「主膳羞者曰膳宰，故因之爲庖宰。」疑此即庖宰字。

滓字所從之聲當爲黑之假借。宰、一部，黑、一部，疊韻。

滓，說文：「澱也。」按段氏於澱下注曰：「黑部曰𪐗謂之垽。按𪐗與澱異字而音義同，實則一字也。」謂澱字或從黑作𪐗，是澱有黑義也。滓從宰聲無所取義，釋名云：「泥之黑者曰滓。」故謂滓所從之聲當爲黑之假借也。（參見緇下）

睟字所從之聲當爲巛之假借。宰巛並屬精紐、一部，古同音也。

睟，說文：「益梁之州，謂聾爲睟，秦晉聽而不聰、聞而不達、謂之睟。」今按說文巛、害也，从川一雝之。睟爲耳聾即耳之害也。聽而不聰、聞而不達正如一之雝川也。

凡從井得聲之字多有整齊有法之義

井，說文：「八家爲一井，象構韓形，䨲象也。古者伯益初作井。」井田之制有整齊有法義。許書刑下引易曰：井、法也。王筠曰：「井卦釋文引鄭曰：井、法也。蓋易家古說，故許君鄭君皆稱之。」風俗通曰：井、法也，節也，言法制居人令節其飲食無窮竭也。荀子儒效：井井兮其有理也，皆井爲整齊有法之義。

刑，說文：「罰辠也，从刀井，易曰：井者法也。井亦聲。」王筠說文釋例曰：「漢石經論語：君子懷刑。是懷法也。」許愼引易曰者，正說明刑有法義之故。又段注型下曰：「詩毛傳屢云：刑、法也。」

型，說文：「鑄器之法也。」段注：「以木爲之曰模，以竹曰范，以土爲型。」

耕，說文：「犂也，一曰古者井田。」廣雅釋詁四：「耕、齊也。」按井田有整齊義。

姘字取義於井之清潔，唯潔瀞與有法義引伸亦可通。

姘，說文：「靜也。」桂馥曰：「靜當爲瀞。」今按釋名釋宮室：「井、清也，泉之清潔者也。」與廣雅：姘、潔也義正合，姘從井聲，當自井潔取義也。然潔靜與有法度義引伸可通，如王筠說文句讀曰：「廣韻：姘、女人貞絜也。詩靜女傳云：女德貞靜而有法度也。」是絜靜與有法度義引申可通之證。

阱字、㓝字取義於井之坎陷，唯坎陷與有法義引伸可通。

阱，說文：「陷也。从𠂤井，井亦聲。阱或从穴。古文阱从水。」按井有法義，亦有陷義，猶瀵從水取其平，亦謂陷阱章氏文始所說。易坎有險陷義，而虞氏八卦逸象有坎爲法爲罪者。又漢書谷永傳：「又以掖庭獄大爲亂阱。」顏注：穿地爲坑阱以拘繫人也。」知古者穿地爲阱，非僅陷獸，亦以拘繫人也。

㓝，說文：「坑也，从𣪠从井，井亦聲。」朱駿聲、章太炎皆謂㓝刑同字。今按凡形聲字所從同一聲母，而取義之方非一端者，若非引伸可通，則當分別言之，如井刑型耕取整齊有法義，姘取井潔義井渫則不食故井有潔義，阱㓝取井陷義，義雖不一，但潔靜、坎陷皆與有法義引伸可通，且並自「井」取義，故不分別言之。

清紐

凡從倉得聲之字多有藏而盛之義

倉，說文：「穀藏也。倉黃取而臧之，故謂之倉。从食省，口象倉形。仺奇字倉。」段注：「蒼黃者匆遽之意，刈穫貴速也。」又謂仺蓋從古文巨。今按藏穀已有盛義，刈穫匆遽亦有盛義，不盛則何須倉黃取臧。重文從巨，亦正謂盛義也。

蒼，說文：「艸覆也。」大徐本作艸色也。今按艸色非蒼字本義。艸覆則有藏與盛義，與倉聲所載義合。艸覆盛始有青黑色，遂以爲青黑義。詩蒹葭蒼蒼，傳：盛也。廣雅釋訓：蒼蒼、茂也。皆其證。

瑲字、鎗字爲狀聲詞，狀聲之盛也。

瑲，說文：「玉聲也。」錢坫曰：「凡經將將鏘鏘鶬鶬並應作此。」按狀聲詞但譬況其聲，經籍所載多不拘形體。王念孫廣雅疏證鏘鏘盛也條下曰：「凡聲之盛謂之鏘鏘，故鸞聲謂之鏘鏘：小雅采芑篇八鸞瑲瑲。庭燎篇作將將。大雅烝民篇作鏘鏘。商頌烈祖篇作鶬鶬是也。樂聲謂之鏘鏘：小雅鼓鐘篇鼓鐘將將，周頌執競篇磬筦將將。說文作䃣䃣是也。玉聲謂之鏘鏘：鄭風有女同車篇佩玉將將是也。車聲謂之鏘鏘：楚辭九辯前輕輬之鏘鏘是也……凡言鏘鏘者皆盛之義也。」

鎗，說文：「鐘聲也。」小雅鼓鐘篇：鼓鐘將將。鐘聲有盛大義。餘詳右述。

蹌字爲狀況之詞，狀皃之盛也。

蹌，說文：「動也。」按虞書鳥獸蹌蹌：注：行皃。說文有䭬字爲鳥獸來食聲也。引虞書作鳥獸䭬䭬。蹌䭬本爲一字，說文一訓行來食聲，一訓行動之皃，義皆爲狀其盛，引伸之，凡高明盛美之皃皆可狀以鏘鏘也。王念孫廣雅疏證鏘鏘盛也條下曰：「凡貌之盛亦謂之鏘鏘，故行貌謂之蹌蹌：曲禮大夫濟濟士蹌蹌，鄭注云皆行容止之貌。釋文蹌蹌本又作鶬，或作鏘是也。舞貌謂之蹡蹡：說文䭬字注引皋陶謨鳥獸䭬䭬，今本作蹌蹌，史記夏記作鳥獸翔舞是也。高貌謂之將將：大雅緜篇應門將將。班固西都賦：激神岳之嶈嶈。馬融廣成頌峨峨磑磑、鏘鏘崔崔是也。美貌謂之將將：魯頌閟宮篇犧尊將將。正義云：將將然盛美。管子形勢解云：將將、鴻鵠貌之美者是也。明貌謂之將將：荀子王霸篇引詩云：如霜雪之將將，如日月之光明是也。」是聲近蹌蹌者皆狀其盛義也。

愴字、槍字所從之聲當爲刅之假借。倉、十部，刅、十部，疊韻。倉、清紐，刅、初紐。黃先生古聲十九紐莊系古歸精系，古雙聲也。

愴，說文：「傷也。」今按說文刅，傷也，从刃从一，段氏曰：凡殺傷必以刃，」者傷之象。刅重文又作創，亦從倉聲，知凡愴愴字之初文當作刅也。

槍，說文：「歫也。」段注：「通俗文曰：剡木傷盜曰槍。今俗作鎗。」通俗文以傷訓槍爲義界，釋名以傷訓創，亦爲義界，釋名釋疾病曰創、戕也，戕毀體使傷也，義正相同。創爲刅之重文，戕從爿聲亦無所取義，故知戕之爿聲、槍愴創之倉聲，並爲刅之假借。

滄字、凔字所從之聲當爲京之假借。倉、十部，京、十部，疊韻。

滄，說文：「寒也。」按說文涼訓薄也，涼從京聲，京聲字多有高義大義（見前彙例），京爲絕高邱，高處不勝寒，高臺多悲風（別賦撫錦幕而虛涼，注悲涼也。是悲與滄義通），引伸乃有薄義，故知涼之本義當爲寒，白虎通八風涼寒也，釋名釋州國涼州西方所在寒涼也。字林涼微寒也。爾雅釋天北風謂之涼風，皆其證。列子湯問篇：日初出滄滄涼涼。滄涼重言以連文，義亦相同，滄從倉聲無所取義，知爲京聲之假借也。

凔，說文：「寒也。」列子湯問篇：日初出滄滄涼涼。注云：凔本又作滄。段注曰：「此與水部滄音義皆同。」今按廣雅釋室：京、倉也。亦可爲京聲假作倉聲之旁證。餘詳前述。

從紐

凡從爿得聲之字多有藏而盛之義

壯，說文：「大也。从士爿聲。」朱駿聲曰：「離騷：不撫壯而棄穢兮。注：年德盛曰壯。又詩采芑克壯其猷。楚辭天問：何壯武厲。易大壯。王肅注：盛也。」

牂，說文：「牡羊也。」牡有大義。段氏據釋畜、毛傳、內則注皆曰牂、牝羊。遂改爲牝羊。今按廣雅釋獸：「吳羊……其牝一歲曰牸䍜，三歲曰牂。」是牂爲大牝羊也。易林：「開牢擇羊，喜得大牂。」是其證。

䚖，說文：「角長皃，讀若粗䚖。」段注：「其義則本訓角長，引伸之爲鹵莽之意。」按長粗與盛大義通。

莊，說文：「上諱。」桂馥說文義證：「玉篇：莊、草盛皃。釋宮六達謂之莊。孫炎曰：莊、盛也。道煩盛。馥謂因艸而得爲盛義。」段注曰：「此形聲兼會意字，壯訓大，故莊訓艸大，古書莊壯多通用，引伸爲凡壯盛精嚴之義。」

裝，說文：「裹也。」段注：「束其外曰裝，故著絮於衣亦曰裝。」今按裹有藏義，束裝於外亦有飾藏義。釋名釋道曰莊、裝也。裝其上使高也。則裝又有高大義。著絮於衣使衣壯盛，義亦同也。

牀，說文：「安身之几坐也。」釋名：「牀、裝也。所以自裝載也。」按朱駿聲裝字下曰：「詩出車箋：裝載物而往。字多以藏爲之。」裝藏義近可通，釋名以裝訓牀，則牀藏義亦相近。裝人於牀與盛物皿中義象相同，盛物皿中引伸爲豐盛。又按通俗文曰：「牀三尺五曰榻，板獨坐曰枰，八尺曰牀。」是榻自低小取義，枰自平板取義，枰則以其長可裝載人取義，是牀兼藏載與長大義。

妝，說文：「飾也。」按妝飾有隱藏義、美盛義。隱藏與美盛義本相反相成，爿聲倉聲字每兼有其義。

奘，說文：「妄强犬也。」桂馥曰：「國策：韓盧者天下之壯犬也，即此奘。」壯即盛也。

奘，說文：「駔大也。」桂馥說文義證：「駔大也者，方言：奘、大也。秦晉之間凡人之大謂之奘。釋言：奘、駔也。郭云今江東呼大爲駔，駔猶麤也。」

㠶，說文：「山㠇也。从山㦸聲。」按說文㠇、高也。高與盛義同。

臧，說文：「善也，从臣㦸聲。𦣞，籀文。」段注：「凡物善者必隱於內也。」徐灝說文解字注箋：「臧本收藏之義，从臣與僕同義，守臧者也。凡藏匿、贓私、臟腑皆其引申。臧有善守義，故又訓爲善也。」至於籀文從土之義，桂馥說文義證曰：「從土者，即今藏字，隸體變土爲艸，猶䕋變爲埋也。」今按易繫辭慢藏誨盜虞注：坤爲藏。坤道有「厚德載物」、「有美含之」之性。故知藏載與美善盛厚義相通，方言十二曰：臧、厚也，是其證。

牆，說文：「垣蔽也。」釋名：「牆、障也。所以自障蔽也。」桂馥引急就篇顏注與釋名同。又引昭元年左傳：「人之有牆以蔽惡也。」是牆取藏蔽義。然牆亦有長義大義。

醬，說文：「醢也。从肉从酉，酒以龢醬也。爿聲。酱古文醬如此，𤅢籀文。」桂馥說文義證引急就篇顏注曰：「醬之爲言將也，食之有醬如軍之須將，取其率領進導之也。」顏注以將訓醬，謂醬如將軍之率領進導，失之穿鑿。今按醬從爿聲，取其作之藏之時日久長也，爿長疊韻。王玉樹說文拈字引周禮醢人掌四豆之實注：「凡作醢者必先膊乾其肉乃後莝之，雜以粱麴及鹽，漬以美酒，塗置缾中百日則成。」是久長藏之之義也。久與盛大同義，醬實兼藏之長久兩義。

將，說文：「帥也。從寸，醬省聲。」將帥有主領義，主有大義。朱駿聲曰：「或曰字從寸，從寸當以將指爲本訓，手以中指爲將指，走以大指爲將指。」又曰：「爾雅釋詁：將、大也。詩北山：鮮我方將。傳：壯也。長發：有娀方將。傳：大也。」今按將爲帥軍，孟子注長爲軍率，將之引伸有大長義，猶長之引伸有將帥義也。凡爿聲字如牄、牀、牆之有長義者，實因爿長語根同故也，長從亡聲，長爿亡古音並在十部，亡聲字有隱藏義大義，與爿聲字正同也。

奬，說文：「嗾犬厲之也。从犬將省聲。」段注：「厲之猶勉之也。引伸爲凡勸勉之偁。」又曰：「凡相被飾亦曰奬。」按勸勉有加盛義，相被飾則兼有隱藏、加盛兩義。

漿，說文：「酢漿也。从水將省聲。𤃬，古文漿。」按九家易說坤爲漿。萬澍辰周易變通解曰：「酒主陽，漿主陰，坤陰，故爲漿。」今按漿當自厚取義，乃水之厚者也。酒清明漿厚濁，故漿主陰。虞翻八卦逸象坤爲厚，知九家坤爲漿乃相因乎厚義也。厚濁與隱藏義盛義均相近。又按酢漿久釀始成，酢當從昔聲取久長義（詳見後證），若謂漿如醬醢之取久長義，亦通。

𢪊，說文：「扶也。」今按扶在五部，𢪊在十部，五部十部對轉也。段注：「古詩好事相扶將。當作扶𢪊字之假借也。」扶將連文義同也。扶從夫聲，夫从大，有大義，故疾風謂之扶搖，高節實中之杖謂之扶老，神木名爲扶桑。釋名扶、傅也；方言扶、護也。皆有力大義，故知𢪊從爿聲，亦自力大取義也，力大有藏而盛之義。

牄字爲狀聲詞，狀聲之盛也。

牄，說文：「鳥獸來食聲也。虞書曰鳥獸牄牄。」今按凡音近將倉之狀詞，皆狀其盛，說文或釋某爲聲，或釋某爲皃，其實古乃一字而已。如說文引虞書以證牄爲鳥獸來食之聲，虞書鄭注則以爲舞皃；三家詩執競管磬𨇨𨇨以𨇨狀聲，說文以𨇨爲行皃，廣雅釋訓蹡蹡走也用蹡狀其皃；荀子賦讒口將將當爲狀聲詞，而注乃以爲進皃。蓋行動盛則聲亦盛，爿聲但狀其盛，今分述狀聲狀皃爲二者，依許氏也。

𨇨字爲狀況之詞，狀皃之盛也。

𨇨，說文：「行皃。詩曰：管磬𨇨𨇨。」雷浚說文引經例辨曰：「今詩作磬筦將將。毛傳：將將、集也。陳氏奐曰：謂眾工會集也。……攷荀子富國篇引詩曰鐘鼓喤喤，管磬瑲瑲荀意瑲瑲聲之和，故楊倞注：喤喤瑲瑲皆聲和皃。漢書禮樂志引詩曰鐘鼓鍠鍠，磬管鏘鏘師古曰：鍠鍠、和也。鏘鏘、盛也。言八音和盛。然則毛云將將集也者，謂眾聲會集，非謂眾工會集也。陳氏欲傅合說文𨇨行皃之義，故云眾工耳。」今按字含爿之音義者皆狀其盛，說文以𨇨蹌從足，遂訓爲行動之皃，引詩管磬𨇨𨇨，則當是狀聲詞矣。廣雅釋訓：蹡蹡、走也。走者行動之盛，是从足之本義也。餘詳牄、蹌、瑲字下。

戕字所從之聲當爲刅之假借。爿，十部，刅、十部，疊韻。爿、從紐；刅、初紐，同屬齒音，古雙聲也。

戕，說文：「槍也。它國臣來弒君曰戕。」段注：「槍者歫也，歫謂相抵爲害。小雅曰：予不戕。傳曰：戕、殘也。此戕之正義，下又稱左氏例爲別一義。」按戕从爿聲，槍从倉聲，於傷殘無所取義，並當爲𠛱之假借，說文：「𠛱、傷也。」「重文作創。參見槍、愴字下。

斨字所從之聲當爲方之假借。爿、十部；方、十部，疊韻。

斨，說文：「方銎斧也。」段注：「銎者斤釜空也。毛詩傳曰：隋銎曰斧，方銎曰斨。」桂馥說文義證：「鶡冠子世兵篇：橢枋一術，奚足以游。陸佃注：橢讀如隋銎之隋，枋讀如方銎之方。」今按斨字得義於方，故鶡冠子作枋字，造字者以斨與斧同類，遂從斤旁，又假借方聲爲爿聲，遂成斨字，說文以方銎斧訓斨，是本義也。

心紐

凡從喿得聲之字多有眾多盛大之義

喿，說文：「鳥羣鳴也。从品在木上。」按羣鳴有眾多盛大義。

橾，說文：「車轂中空也。讀若藪。」桂馥說文義證：「讀若藪者，考工記輪人：以其圍之阞捎其藪。鄭司農云：藪讀爲蜂藪之藪。謂轂空壺中，眾輻之所趨也。」段注曰：「許字作橾，從喿，喿，鳥羣鳴也，亦與眾趨之義合。」

操，說文：「把持也。」按把從巴聲，巴聲之字多有大義（詳見後證），把持有大義也，故專擅謂之把持，控制謂之操縱，其義一也。釋名釋姿容：操、鈔也。方言十二：鈔、强也。是操有强大義也。

趮，說文：「疾也。」按眾盛與疾義相因：如晶焱蟲驫字，三合其文者皆言其盛，而猋驫犇字三合其文則爲去疾超遠，蟲猋字三合其文義亦爲疾，故知疾有盛多義。趮、經典多作躁字。易繫辭傳：「躁人之辭多。」煩躁與多義亦近。

譟，說文：「擾也。」說文擾、煩也。煩擾與多義近。桂馥說文義證：「定十年穀梁傳：齊人鼓譟而起。范云：羣呼曰譟。家語相魯篇：以兵鼓譟。注云：雷鼓曰譟。」是喿爲鳥羣鳴，譟爲人羣呼也。方言十二：譟、諻、音也。諻從皇聲，凡從皇聲之字多有大義（見前彙例），故諻爲大聲，譟諻同義，是譟爲大聲之旁證也。

燥，說文：「乾也。」今按說文炕亦曰乾也。炕從亢聲，凡從亢聲之字多有高大義（見前彙例），故炕陽有高大義，可爲燥有高陽義之旁證。又考釋名曰燥、燥也。物燥乃動而飛揚也。是燥與飛揚義相因，物燥則火盛，易文言傳火就燥，燥則火易熾盛。又考釋名釋言語：燥、焦也。焦從雥聲，雥爲眾鳥，與燥從喿聲，喿爲羣鳥鳴同義。焦燥與火盛義並相因也。

鱢，說文：「鮏臭也。周禮曰：膳膏鱢。」說文鮏、魚臭也。按魚臭爲鱢、豕膏臭爲臊、羊臭爲羴。段注羴下曰：「羊多則气羴，故从三羊。」是气羴者，羊多而氣盛也。羊多氣盛謂之羊臭，故知豕膏臭者，豕膏氣盛也。

臊，說文：「豕膏臭也。」按言臭者多爲氣盛，參見鱢下。

璪，說文：「玉飾。如水藻之文。虞書曰：璪火黺米。」按藻從喿聲，本取繁生密聚義，故引伸爲華藻繁藻之文采義，禮記玉藻注：雜采曰藻。正取繁多義。璪則自其文如水藻得名。

煩擾義引伸爲愁不安。懆、愁不安也。

慄，說文：「愁不安也。詩曰：念子慄慄。」朱駿聲謂慄字或作慅，引廣雅釋詁曰：慅、愁也。釋訓：慅慅、憂也。今按說文慄爲擾也，引伸爲憂愁之慄，正如說文騷爲擾也，引伸爲憂愁之慅也，煩擾與不安義相因，煩擾卽多義也。

澡字所從之聲疑爲翟之假借。喿、二部，翟、二部，疊韻。

澡，說文：「洒手也。」按澡從喿聲無所取義，且洒手字別有盥字，故疑澡爲濯之重文也。說文濯、瀚也。廣雅釋詁二：濯、洒也。與澡義近。濯從翟聲，凡翟聲之字多有上引光明之義（詳見前證），濯爲去垢，去垢有光潔之義，澡手亦有光潔義，故疑澡字本當作濯字也，古濯纓濯足同用濯字，非必如說文所分：濯但爲瀚衣、澡但爲洒手也。今凡洗濯字，如涑、澡、沐、浴、滌諸字與濯字韻類相近；如瀚、洗、沬（頮）、洒諸字與盥字韻類相近，就字形觀之：頮盥二字示義最明，就形聲字兼義之說觀之，則濯從翟聲有光潔義可說，今以澡字與盥頮字聲韻不近，故以爲乃翟聲之假借也。

剿字當爲夭之假借。喿、二部、夭、二部。疊韻。

剿，說文：「絕也。周書曰：天用剿絕其命。」桂馥曰：「周書曰：天用剿絕其命者，夏書甘誓文。彼作勦。傳云：勦，截也。截絕謂滅之。」又引漢書武帝紀：「賦命橾絕而不長」謂橾卽剿字。今按剿字義爲絕使不長，於喿聲無所取義，考夭字釋名曰：少壯而死曰夭，如取物中夭折也。又左昭四年傳注：短折爲夭。說文夭爲屈，屈曲爲物生未成之象，故引伸有夭折義。物中夭折、短折義並與截絕使不長相同，故以剿爲夭折字，廣雅釋言云：剿、夭也，是其證。

凡從相得聲之字多有大之義

相，說文：「省視也，从目从木。易曰：地可觀者莫可觀於木，詩曰：相鼠有皮。」按省字說文从眉省从屮。段注省篆下曰：「屮音徹，木初生也，財見也。从眉者，未形於目也。从屮者，察之於微也。凡省必於微，故引申爲減省字。」然自字形言之，相與省正相反，省者未形於目，相則已形於目；省者屮之初生，相者木之已成，故省爲察微，相則爲觀木度才也。觀木度材有大義。徐灝引戴侗說曰：「相、度才也。工師用木，必相視其長短曲直、陰陽剛柔之所宜也，相之取義始於此會意。」戴說是也。今考說文匠字曰木工也，匠相同音義近，自斧斤規榘言之故从匚从斤，相字則自度才言之，故從目從木，語根本一也。

箱，說文：「大車牝服也。」段注：「小雅傳曰：服、牝服也，箱，大車之箱也。按許與大鄭同。箱、卽謂大車之輿也。」又引考工記註：「牝服長八尺、謂較也。」

想，說文：「覬思也。」按想有遠義，桂馥說文義證引司馬遷曰：「讀其書想見其爲人。」後漢書王霸傳：「夢想賢士。」晉書謝安傳：「悠悠遐想。」皆有遠義，遠大義通。周禮眂祲：十曰想。司農注：輝光也。輝光亦有大義。

霜，說文：「喪也。成物者。」朱駿聲曰：「說文霜、喪也，成物者。按歲功以霜始，以霜成。釋名霜、喪也。其氣慘毒物皆喪也。白虎通災變：霜之爲言亡也，陽以散亡。」按成物有大義。白虎通以亡訓霜，說文釋名以喪訓霜，喪亦從亡聲也。今考亡聲之字：良爲善長，根爲高木，硠爲石聲、朗爲宣明、𥎊爲大矛、閬爲門高、浪爲流放，宗爲大梁、㿿爲大盤、㠩爲水廣、荒爲草淹、駹爲馬奔、㙱爲蔓延、長爲久遠、棖爲柱杖、張爲開張、帳爲張幬、倀爲猖狂、岡爲山脊、犅爲特牛、剛爲彊斷、綱爲大繩，並有大義，霜與亡語根同，故霜亦當有大義。俗云嚴霜，嚴與大義通。

邪紐

凡從象得聲之字多有大之義

象，說文：「長鼻牙，南越之大獸，三年一乳，象耳牙四足尾之形。」南山經注曰：「象，獸之最大者。長鼻，大者牙長一丈。」按象長丈三字疊韻而義並爲大。

像，說文：「放也。」按說文愓、放也。易聲象聲並有大義，放者大也。

潒，說文：「水潒瀁也。讀若蕩。」廣雅：「浩浩潒潒流也。」廣韻：「潒，水大之貌。」段氏謂潒瀁今字作蕩漾。按易聲象聲亲聲字並在十部，多有大義。說文蕩、湯、盪字各訓有專義，水之蕩漾字當作潒矣。

勨，說文：「繇緩也。」按繇緩者放縱之義也。錢坫以勨即今動蕩字，朱駿聲以爲即盪義，蕩盪從易聲皆有大義也。

永武謹案：凡朱駿聲說文通訓定聲壯部第十八所載諸聲，多含盛大之義，如易聲、羊聲、央聲、香聲、㿝聲，享聲、尙聲、襄聲、相聲、象聲、桑聲、爽聲、上聲、章聲、昌聲、㫐聲、長聲、丈聲、爿聲、倉聲、𦵯聲、畺聲、强聲、光聲、㞷聲、王聲、亢聲、亡聲、岡聲、匚聲、兄聲、永聲、囧聲、皿聲、彭聲、唐聲、鬻聲、京聲、誩聲、慶聲義多爲盛大也。

像，說文：「象也，讀若養。」段注象篆下曰：「韓非曰：人希見生象，而案其圖以想其生，故諸人之所以意想者，皆謂之象。似古有象無像，然像字未製以前，想像之義已起，故周易用象爲想像之義，如用易爲簡易變易之義，皆於聲得義，非於字形得義也，韓非說同俚語，而非本無其字依聲托事之恉。」今按段說是也，古代中土有象之時，想象之義已在焉，故知想象之語音非必起乎中土無象之後，可證韓非說之不可信也。夫文字初造，想像之字難作，遂假象音相音爲之，象相古音（同在十部。象邪紐，相心紐，古雙聲）每可互用（今象棋象相猶互用），後世又分形像圖像像似字，加人旁於象作像字；想像懷想字則加心於相下作想字。今相思猶作相，象形猶作象（說文像象也），是想像古但作相象之證也。相象二字古用作想象義時，既互用不分，今想像二字又連文而義相同。今不言像字爲想字之假值者，像從象聲，想從相聲，並因聲而得遠大義，不當分孰爲本字，孰爲假借也。

襐，說文：「飾也。」朱駿聲曰：「急就篇：襐飾刻畫無等雙。顏師古注：盛服飾也。漢書外戚傳：令孫建世子襐飾將醫往問疾。注：盛飾也。」盛飾與大義通。按說文妝、飾也。廣雅婁、飾也。廣雅裝、襐也。是妝襐裝語根本同，爿聲象聲字並有盛大義也。

饟字所從之聲當爲易之假借。象、十部，易、十部，疊韻。

饟，說文：「晝食也。饟或从𥆸。」段注：「晝食曰像。俗譌爲日西食曰像，見廣韻。今俗謂日西爲晌午，頃刻爲半晌，猶饟之遺語也。」桂馥引白虎通禮樂篇：「平旦食、少陽之始也。晝食、太陽之始也。晡食、少陰之始也。暮食、太陰之始也。」王筠曰：「吾鄉謂午飯曰饟飯，因謂正午爲正饟。」今按如上所徵引，餔與飧餔正以時異得名，而饟則取太陽之始，故當字從昜聲，說文像之重文作傷，從昜聲，徐灝曰：「昜疑易之或體。」今考丁佛言說文古籀補補所載諆田鼎，及容庚金文編所載令鼎、居敦，並作傷，是傷字所從之聲當爲昜假借之證也。（段氏謂晌午牛晌爲像之遺語者，非也。像當爲鄉之重文，說文鄉、不久也。像午者，不久之午也，故頃刻爲牛晌，今附識於此。）

初紐

凡從差得聲之字多有不齊之義

差，說文：「貳也。左不相值也。从左从𠂹。籀文差从二。」段注：「云左相值也者，左之而不相當則差矣。」謂籀文从二者，岐出乖異之意。朱駿聲曰：「詩燕燕：差池其羽。左襄廿二傳：而何敢差池。注：不齊一也。荀子正名：差差然而齊。注：不齊皃。」

縒，說文：「參縒也。」段注：「此曰參差，木部曰槮差，竹部曰篸差。又曰參差管樂，皆長短不齊皃也。皆雙聲字。集韻類篇皆引說文參縒也，謂絲亂皃。」

䶩，說文：「齒參差也。」桂馥說文義證：「參差當作槮縒。孔帖盧肇海潮賦：『忽𠜾礫而䶩齵』，䶩齵、齒露不齊狀。」

瘥，說文：「殘田也。詩曰：天方薦瘥。」按畸說文亦曰殘田也。與瘥訓同。荀子彊國篇：墨子有見於齊，無見於畸。齊畸對文而義相反，故楊注以畸爲不齊也。徐灝說文解字注箋：「田部當、田相值也。凡田殘則差而不相值，不相值者不相當也。故殘薉之田，从田，以差爲聲。」按不相當即不齊也。

瘥，說文：「瘉也。」段注：「凡等差字皆引伸於瘥。」徐灝則以爲瘥瘉義自等差引伸，其說文解字注箋云：「參差即不相值，故又引伸爲差失，病愈曰差，言病去體也。差跌、差跎又差失之引申。」

槎，說文：「衺斫也。春秋傳曰：山不槎。」段注：「李善注西京賦引賈逵解詁曰：槎、邪斫也。…按賈云衺斫者，於字從差得之。」

傞，說文：「醉舞皃。詩曰：屢舞傞傞。」徐鍇說文繫傳：「傞、猶參差也。」小雅賓之初筵：屢舞傞傞。傳曰：傞傞、不止也。按舞隨樂作，醉舞不止則不齊矣。

鬕，說文：「髮好也。」按說文鬈亦曰髮好，是髮以卷曲爲美好。卷曲柔美與不齊義近。

嵯，說文：「嵯峨、山皃。」廣雅：「嵯峨、高也。」按高山之皃槮差而不齊。

蒫，說文：「連車也，一曰卻車抵堂爲蒫，从車差省聲，讀若遲。」王筠說文句讀：「連車蓋猶言屬車，車相連屬有差等也。繫傳引左傳蒫車飽黠。案以差車爲官名，蓋職在差次眾車者也。」今按蒫車讀若遲，遲亦有參差不齊義。

𤇀，說文：「束炭也。从火差省聲，讀若䶩。」按束炭有槮差義。讀若䶩，䶩、齒參差也。黃先生研究說文條例曰：「凡說文讀若之字，必與本字同音，其義亦可通假。」（林師景伊整理黃先生說，列此爲第十二條。）本乎此，則𤇀當有參差義也。

𪓹字所從之聲當爲𪓹之假借。差、十七部、𪓹、十七部。疊韻。

𪍿，說文：「𥞥麥也。。一曰擣也。」按說文有糣字，碎也。碎米曰糣，碎麥曰𪍿。𪍿從差聲於𥞥麥無所取義，而糣從𢊁聲，𢊁從𤕊聲，凡從𢊁聲𤕊聲之字多有細小之義詳見後證，故知𥞥麥字當從𢊁聲也。

鮺字所從之聲當爲昔之假借。差、初紐，昔、心紐，古雙聲，差、十七部，昔、五部。黃先生歌戈與模爲次旁轉段玉裁謂魚歌合韻，見校箋注

鮺，說文：「臧魚也。南方謂之魿，北方謂之鮺。从魚差省聲。」朱駿聲曰：「字亦作鲊，以鹽米釀魚爲菹耐久。」釋名曰：「鲊、菹也，以鹽米釀魚以爲菹，孰而食之也。」今按說文菹、酢菜也。酢菜爲菹、藏魚爲鲊、乾肉曰昔、成醋曰酢並同義也。昔爲乾肉，引伸爲久遠，故酢所從之聲當爲昔之假借，取義於久遠醬從爿聲亦取義於時日久長，今作醋字當爲正篆也。由是以知臧魚耐久之鲊（鮺）、菹菜耐久之酢，亦當以昔聲爲正篆也。

𧪚爲狀聲之詞。

𧪚，說文：「嗞也。一曰痛惜。」朱駿聲曰：「爾雅釋詁：嗟、𨓆也。舊注：楚人發語端也。小爾雅廣言：嗟、發聲也。」詩商頌烈祖：嗟嗟烈祖。嗟卽𧪚字。釋名曰：嗟、佐也。言之不足以盡意，故發此聲以自佐也。按釋名以佐訓嗟，佐則有副貳不齊之義。

鹺字爲聲符後加字，以方語有殊，始加差聲以注音者。

鹺，說文：「鹹也。从鹵差省聲，河內謂之鹺，沛人言若虘。」章太炎氏文始曰：「鹵有澤瀉諸音，以齒音轉歌，則變易爲鹺。」按鹺本鹵字，以河內方語殊爲差音，故於鹵旁加差聲以注其音，亦猶北方讀雨爲禹，故於雨旁加禹聲以注其音，若斯之例，皆形聲字之變例，非可謂形聲字先有形符也。

凡從刅得聲之字多有傷險之義

刅，說文：「傷也。从刃从一，或从刀倉聲。」段注：「從刃從一，一者傷之象，刅之所入也。」

㭊，說文：「造法㭊業也，讀若創。」按字从井，故言法說文㭊下引易曰井治也，從刅聲者，取㭊造義。創造有始義漢書叙傳禮義是創，注：創造也，凡事始則難而險，如易屯卦爲草昧之始，卽以坎險象其上。屯卦彖曰：「屯、剛柔始交而難生，動乎險中，大亨貞。雷雨之動滿盈，天造草昧，宜建侯而不寧。」虞翻曰：「造、造生也。草、草創物也。」荀爽曰：「上有坎，是動乎險中也。」故知草創造生之始，多有險難之意，易於乾坤二卦之後，繼之以屯、蒙、需、訟、師、比六卦皆有坎象，自有深義寓其中矣。

梁字所從之聲當爲京之假借。刅、十部，京、十部，疊韻。

梁，說文：「水橋也。从木从水刅聲，𣲯古文。」按古文爲會意字，篆文从刅聲無所取義，當爲京聲之假借，京、高也，梁者取其高義也，故棟梁字亦用梁，詩小雅甫田四章曰：曾孫之稼，如茨如梁；曾孫之庾，如坻如京。梁京對文叶韻，而皆取高義鄭箋梁車梁也京高丘也。且說文梁訓水橋，橋又訓水梁，橋从喬聲取高義喬从夭从高省梁亦當从京聲取高義也京亦从高省。

粱字所從之聲當爲香爲之假借。粱，十部，香，十部，疊韻。

粱，說文：「禾米也，从米梁省聲。」桂馥引物理論：黍稗曰粱。又初學記：粱者黍稷之總名。今考說文香、芳也。从黍从

廿。引春秋傳曰：黍稷馨香。是香字之形藉粱禾以見義，而粱字之音則以香爲語根也。言粱以香爲語根得義，而不言香以粱爲語根得義者，蓋字形之始多以實物表虛形，語義之始則多以形況喻實物也。如說文皀讀若香，爲穀之馨香也。字形則象黍稷，語根則本乎香，溯夫倉史未造之先，香皀粱音義本同，而香爲形況之詞故是語根（皀在語言與香無別造字後義始專屬），抑有可證之者：如凡從刀聲之字，義多不爲刀，而爲小（見前彙例），刀或自小取義，小必不自刀取義；又如凡從燕聲之字，義多不爲燕，而爲白（見前彙例），燕或自白取義，白必不自燕取義。推而言之，如前彙例所載諸聲母爲名詞者，若從蜀聲、瑟聲、爲聲、金聲、邑聲、豆聲、兒聲、眉聲、而聲、圭聲、瓜聲、蘷聲、心聲、兎聲、民聲、蚤聲、屋聲、兄聲、農聲、妻聲、鼠聲、方聲、鳥聲、林聲、尨聲、龍聲、雲聲、泉聲、皮聲、竹聲、毛聲、盜聲諸字，多不取名詞義，而取形況之義（均見前彙例），如前刀字燕字之例，語言之始，諸名詞多自形況義得名也，逮倉史既作， 形況字之字形反有後於名詞字者，如亭之語根或取自停歇（釋名亭停也），停歇之義必不取自亭，亭本後有甚明；然文字則停歇字反從亭聲，停字較亭字後起甚明，考其故，語言之始，形況之義易喻；文字之始，事物之形易象故也。緣乎此，知香當爲粱之語根，粱自香而得名也。

凡從畟得聲之字多有細之義

畟，說文：「治稼畟畟進也。从田儿，从夊，詩曰：畟畟良耜。」段注：「釋訓曰：畟畟、耜也。周頌毛傳曰：畟畟猶測測也。……周禮薙氏注曰：耜之者，以耜測凍土剗之。」按周頌良耜正義曰：「以畟畟文連良耜，則是刃利之狀，故猶測測以爲利之意也。」刃利有細義，故以測剗言之，玉篇剗、削也。剗從戔聲、削從肖聲，並有細小之義。

稷，說文：「細理木也。」桂馥引西山經郭注：「稷似松有刺，細理。」

稷，說文：「齋也，五穀之長。」今按稷稷穖皆於細小得名，稷爲細理而稷爲穀屬，正如㣎爲細文而穆爲禾屬，蔑爲微眇而穖爲禾屬也。

牀紐

凡從乍得聲之字多有逼迫之義

乍，說文：「止亡詞也。从亡一。有所礙也。」段注：「乍與毋同意，毋者有人姦女而一止之，其言曰毋。乍者有人逃亡而一止之，其言曰乍，皆咄咄逼人之語也。」

笮，說文：「迫也。在瓦之下，棼之上。」釋名釋宮室：笮、迮、也。編竹相聯迫迮也。釋兵：受矢之器織竹曰笮，相迫笮之名也。段注曰：「說文無窄字，笮窄古今字也，屋窄者本義，引伸爲逼窄字。」

逼迫引伸有起作義。迮、作、秨、筰並有起作義。

迮，說文：「迮迮起也。」段注：「此與人部作音義同。公羊傳：今若是迮而與季子國。何云：迮、起也，倉卒意。按孟子乍見孺子將入於井，乍者倉卒意，即迮之叚借也。引伸爲迫迮，即今之窄字也。」按玉篇迮、起也。又迫迮也。是迫迮與起作爲一義之引伸。

作，說文：「起也。」爾雅釋言、穀梁傳曰：作、爲也。

秨，說文：「禾搖皃。讀若昨。」吳麦雲小學說：「措秨皆取起立意。」

筰，說文：「筊也。」釋名：「引舟者曰筰。筰、作也。作、起也。起舟使動行也。」

作爲引伸有詐僞義。詐、欺也。

詐，說文：「欺也。」爾雅釋詁：「詐、僞也。」按乍之引伸爲作義詐義，猶爲之引伸爲僞義譌義。

詐僞引伸有慚愧義，怍、詐並有慚愧義。

怍，說文：「慙也。」按說文慙、媿也。

詐，說文：「慙語也。」段注：「與心部怍音同義近。」

酢字昨字所從之聲當爲昔之假借。乍、五部，昔、五部，疊韻。乍、牀紐，昔、心紐，古雙聲。

酢，說文：「醶也。」醶、酢漿也。段注：「今俗皆用醋，以此爲酬酢字。」按酢字之義：爲酒醋，爲酬酢，爲酢祭。說文所訓爲酒醋也。酢漿歷久始成，故字當從昔聲作醋，昔爲乾肉引伸爲久遠，而凡從昔得聲之字多有久義（見前彙例），醋之取久義，正如醬從爿聲取義於日時久長也。段注：「凡久謂之昔，周禮昔酒。鄭云：今之酋久白酒。」昔酒之說，可爲旁證。

昨，說文：「絫日也。」段注：「絫部云厽者增也。絫日謂重絫其日也。」又於昔篆下注曰：「鄭注腊人云：腊之言夕也。……昔肉必經一夕，故古叚昔爲夕。穀梁經辛卯昔恆星不見、左傳爲一昔之期、列子昔昔夢爲君皆是。又引伸之則叚借爲昨，又引伸之則以今昔爲今古矣。」按昨從乍聲無所取義，當從昔聲，取腊肉至少須經一夕義。

阼字、胙字由酢祭、酬酢而得名。

阼，說文：「主階也。」桂馥引書顧命正義云：「阼階者，東階也。謂之阼者，鄭玄冠禮注云：阼猶酢也。東階所以荅酢賓客，是其義也。」段注云：「古者天子踐阼臨祭祀，故國運曰阼。」是阼字自酢祭酬酢得名也。

胙，說文：「祭福肉也。」左傳襄十四傳世胙太師注：報也。爾雅釋詁：酢、報也。胙酢義同。故周禮膳夫親徹胙俎疏：胙、酢也。是胙本自酢祭酬酢得義也。永武謹案：今謂阼胙字自酢祭義引伸者，顧命秉璋以酢之酢，孔氏傳謂報祭曰酢也。魯師曰：「凡酢祭之酢（尚書顧命）、迫措之笮（漢書王莽傳）、起生之作（尚書盤庚作福作災）、製作搬作之作、營作之作（詩小雅十月之交作都于向）、乍方之乍，甲骨並作乍字。如甲子卜穷貞乍㞢于妣甲正（乙編七三一〇），是酢祭之酢也。丁卯卜乍六于沘（乙編五〇六一），是迫笮之笮也。癸卯卜穷貞邑方出，佳乍㞢咎（續存下二八五），是作災之作也。貞日于祖乙其乍豊（粹編二三六），是製作之作也。甲午貞其令多尹乍王寢（續編六、一七、一），是營作之作也。囗東平衔（前編六、廿三、廿一），是乍方之乍也。」如魯師所示，於形聲字之聲符爲先有、形符爲後加之理，粲然默寓其中矣。故知酢之有祭義者，原夫乍本有祭名之義，顧命秉璋以酢，乃乍之孳乳，又自祭義之乍孳乳爲胙階胙肉字。說文訓酢爲醶者，是以醋字借乍聲爲之，遂使今酢字兼有酢祭酢醋二義。

凡從臬得聲之字多有高之義

巢，說文：「鳥在木上曰巢，在穴曰窠，从木象形。」小爾雅廣詁：巢、高也。

樔，說文：「澤中守艸樓。」徐鍇曰：「謂其高若鳥巢也。今田中守稻屋猶然。」段注曰：「形聲包會意也，從巢者，謂高如巢。」

轈，說文：「兵車高如巢以望敵也。春秋傳曰：楚子乘轈車。」

藻字所從之聲當爲喿之假借。藻爲藻之重文。巢、二部；喿、二部，疊韻。巢、牀紐，喿、心紐，黃先生古聲十九紐莊系古歸精系，是古雙聲也。

藻，說文：「水艸也，從艸從水巢聲。詩曰：于以采藻。藻或从澡。」今按藻從巢聲於水艸無所取義，重文作藻，當以藻爲正篆，藻从喿聲，凡從喿聲之字多有眾盛之義（詳見前證），藻當自眾盛得義也。說文引詩乃召南采蘋文，彼作藻。傳云：藻、聚藻也。司馬貞曰：左傳云：蘋蘩蘊藻。蘊卽聚也。皆其證。藻既自眾盛得名，故引伸爲華藻文藻字

勦字當爲勞之假借。巢、二部，勞、二部，疊韻。

勦，說文：「勞也。春秋傳曰：安用勦民。」桂馥說文義證：「昭九年左傳：焉用速成其以勦民也。宣十二年左傳：無及於鄛而勦民，焉用之。杜注並云：勦，勞也。」今按勦從巢聲無所取義，而勞爲「焱火燒冂，用力者勞」，勦當爲勞之重文。

摷字所從之聲當爲票之假借。巢、二部，票、二部，疊韻。

摷，說文：「拘擊也。」廣雅釋詁一摷、取也。又動也。又擊也。通俗文：「浮取曰摷，沈取曰撈，」今按說文訓摷爲拘擊者：拘、取也。擊當是水中擊絮之擊，拘擊卽浮取義也。然摷从巢聲於拘擊浮取無所取義，說文有漂字訓浮也，水中擊絮曰漂漱（朱駿聲說），說文又有摽字，訓擊也。疑水中擊絮之漂當從手作摽（漂摽初文本同），凡从票得聲之字多有上飛義（見前彙例），上飛與浮取拘擊義相近，故知浮取拘擊義，本當從票聲作摽字也。

疏紐

凡從刪得聲之字多有尖刺之義

刪，說文：「剟也。從刀冊，冊、書也。」漢書丙吉傳注：刪、削也。廣雅釋詁三：剟、削也。按削說文一曰析也，削屬小聲有小義尖義。史記張耳陳餘傳：吏治榜笞數千刺剟。注：剟亦刺也。刪訓剟也，是刪可有尖刺義也。

篇，說文：「竹器也。」按廣雅箱謂之篇。玉篇箱、飯帚也。廣韻箱、飯帚。竹製刷鍋帚纖細而有尖刺。自文字言之，篇謂之箱，刪謂之削，箱削並從肖聲，肖聲字多有本大末小之義（參見王引之經義述聞卷廿八），是篇有尖刺義也。

姍，說文：「誹也。从女刪省聲，一曰翼便也。」今按說文譏、誹也。與姍訓正同。桂馥說文義證於譏下曰：「班固典引：司馬著書，微文刺譏，貶損當世。」刺譏連文義近。姍譏音近義同（姍十四部譏十五部），是姍亦有刺義。

悊，說文：「疾利口也。从心从冊。詩曰相時悊民。」今依段注及朱駿聲說悊當爲刪省聲，系屬於此。疾利口有尖酸刺譏之義。徐灝以疾爲嫉較段氏以疾爲憎惡爲勝。承培元以疾爲巧疌，巧疌之利口與尖刺義亦近。

狦字所從之聲當爲建之假借。刪、十四部，建、十四部，疊韻。

狦，說文：「惡健犬也。從犬刪省聲。」按說文以健訓狦爲義界。人之健曰健曰伉；犬之健曰狦曰犺，狦從刪省聲，於惡健無所取義，刪聲建聲爲疊韻，凡從建聲之字多有强而立之義詳見前證，是狦當從以爲聲也。

珊字爲翻譯外國語而得名，但擬其音而已。

珊，說文：「珊瑚、色赤生於海，或生於山，從玉刪省聲。」章太炎氏小學答問刪劉也條下曰：「案珊瑚蓋非此土舊話，一切經音義謂珊瑚𠕇語偁鉢䍁娑禍䍁娑禍，蘇胡珊瑚一聲之轉。猶璧琉離本異或語，而此土爲造琉字也。」按凡由外國語譯音而造之字，如珊琉之例，皆非形聲字之正例。

凡從嗇得聲之字多有藏積之義

嗇，說文：「愛濇也。从來亩，來者亩而臧之。故田夫謂之嗇夫。一曰棘省聲，古文嗇从田。」徐灝說文解字注箋：「方言廣雅並云嗇積也。蓋嗇之本義爲收穫……收穫卽歛而藏之，故引申爲愛嗇之偁。因之又謂吝惜爲嗇。」今按易說卦坤爲吝嗇，然坤卦本有藏積之德，是吝嗇爲藏積義之引伸也。

穡，說文：「穀可收曰穡。」桂馥引物理論曰：「收歛曰穡，穡猶收也。」又引皇侃論語義疏：「穡、吝嗇也。言穀熱而收歛之，如慳貪吝嗇之人聚物也。」按穡爲嗇之繁文。

轖，說文：「車箱交革也。」段注：「箱本謂大車之輿，引申之，而凡車之輿皆得名箱，此箱不謂大車也。交革者交猶遮也。謂以去毛獸皮鞔其外。」按車箱有任載之用，交革以遮蔽之，正藏積之義也。

藏積義引申有鬱結義。故㱔爲悲意。

㱔，說文：「悲意。」按段注轖篆下曰：「轖之言嗇也，引申之爲結塞之偁。」是藏積義可引申爲鬱結義也。書五子之歌：鬱陶乎予心。釋文：憂思也。孔傳：言哀思也。離騷曾歔欷余鬱邑兮注：鬱悒、憂也。文選報任少卿書注：鬱悒、不通也。是鬱結卽悲意也。枚乘七發：「邪氣襲逆，中若結轖，紛屯澹淡，嘘唏煩醒。」與離騷曾歔唏余鬱邑兮義正同。知此轖字乃㱔之假借字也。

藏積吝嗇義引申有不滑義。故濇爲不滑。

濇，說文：「不滑也。」按說文嗇下曰愛濇也。愛卽吝嗇，濇爲不滑，愛濇連文，是義可通也。段氏於嗇下注曰：「嗇者多入而少出，如田夫之務蓋藏。」多入少出義與不滑近。

幫紐

凡從巴得聲之字多有大之義

巴，說文：「蟲也。或曰食象它，象形。」吳都賦：屠巴蛇出象骼。五臣云：巴蛇、大蛇也。

豝，說文：「牝豕也，一曰二歲豕，能相杷者也。詩曰：一發五豝。」按牝豕特大。一曰二歲豕者，豵爲生三月豕，腹奚奚而大，縱爲生六月豕，尙叢聚也，並以多大爲訓，豕生二歲爲豝則其大可知，豕三歲爲特大司馬鄭司農注，則爲尤大也。又按詩毛傳曰：「五豝，喻賢才多也。」豝必爲大豕，故可喻賢才。

皅，說文：「艸華之白也。」段注：「靈樞經曰：紛紛皅皅，終而復始。紛紛皅皅、蓋言多也。」多與大義通。

葩，說文：「華也。」段注：「艸木花最麗，故凡物盛麗皆曰華。」朱駿聲曰：「謂華之麗采美盛。聲類：葩、取其盛皃也。」盛麗與大義通。

鈀，說文：「兵車也。一曰鐵也。司馬法：晨夜內鈀車。」朱駿聲曰：「按兵車或施鐵固之，取其堅緻。」堅强與大義通。今考說文軍字从車曰兵車也，軍聲字如暉鶤煇暈揮翬並有大義參見王念孫釋大，可爲旁證。

杷，說文：「收麥器。」徐鍇說文繫傳：「按杷者所以聚也。」聚與大義通。又考釋名：「杷，播也。」尙書播時百穀傳：播、布也。左昭四傳播於諸侯注：揚也。杷播布揚並有大義也。

把，說文：「握也。」高翔麟說文字通曰：「通弝。曲禮：左手承弣。疏：弣、把中也。釋文音覇，手執處也。」按弓弣曰把，與斧柯曰柄，鋤柄曰橿同義。柄從丙聲有大義，橿從畺聲有大義，故知把從巴聲亦有大義也。今謂獨覇爲把持，實權爲權柄，是把柄並有大義也。

靶，說文：「轡革也。」按馬紲曰韁，牛紲曰絼，與轡革曰靶同義。韁從畺聲有大義，絼從多聲亦有大義，故知靶從巴聲亦取大義也。轡革粗堅而長，故或從巴聲，或從畺聲，或從多聲也。

𢀳字當爲狀聲詞。

𢀳，說文：「㧖擊也。从巴帚闕。」桂馥段玉裁與朱駿聲並謂當從巴聲，今依之。按段注曰：「今之琵琶，古當作㧖𢀳。」釋名釋樂器：「推手前曰枇，引手却曰杷。」依釋名所釋，琵琶二字縱爲胡語所翻譯，亦當爲以聲命名字，如笛象笛聲、鐃象鐃聲之比也並見釋名。但象其聲，故琵琶字或從珡，或從木，或從手帚也。錢坫說文解字斠詮曰：「今人擊嘴曰𢀳掌，此字也。」按𢀳掌字亦象其聲巴巴也。

凡從丙得聲之字多有大之義

丙，說文：「位南方。萬物成炳然。侌氣初起，昜氣將虧。从一入冂，一者昜也。丙承乙象人肩。」段注：「鄭注月令：丙之言炳也。萬物皆炳然著見而强大。」今按侌氣初起、昜氣初虧，是昜盛極之時，昜爲大，盛極則尤大。

炳，說文：「明也。」段注：「大人虎變，其文炳也。」今按鄭注月令以炳然形容著見而强大，是明與大義可通。又如書堯典傳：暘、明也。說文爽、明也。廣雅釋詁四：彰、明也。暘爽彰與炳疊韻古音十部，並有大義。

怲，說文：「憂也。詩曰：憂心怲怲。」段注：「毛傳曰：怲怲、憂盛滿也。怲怲與彭彭音義同，故云憂盛滿。」盛滿卽大也。

病，說文：「疾加也。」王筠說文句讀：「既夕記鄭注：疾甚曰病。論語鄭注：病謂疾益困也。」今按疾加、疾益困、疾甚皆與大義通。

鮩，說文：「蚌也。」今按蚌從丰聲，凡從丰得聲之字多有大義（見前彙例）。又如說文蠇、蚌屬。凡從萬得聲之字多有大義（詳見後證），**故知鮩爲蚌亦有大義。**

㪅，說文：「改也。」朱駿聲曰：「獨斷旣曰：更者長也。又云：更相代至五能以善道改更已也。亦胸無定解。」今按朱說失檢，獨斷所說未誤也。更有改義，亦有長義，長則更改，義本相因。如易爲變易，又有不易義（鄭玄謂易有三），庚爲更事（說文庚下），又有續義（小雅毛傳）。更旣有長義，長與大義通。

寎、說文：「臥驚病也。」按病爲疾加，驚爲馬駭，並與大義近。

埂，說文：「秦謂阬爲埂。」按阬埂古同音（並在見紐十部），从土與从𨸏同義，故知埂坑爲重文也。說文阬、閬也。阬從亢聲，凡從亢聲之字多有大義（見前彙例），阬閬有大義，故埂亦有大義也。

柄，說文：「柯也，柄或從秉。」段注：「柄之本義專謂斧柯，引伸爲凡柄之偁。……古又以秉爲柄，如左傳國子實執齊秉。」按把柄皆有大義，故國政大權亦謂之柄。（參見麼下）

綆，說文：「汲井綆也。」按汲繩曰綆、斧柯曰柄、弣把曰把（曲禮疏）、轡革曰靶、鋤柄曰櫌（釋名）、馬紲曰繮、牛⿰糸樂曰移，皆爲操持之物，而字從丙聲、巴聲、畺聲、多聲者並有大義。綆柄字以粗長有力故從丙聲也。

柄爲柯莖，段玉裁謂柯莖骾刺爲一義之引伸，梗、哽、鯁、綆並有骾刺之義。

梗，說文：「山枌榆。有朿。莢可爲蕪荑也。」段注：「有朿，故名梗榆，卽齊民要術所謂刺榆者也。方言：凡草木刺人，自關而東或謂之梗。」又曰：「按梗引伸爲凡柯莖骾刺之偁。」按文選祭古冢文注：南人以物觸物爲根也，根梗古音同在十部，其義亦同。

哽，說文：「語爲舌所介礙也。讀若井汲綆。」介礙與骾同義。

骾，說文：「食骨留咽中也。」段注引韋昭晉語注：「骨所以鯁刺人也。忠言逆耳如食骨在喉，故云骨骾之臣。」

鯁，說文：「魚骨也。」按魚骨易骾刺人，故從更聲。

凡從畢得聲之字多有止之義

畢，說文：「田网也。从田从𠦒，象形，或曰田聲。」桂馥說文義證：「玉篇畢、弋也。掩兎也。釋天濁謂之畢。郭云掩兎之畢或呼爲濁，因星形以名。史記律書濁者觸也，言萬物皆觸死也。詩盧令序：齊侯好田獵畢弋。箋云：畢、噣也。」今按釋天以濁訓畢、鄭箋以噣訓畢，凡蜀聲之字皆有觸止義（見黃春谷夢陔堂文集與劉孟瞻書），郭璞遊仙詩：「退則觸藩羝」是觸有止義也。

趩，說文：「止行也。一曰竈上祭名。」廣雅：趩、止也。漢書韓安國傳、司馬相如傳顏注皆曰：趩、止行人也。

⿰畢攵，說文：「⿰畢攵盡也。」段注：「事畢之字，當作此，畢行而⿰畢攵廢矣。」廣雅：畢、竟也。月令句者畢出，萌者盡達。畢與盡對文同義。

箄，說文：「藩落也。」段注：「藩落猶俗云籬落也，箄之言蔽也。桂馥曰：「本書藩、屏也。杝、落也。漢書鼂錯傳：爲中周虎落。顏注：以竹篾相連遮落之也。廣雅：箄、籬也。」按藩落屏籬並有止義，易大壯九三羝羊觸藩。周禮司險國有故則藩塞阻路而止行者。是藩有止義之證。

痺，說文：「足气不至也。」桂馥引易通卦驗：人足太陽脈虛，多病血痺。注云：痺者氣不達爲病。按不至不達並止義也。

熚，說文：「熚䨻火皃。」王筠說文句讀引集韻：「熚䨻、火不時出而滅，一曰鬼火。」按滅與止同義。

彈，說文：「躲也。楚詞曰：弓焉彈日。」段注：「射者弓弩發於身而中於遠也。亦謂之彈。」按止本爲足趾，兼行與止二義，凡言止，行義亦在其中。段氏所謂發於身者行也，所謂中於遠者卽止也。王筠說文句讀：「郭注山海經引歸藏：羿善射，畢十日，果畢之。畢者彈之省。」是彈有盡射之義，盡射有止義。

繹，說文：「止也。」段注：「謂以組約其中央爲執之，以備失隊。」又曰：「用組約圭中央，皆所以止者。」

醳，說文：「擣榆醬也。」按玉篇醢下曰：「飲酒俱盡，亦作醳。」飲酒俱盡當爲醳之本義。

韠，說文：「韍也。所以蔽前者，以韋，下廣二尺，上廣一尺，其頸五寸。一命縕韠，再命赤韠。」玉藻注：韠之言蔽也。

今按蔽與止義相通。如畢所以掩兎，月令羅網畢翳。掩翳皆蔽義也，故段注謂畢之言蔽也。又如箄爲藩落也，藩當屏說文爲蔽蒼頡篇，落爲遮絡漢書鼂錯傳顏注，故段注曰箄之言蔽也。是止與蔽義相因也。

滂紐

凡從甹得聲之字多有達遠之義

甹，說文：「亟詞也。从丂从由。或曰甹、俠也。三輔謂輕財者爲甹。」今按亟、敏疾也。敏疾有達遠之義。甹字从由，段氏補由爲䌛之重文，䌛、隨行也。傅雲龍古語考補正引爾雅釋訓：甹、曳也。曳者牽引也。牽引與隨從並有達遠之義。

俜、說文：「俠也。」朱駿聲引韓詩：「使不俠四方。」毛作挾。傳：挾、達也。漢書季布傳任俠注：俠之言挾也。挾有達義，俠亦有達義也，俠四方者正是達遠之義。史記游俠傳所謂言必信、行必果、已諾必誠，不愛其軀，赴士之阸困、千里誦義者，皆達遠之義。

㰔，說文：「使也。」按使令有達遠義。段注使篆下曰：「左傳吏走問諸朝，本作使走問諸朝。古注：使、速疾之意也。」速疾走問正達遠之義也。

聘，說文：「訪也。」書洪範王訪于箕子。傳云：就而問之。按就而訪問有達遠義。詩小雅采薇：「我戍未定，靡使歸聘。」聘爲達遠之義甚明。

娉，說文：「問也」段注：「凡娉女及聘問之禮古皆用此字。」周禮大行人：「凡諸侯之邦交：歲相問也。殷相娉也。世相朝也。」按相問相娉相朝並有達遠之義。

䛴、說文：「聲也。讀若馨。」按聲从耳，蓋自耳聞言之。䛴從只，蓋自口發言之。並謂聲音也。䛴讀若馨，馨爲旁香遠聞，聲與馨並從殸聲，皆有達遠之義。

騁，說文：「直馳也。」詩節南山：我瞻四方，蹙蹙靡所騁。傳：騁、極也。察詩意則騁自有達遠之義。直馳又兼有速疾義，粤語亦兼有速疾義，速疾與達遠義相因也。

並紐

凡從孛得聲之字多有盛而亂之義

孛，說文：「寋也，从𣎵，人色也，从子，論語曰：色孛如也。」段玉裁注曰：「穀梁曰：孛之為言猶茀也。茀者多艸，凡物盛則易亂，故星孛為寋孛引伸之義。」朱駿聲曰：「漢書五行志：孛者惡氣之所生也。謂之孛者，言其孛孛有所妨蔽闇亂不明之皃也。」

誖，說文：「亂也。誖或从心，𤊾籀文誖从二或。」段注：「兩國相違，舉戈相向，亂之意也。」按兩國相違，亂之盛者也。廣雅釋詁一：悖、强也。淮南說山：行者為之悖戾。注：矗惡也。強盛矗惡與亂義引伸可通。

勃，說文：「排也。」方言：舒勃展也。徐鍇曰：「勃然興起有所排擠也。」按舒展興起有盛義，排擠者盛而亂之義。長笛賦：氣噴勃以布獲兮。注：盛皃。廣雅釋訓：勃勃、盛也。又莊子外物：婦姑勃谿。司馬注：反戾也。釋文：爭也。合觀諸訓，是孛有盛而亂義。

灪，說文：「炊釜灪溢也。」段注：「今江蘇俗謂火盛水灪溢出為鋪出，灪之轉語也。」按火盛水鋪，正盛而亂之義。

觱，說文：「羌人所吹角。屠觱，以驚馬也。從角𤊾聲。𤊾，古文誖字。」王筠說文句讀：「屠𤊾者、蓋吹角之聲也。今按𤊾為二國相違，舉戈相向詩下段注，其時羌人吹觱以驚中國之馬，馬驚則散亂，與誖為辭氣散亂徐鍇說義象正同。

𤏶，說文：「煇𤏶也。从火𤊾聲，𤊾、籀文悖字。」段注：「玉篇云：火盛皃。廣韻云：鬼火。」集韻則曰：「煇𤏶，火不時出而滅，一日鬼火，一曰火盛皃。」今按煇從畢聲有止義見前證，𤏶屬孛聲有盛而亂義，合煇𤊾二字，故曰火不時出滅也。鬼火散亂而盛，忽熾忽滅，故煇𤏶為鬼火也。

凡從𤰈得聲之字多有具備之義

𤰈，說文：「具也。」朱駿聲曰：「論語：無求備於一人。以備為之。」朱氏意謂求備字當作𤰈，𤰈者具備也。段注曰：「防備字當作備，全具字當作𤰈，義同而略有區別。」

備，說文：「愼也。」大戴禮記小辨曰：「事戒不虞曰知備。」是備者戒者也。段注曰：「方言曰：備、咸也。此具備之義也。又曰藏敕戒備也。此愼之義也。」

糒，說文：「乾飯也。」周禮廩人注：「行道曰糧、謂糒也。是糒者取義於儲備也。儲備戒備並與具備義通。說文又有餱字，乾食也。凡從侯聲之字多有防護不虞之意已見前證，餱糒義同，並取儲備義也。

具備引伸有極義，故憊、㦒也，疲極也。

犕，說文：「憝也。犕或从疒。」廣雅：「憝、犕、極也。」通俗文：「疲極曰憊。」今按疲字卽犕字重文痡之假借，疲爲力極，漢書樊噲傳：「又何憊也。」注：「力極也。」疲憊字或假罷爲之，疲罷與犕並雙聲。犕從𤰈聲有所取義，故知犕爲正字也。

犕當爲鞁之假借。𤰈，並紐；皮，奉紐，古無輕脣音（錢大昕說），黃先生古聲十九紐，奉歸於並，古雙聲也。

犕，說文：「易曰犕牛乘馬。」初學記引字林：「犕、牛具齒也。」段注曰：「此葢與革部之鞁同義，鞍、車駕具也。故玉篇云：犕、服也，以鞍裝馬也。」今按段說是也。从牛與从革義近，𤰈聲於裝服義不近，故知爲皮聲之假借也。凡從皮得聲之字多有加被義（見前彙例），如髲被帔𩊖彼鞁均有加被義（沈兼士說），犕爲駕具，當從加被得義也。今本易繫辭犕作服者，服犕疊韻（同在一部），古又雙聲，而衣服、佩服之服皆取佩義（佩亦在一部，並紐），佩亦爲加被義，故知犕鞁佩服語根本同，而字則以鞁佩爲本字，犕服爲假借字。其中犕與鞁爲造字時聲母假借，犕與服則爲經典中同音之通假。

明紐

凡從𣏟得聲之字多有細小之義

𣏟，說文：「與𣏟，人所治在屋下，从广从𣏟。」按說文𣏟之爲言微也，微纖爲功。春秋說題辭：𣏟之言微也。陰類寢密，女作纖微也。按𣏟生小本而密株，故俗言密密𣏟𣏟。既收而後，漚以取皮、績以成縷，並有細小義。

糜，說文：「糝也。」按糝爲糂之重文，糂、說文：「以米和羹也，一曰粒也」。粒有細小義。段注曰：「以米和羹謂之糝，專用米粒爲之謂之糝糜。……釋名曰：糜、煮米使糜爛也。……引伸爲糜爛字。」按糜爛與細小義相近。

靡，說文：「爤也。」朱駿聲引漢書楊雄傳注：「靡、屑也」按糜爤與細屑義本可通。

𥝩，說文：「穄也。」今按祭聲之字，如詧爲言微，察爲細視，際爲壁會，𢄼爲殘帛，多有細微之義，故知穄穀自細小取義也。又如叟聲之字，稷爲細理，叟爲刃利，故知稷穀自細小取義也。又如蔑聲之字，礣爲面小，瀎爲米粉，鑖爲小鋌，㒩爲小石，故知穖穀自細小取義也。又如㬿爲細文，故知穆穀自細小取義也。今考𣏟聲之字多有細小之義，故知𥝩亦自細小取義也。

𡋯，說文：「柀靡也。」段注：「柀靡、分散下垂之皃。易中孚九二曰：吾與爾靡之。孟王皆曰散也。凡物分散則微細，引申之謂精細可喜曰靡麗。」沈濤說文古本考：「案文選吳都賦注引靡、碎也。蓋古本之一解。」按散碎皆細小義。

䃺，說文：「石磑也。」段注：」䃺、今字省作磨。引伸之義爲研磨。」研磨以碎物，有細小義。

䊳，說文：「碎也。」：「石部云：碎、䊳也。二字互訓。…凡言粉碎之義當作䊳。」桂馥引通俗文：「碎糠曰䊳。」碎卽細小義。

摩，說文：「揅也。」桂馥說文義證：「一切經音義十：爾雅石謂之摩。郭璞曰：玉石被摩，猶人自修飾也。」段注曰：「摩揅之功精於䃺研。」是摩揅有細審精微之義。

髍、說文：「瘍病也。」段注：「漢書叙傳曰：又況幺廦不及數子。鄭氏曰：廦音麼、小也。晉灼曰：此骨偏廦之廦也。按二說皆是。…偏廦是不全之病，不全則不大，故引伸爲不長曰幺、細小曰麼之義。」按瘍者半枯之病，半枯則骨肉細小萎縮。髍通作麼，說文新附有麼字，細也。通俗文細小曰麼。

犘字所從之聲當爲多之假借。犘之重文作㸧。麻、十七部，多、十七部，叠韻。

犘，說文：「牛轡也。犘或从多。」今按操持之物，如柄爲斧柯，綆爲汲繩，丙聲字多有長大義參見前證；又如弝爲弝把，靶爲轡革，巴聲字亦多有大義參見前證，又如欋爲鋤柄釋名，繮爲馬紲，畺聲字亦多有大義見前彙例，由是知牛轡字必大義，犘從麻聲無大義，而重文作㸧從多聲，多聲字多有大義見前彙例，故知㸧當爲牛轡之正篆。

凡從丏得聲之字多有不見之義

丏，說文：「不見也。象壅蔽之形。」

宵，說文：「冥合也。讀若周書若藥不眄眩。」桂馥說文義證：「本書𥃩下云宀宀不見也。𡨦下云寡𡨦不見也。馥謂並當作宵宵。」

眄，說文：「目偏合也。一曰衺視也，秦語。」桂馥曰：「目偏合也者，一目病也。釋名：瞽、鼓也。瞑瞑然目平合如鼓皮也。馥謂此即目合也。廣韻：瞎、一目盲。漢書杜周傳：欽小好經書而目偏盲。顏注：偏盲者，患一目也。」視此則段氏改偏合爲徧合者，非也。偏从扁聲有偏頗義，故眄一曰衺視也。扁聲丏聲叠韻並在十二部古又雙聲扁在非紐古歸重脣，聲同則義可通，故眄字兼偏畸不見二義，偏畸引伸而爲衺視。

殯，說文：「死在棺，將遷葬柩，賓遇之。從歺從賓，賓亦聲按賓從宵聲夏后殯於阼階，殷人殯於兩楹之間，周殯於賓階。」章太炎文始曰：「丏又孳乳爲殯，說文釋名皆以賓訓殯，尋周人殯于西階之上賓之也。夏后氏殯于阼，殷人殯于兩楹之間，不得云賓之。殯者掘坎爲肂，壅蔽棺匛，是取聲義于丏也。」按章說是也，殯蓋自不見取義。

覫，說文：「覫覫、暫見也。桂馥氏於覫、暫見也下曰：「一切經音義卷六電、關中名覫電。馥謂電、暫見者也。釋名：電、殄也。乍見則殄滅也。」是暫見之義爲猝乍而見、猝乍而滅，與不見義近。

䰨，說文：「鬼皃。」段注：「此蓋與覫覫之義相近。」按鬼非常見之物，與不見義近。

不見義引伸有末義小義，故麪爲麥末，鬢爲髮穎。

麪，說文：「麥屑末也。」段注：「末者，屑之尤細者。」今按丏爲不見而引伸爲麪之細末義者，正如蔑爲勞目無精而引伸爲穖之細末義也。推而言之，如末爲細小，而眛爲目不明；毛爲細小，而眊爲目少精；米爲細小，而眯爲物入目使不見，不見與末小義固通也。

鬢，說文：「頰髮也。」段注：「晉語：美鬢長大則賢。韋昭曰：鬢、髮穎也。」又曰：「髮亦有穎…似禾穎之在末，禾之老先采而後莖，髮之老而白也，先鬢而餘髮繼之。」今按丏之爲不見，引伸爲髮穎之鬢，正如亡之爲不見，引伸爲草耑之芒也。

不見義引伸又有大義多義，薲矉蠙賓嬪儐闠並有大義多義。

薲，說文：「大蓱也。」王鳴盛蛾術編說字苹下曰：「詩：于以采蘋。左傳：風有采蘩采蘋。釋艸：苹萍其大者蘋。毛傳云：蘋、大萍也。此本是薲字，唐人謬改為蘋耳。」今按丏為不見，既引伸為小義：如麪為麥末，鬢為髮穎；又引伸為大義：如薲為大萍，矉為張目。正如冥為不見，亦引伸為小義：如溟為小雨，覭為小見；又可引伸為大義：如蓂為大薺，幎為大巾也。亦猶亡為不見，引伸為小義：如芒為草耑，引伸為大義：如㠩為大川也。

矉，說文：「恨張目也。」按張有大義。

蠙，說文：「夏書玭從虫賓。」朱駿聲曰：「蚌也，从虫賓聲，此字附玭篆下云夏書玭從虫賓。按玭者蠙之珠，蠙者玭之母，今分為正篆系此。」今考廣韻玭蠙二字異義，故依朱氏訓蠙為蚌，蚌從丰聲，從丰得聲之字多有大義見前纂例。

賓，說文：「所敬也。」按賓者以禮幣來賓者戴侗說，故有敬重義，敬重尊重與大義同。

嬪，說文：「服也。」今按賓為所敬也，所敬義引伸有服從義，故楚語：其不賓也久矣。注：服也。書堯典馬注：賓、從也。爾雅釋詁：賓協服也。所敬義引伸又有相從義，故楚辭天問：啓棘賓商。注：列也。廣雅釋詁一：賓、列也。書堯典寅賓出日傳：導也。後世孳乳嬪儐字為服從相從義，訓嬪為服，訓嬪為導，皆敬重義之引伸，今考漢書王莽傳：嬪然成行。注：多貌也。是服從相從有多義也。

儐，說文：「導也。」按儐為相導，即相從義，蓋自所敬義引伸也，朱駿聲曰：「按禮諸侯相朝，則交擯六人以次傳命。」是相從義引伸可有多義，又考段注嬪篆曰：「老子賓與臣同義，故詩曰：率土之賓，莫非王臣。」則賓字原有眾義，儐為相導，意即相從，亦即臣義也。

闠，說文「闠闠、門連結繽紛相牽也。从門賓省聲，讀若繽。」闠讀若繽，義為繽紛，離騷佩繽紛其繁飾兮注：盛貌，九嶷繽其並迎注：盛皃也。今按闠字之義與辡聲字多相近。辡為相與訟，辬為駁文，辨為交，辯為答鬭辯，賓辡古同音同為十二部脣音字，今不言闠聲當為辡之假借，以繽紛有盛義，謂闠從賓省聲取多義說亦可通故也。

髕字所從之聲當為扁之假借。賓，十二部，扁，十二部，疊韻。賓在幫紐丏在明紐，扁在非紐，古雙聲。

髕，說文：「膝耑也。」段注：「釋骨云：蓋膝之骨曰膝髕。」今按釋名釋形體曰：「膝頭曰膊，或曰蹁。蹁、扁也。亦因形而名之也。」是膊蹁髕並為膝蓋骨，膝耑骨扁而圓，故字或從專聲取其形圓，或從扁聲取其形扁，從賓聲則無所取義，賓扁古同音，故當為扁聲之假借也。

非紐

凡從扁得聲之字多有扁薄卑小之義

扁，說文：「署也，从戶冊，戶冊者，署門戶之文也。」許氏謂題署門戶之文者，蓋自其用言之，如篇為竹簡而許書謂書也。扁篇之音非取義於書署，乃取之於扁薄。扁爲方木板，說文楄字訓爲方木，楄卽扁字所孳乳也。古時扁薄之義但有音而無字，以戶冊之木扁薄，乃名爲扁，而諸扁薄字遂假扁字爲之，後世又分木之扁者爲楄，加木旁；竹之扁者爲篇，加竹旁，衣之狹小者爲褊，加衣旁，皆假扁字爲聲，並取扁薄義，不取題署義也。

篇，說文：「書也，一曰關西謂榜曰篇。」朱駿聲曰：「謂書于簡冊可編者也。…漢書公孫宏傳：著之于篇。注：簡也。」按篇竹簡，當自扁薄得義，許氏訓篇爲書，猶訓扁爲署，自其用言之也。不自其形質言之也。一曰謂榜曰篇者，借篇爲門扁也。

楄，說文：「楄部、方木也。春秋傳曰：楄部薦榦。」段注：「左傳昭廿五年文，今作楄柎藉榦。杜云：楄柎、棺中笭牀也。」桂馥說文義證曰：「本書牑、牀版也。牑楄皆以薦體，在牀爲牑，在棺爲楄。」按版有扁薄義。

牑，說文：「牀版也。讀若邊。」方言曰：「牀，其上版，衞之北郊趙魏之間之牒，或曰牑。」按牑或謂之牒，牒從枼聲，凡枼聲之字多有薄義見前枼例，故知牑亦有薄義也。牑讀若邊，邊有偏頗義，扁聲字引伸有偏頗義也。

褊，說文：「衣小也。」小爾雅廣言：「褊、狹也。」段注：「引伸爲凡小之稱。」按扁薄狹小同義。

甂，說文：「似小瓿，大口而卑，用食。」按玉篇瓿爲小罌。甂又似小瓿，是甂自卑小取義也。王筠說文釋例曰：「甂甌瓿三字類次，固一物也，其體皆卑。」

蝙，說文：「蝙蝠、服翼也。」按蝙蝠當自其翼薄輕疾得名，今考木之薄狹爲楄福，版之薄削爲牑腷，竹帛之可書者爲篇幅，而扁聲字如媥爲輕貌，翩爲疾飛，故知蝙蝠亦當自翼薄輕疾義而得名也。

猵，說文：「獺屬。或从賓。」徐鍇引博物志：「頭如馬頭，腰已下似蝙蝠。」扁薄之義，說見蝙下。

扁引伸有不正義，不正卽偏頗，蹁、偏、㾫並有偏頗義。

蹁，說文：「足不正也。一曰拖後足馬，讀若苹，或曰徧。」釋名釋形體：「膝頭曰膞。或曰蹁。蹁、扁也，亦因形而名之也。」按說文所訓爲偏頗義，釋名所訓爲扁薄義。

偏，說文：「頗也。」廣雅釋詁二：「偏、衺也。書洪範無偏無頗，傳：不平也。段注：「頗、頭偏也。引伸爲凡偏之偁，故以頗釋偏，二字雙聲。」

㾫，說文：「半枯也。」段注：「尚書大傳：禹其跳、湯扁。…注言湯體半小扁枯。按扁卽㾫字之叚借，㾫之言偏也。」按素問：汗出偏沮，使人偏枯。王砅注：偏枯，半身不隨。卽㾫病也。

扁薄引伸有輕巧義，媥諞、翩並有輕巧義。輕巧引伸又有美義，頨姸、美頭也。

媥，說文：「輕皃。」廣韻：「媥、身輕便皃。」史記司馬相如傳集解：「媥姺徶循，衣服婆娑貌。」

諞，說文：「便巧言也。周書曰：截截善諞言。論語曰：友諞佞。」按陳瑑說文引經互異說謂公羊傳引周書云：惟諓諓善竫言。何休注：諓諓、淺薄皃。王光祿謂諓卽截字，是諞言亦有淺薄義。

翾，說文：「疾飛也。」易泰卦翩翩不富，向注：「輕擧也。」

顅，說文：「顅姸也。从頁翾省聲，讀若翾。」廣韻二仙：「顅姸、美頭。」

編字、偏字所從之聲當爲辡之假借。扁辡並在非紐、十二部，同音。

編，說文：「次簡也。」桂馥說文義證：「廣韻編、次也。字林：以繩次物曰編。聲類同。史記孔子世家讀易韋編三絕。漢書諸葛豐傳編書其罪。顏注：編謂聯次簡牘也。…蒼頡篇：編、織也。」今按編從扁聲，於編織無所取義，而說文辮字从糸辡聲，後漢書張衡傳注引說文辮、交織也。通俗文：織繩曰辮。漢書終軍傳：解辮髮。辮字皆與編同義，而從辡得聲之字多有分辨之義(見前彙例)，分辨與交紛義相因，故知編之有交織義，蓋假借辡聲也。說文糸部又有緶字，交枲也，字從便聲無所取義，亦假借辡聲得義也，辮編緶皆同音同義。

偏，說文：「帀也。」今按帀、匝也。帀下段注曰：「反㞢，謂倒之也。凡物順屰往復，則周偏矣。」然偏从扁聲，於匝帀無所取義。今考禮記多以辯字爲偏，樂記：「其辯者其禮具。」注：「辯、偏也。」內則：「子師辯告諸婦諸母名，宰偏告諸男名。」辯偏互用。左傳定公八年子言辯舍爵於季氏之廟而出。注：辯猶偏也。辯從辡聲，凡從辡得聲之字多有分辨義，分辨與交紛義相因(參見編下)，如左襄廿九傳辯而不德。服注：辯、答鬬辯也。史記禮書瑞應辯至。其辯皆有交紛義。且辡聲字如辮辬辡辨與亦紛義多相通，凡物交紛往復則周偏(如帀下段氏說)故知偏字所從之聲當爲假借辡聲取交紛往復義，詩北門室人交偏讁我，交偏連文而義近，是其證。

搧字所從之聲當爲尃之假借。扁、非紐，甫、非紐，雙聲。尃字今在奉紐，與扁古雙聲。

搧，說文：「搏也。」廣韻：「搧、搧擊。」按搧從扁聲於搏擊無所取義，說文以搏訓搧，知搧卽搏之假借。今考扁聲之字多有薄義，薄亦從尃聲，是扁聲尃聲可通之旁證也。

凡從猋得聲之字多有去疾之義

猋，說文：「犬走皃。从三犬。」段注：「九歌：猋遠擧兮雲中。王注：猋、去疾皃。爾雅扶搖謂之猋，作此字。

飆，說文：「扶搖風也。颮，古文飆。」桂馥曰：「初學記引作疾風也。一切經音義十六飆、暴風也。」

旚，說文：「旌旗飛揚皃。」桂馥說文義證：「旌旗飛揚皃者，本書飆、扶搖風也。扶搖卽飛揚。」按司馬注莊子云：「上行風謂之扶搖。」上行飛揚與去疾義通。

敷紐

凡從甶得聲之字多有藏蔽之義

甶，說文：「鬼頭也。象形。」徐鍇說文繫傳曰：「面髣髴之皃。」按鬼頭難見，繪髣髴之形，正藏蔽義也。

畀，說文：「相付與之，約在閣上也。」王筠說文句讀曰：「約、束也。猶云束之高閣。」束之高閣有藏蔽義。桂馥說文義證曰：「約在閣上也者，徐鍇曰：閣所以承物。禮曰天子之閣左達五、右達五。毛晃曰：板爲閣以藏物曰庋閣。內則：大夫七十而有閣。注云閣、以板爲之，庋食物也。檀弓：始死之奠，其餘閣也歟。注云：閣、庋藏食物。」是約在閣上有藏蔽義也。至於爾雅釋詁弇、予也。祭統弇之爲言與也者，乃甶聲多音多義之故（章太炎氏文始曰：甶讀若鬼者，猶甶聲之畏讀于貴切，蓋甶本有脣喉二音也），甶之喉音在喻紐，與與予雙聲也。

算，說文：「蔽也。所以蔽甑底。」鄧廷楨曰：「算蔽疊韻。」知甶蔽語根本同也。

𦽮，說文：「艸木𦽮孛之皃。从𣎳畀聲。」徐灝說文解字注箋曰：「小雅小弁篇：萑葦淠淠。毛傳：淠淠、衆也。淠亦𦽮之假借。」說文無淠孛字，草木盛當从𣎳作𦽮。又考說文孛、𦽮也。段注曰：「孛之爲言猶茀也。茀者多艸。」今按多草則有藏蔽義，如衆艸爲茻，莫莽葬從茻聲並爲藏蔽義。又如蒼爲艸茂（詩蒹葭毛傳），蒼之聲母倉有藏蔽義。又如𦲷爲草盛（玉篇），藏（說文作臧）莊同從爿得聲義。故知藏蔽與盛爲一義之引伸、艸木𦽮孛之皃有藏蔽義也。朱駿聲於孛下曰：「漢書五行志：孛者惡氣之所生也。謂之孛者，言其孛孛有所妨蔽闇亂不明之皃也。蓋以蔽爲訓。」孛𦽮說文爲互訓，孛有妨蔽不明義，𦽮亦有其義。

凡從豐得聲之字多有盛大之義

豐，說文：「豆之豐滿者也。從豆象形。一曰鄉飲酒有豐侯者。」易序卦傳：豐者大也。方言一：凡物之大皃曰豐。

豐，說文：「大屋也。易曰：豐其屋。」廣雅：豐、大也。

𩱾。說文：「煮麥也。讀若馮。」段注：「周禮籩實有𩱾。大鄭云：熬麥曰𩱾。後鄭云：今河間以北，煮穜麥賣之名曰逢。後鄭謂逢卽𩱾之遺語也。…況今南方蒸稉米爲飯曝乾爓之呼爲米蓬，與鄭云逢者合。籩食皆乾物，餌餈亦必以粉坌之。」又曰：「程氏瑤田曰：熬煮蓋通稱。熬、乾煎也。荀卿子午其軍取其將若撥𩱾。蓋麥乾煎則質輕，撥去之甚易。」考段氏之意，𩱾者極似今熇乾之麪粉。食時加水則蓬勃而盛多，故呼爲蓬。蓬屬丰聲，丰聲之字多有豐大義（見前彙例），𩱾呼爲蓬、逢（豐丰並屬敷紐九部），是取義於盛大也。又考說文有𩞁字，以火乾肉也。朱駿聲曰：「字亦作熇作焙…廣雅釋詁二、𩞁、乾也。」方言七有㷭字，火乾也，凡以火而乾五穀之類，關西隴冀以往謂之㷭。今按𩱾㷭𩞁並雙聲（豐畐在敷紐，葡在並紐），疑其語根本同，今乃分乾熬麥爲𩱾、乾肉爲𩞁、乾五穀爲㷭，然𩞁從畐聲，凡從畐聲之字多有豐大之義（見前彙例），㷭从葡聲，凡從葡聲之字多有具備之義（詳見前證），皆可爲𩱾有盛大義之旁證。

奉紐

凡從平得聲之字多有平正之義

平，說文：「語平舒也。从亏从八，八、分也。爰禮說。」平之本義爲氣之平舒，引伸爲平和平正。周禮大司馬以佐王平邦國注：平、成也，正也。

坪，說文：「地平也。从土平，平亦聲。」

枰，說文：「平也。从木平，平亦聲。」釋名：「枰、平也。以板作其體平正也。」

抨，說文：「彈也。」段注：「凡有所糾正謂之彈。…玄應曰：抨、彈繩墨也。…孟康漢書注曰：引繩以抨彈。」今按引繩彈墨所以追曲，卽平正義也。

萍字、苹字所從之聲當爲票之假借。平、奉紐，票、非紐，古雙聲。

萍，說文：「苹也。水艸也。从水苹，苹亦聲。」廣韻：「萍、水上浮萍。」玉篇：「萍、艸無根水上浮。」按萍爲水面浮草，水面時平，萍苹或自平取義，唯考經籍及古人詩文，多以萍譬漂浮，不取平義，如楚辭九懷：竊哀兮浮萍，汎淫兮無根。王注：自比如蘋隨水浮游。又如司馬彪詩：汎汎江漢萍，漂蕩永無根。皆自漂浮取義，是故淮南注萍字作薸，呂覽季春注、爾雅郭注萍字又作薸。朱駿聲曰：「呂覽季春注：萍、水薸也。郭注爾雅：水中浮萍，江東謂之薸。按皆言飄飄然無根也。」今以薸字從票聲，與漂飄字聲同義近，故當爲萍苹字之正篆。

苹，說文：「萍也。無根浮水而生者。」王鳴盛蛾術編說字曰：「苹字萍字薸字皆一物，說文兼載之。而小徐于苹字注作萍也，尤明析。小雅食野之苹則陸生，說文無陸生之義。」

牪字所從之聲當爲星之假借。平十一部；星、十一部，疊韻。

牪，說文：「牛駁如星。」桂馥曰：「御覽引作牛文駁如星也。」沈濤說文古本考：「陳徵君奐曰：牪、牛文駁如星，與文如鼉魚曰驒，色如鰕魚曰騢，句法相同。」依陳奐氏所說，則牛駁文如星，當從星聲，假借爲平聲。

鼪字所從之聲當爲令之假借。平，十一部，令，十二部，黃先生青部先部次旁轉。段玉裁曰：「令、平聲，鼪令疊韻字。」

鼪，說文：「鼪令鼠也。」廣韻：「鼪、鼠子。」今按鼪從平聲無所取義，當爲令聲之假借。凡從令得聲之字多有小義（見前彙例），與廣韻鼠子義合。

凡從便得聲之字多有安之義

便，說文：「安也。人有不便更之，故从人更。」楚辭大招恣所便只注：猶安也。

鞭字所從之聲當爲臤之假借。便、十二部（按段氏六書音均表不列便聲，蓋爲疑似不明者，段注便鯾緶曰十一部，箯下曰十二部，鞭下曰十四部，今依便聲字假借聲母如臤扁辡等皆在十二部，故定爲十二部，朱駿聲氏以便聲與臤聲辡聲扁聲同部，朱說是也）臤、十二部，疊韻。

鞭，說文：「驅也。」廣雅釋詁一：鞭、堅也。今按凡從臤聲之字多有堅義（見前彙例），堅者革之堅者，鞭爲革製，字從便聲無所取義，當自臤得聲得義，假借爲便聲。

箯字所從之聲當爲編之假借。便、十二部，扁、十二部，疊韻。便、奉紐，扁、非紐，同屬脣音，古雙聲。

箯，說文：「竹輿也。」按竹輿本有安義，唯傳注皆以箯自編取義，如史漢張耳傳曰貫高箯輿前。服虔曰：箯音編，編竹木如今峻，可以糞除也。顏注漢書亦曰：箯輿者，編竹木爲輿形，如今之食輿矣。又公羊傳曰脅我而歸之筍將而來也。何曰：筍者竹箯，一名編輿。並謂箯自編竹得聲義。

鯾字所從之聲當爲扁之假借。編爲鯾之重文，扁便古同音（已詳箯下）。

鯾，說文：「魚名，鯾又从扁。」按鯿為鯾之重文，鯾魚蓋自扁取義，故鯿當為正篆，鯾為假借。桂馥引襄陽耆舊傳：「槎頭縮項鯿魚。」縮項即扁義，是鯾取義於扁之證。邵瑛說文解字羣經正字引釋文：「鯿，字又作鯾。」釋文以鯿為正篆是也。

緶字所從之聲當為辮之假借。便、十二部，辡、十二部，疊韻。便、奉紐，辡、非紐，古雙聲。

緶，說文：「交枲也。」玉篇：緶、交枲縫衣也。段注：「謂以枲二股交辮之也。交絲為辮、交枲為緶。」按緶從便聲無所取義，而辡聲字多有分辨義（見前彙例），分辨與交紛義相因，故辮為交織也，緶辮音義並同，緶即辮之重文也。王筠說文句讀曰：「吾鄉交枲以為經謂之辮。」亦緶辮一字之證。

微紐

凡從萬得聲之字多有大之義

萬，說文：「蟲也，从厹，象形。」段注：「謂蟲名也。叚借為十千數名，而十千無正字，遂久叚不歸。」章太炎氏小學答問云：「万當為十千之本字。」然則從萬得聲而有大義者，是假借万聲而得義矣。

邁，說文：「遠行也。邁或从蠆。」遠大義同。

譪，說文：「譀也。」釋文以為過謬之言，朱駿聲謂誇誕之意，桂馥陳瑑皆謂即噧字，噧為高气多言，均有大義。

蠇，說文：「蚌屬。似螊微大，出海中，今民食之。」今按螊為蚌屬，蚌从丰聲，本有大義，說文曰似螊微大，本草謂之牡蠣，牡亦有大義。

糲字，勱字所從之聲當為厲之假借，萬、十四部，厲、十五部，黃先生寒桓與曷末對轉。且糲玉篇作糲，勱說文讀若厲，皆古同音之證。

糲，說文：「粟重一秙為十六斗大斗半，舂為米一斛曰糲。」鈕樹玉說文解字校錄曰：「玉篇作糲、麤糲也。廣韻亦作糲。漢書司馬遷傳：糲粱之食。服虔注：粗米也。史記韋昭注：礱也。今按粗米之待礱舂，猶物之待磨厲也。

勱，說文：「勉力也。周書曰：用勱相我邦家。讀與厲同。」朱駿聲曰：「按字亦作勵，埤蒼：勱、強也、勉也、勤也。」

按強勉奮發與磨厲淬礪義近，當從厲聲為有義可說，而凡萬聲蠆聲（厲从蠆省聲）通假之迹，已詳前文（噧字下），今不重舉。

第四章　結　論

蘄春黃先生所創「凡形聲字之正例必兼會意」之說，綜觀前證所考，允稱定論，唯黃先生謂形聲字無義可說之變例，或為以聲命名之字，或聲母為假借之字，今依示例所考，又增益三端：曰狀聲詞、曰由異域方語譯音所成之字、曰由方語有殊後加聲符以注音之字。大凡說文形聲字例盡在其間矣。茲將說文形聲字列表釋例於左：

- 說文形聲字
  - 形聲字之正例必兼會意
    - 同從一聲之形聲字羣同取一義者
      - 1. 形聲字與所从聲母字義全同者
      - 2. 形聲字與所从聲母字義相近者
      - 3. 形聲字與所从聲母字義引伸可通者
      - 4. 形聲字之字義不取自所从之聲母，而取自同從一聲之形聲字者
    - 形聲字之聲母或因多音而有多義之現象者
  - 形聲字之變例不能直說其義
    - 1. 所從之聲母爲假借者
    - 2. 以聲命名者
    - 3. 狀聲詞
    - 4. 由異域方語譯音所成之字
    - 5. 由方語有殊後加聲符以注音之字

形聲字與所从聲母字義全同者

如因爲就也，捆亦爲就，其義一也。卬爲望也，仰爲舉首，其義一也。沓爲語多沓沓，誻爲謎誻，其義一也。來爲瑞麥，秾爲麥秾，其義一也。嗇从來㐭，來者㐭而臧之，穡爲穀可收曰穡，其義一也。若斯之例，皆形聲字與所從聲母字義全同者。詳見前證

形聲字與所從聲母字義相近者

如㠯爲所依據，㠯爲謹也；幺爲微，幽爲隱也；舀爲抒臼，韜爲劍衣；具爲共置，俱爲偕也；虐爲殘也，瘧爲酷虐病；廾爲共舉，輿爲車輿；𢍏爲墉，𤖅𤖅並爲畫也；果爲木實之圓者，踝髁爲骨骼之圓也；启爲開，啓𥏋𥏋綮棨並有開而明之義；乇爲花托，託侂宅亳並有寄託之義；平爲語平舒，坪爲地平，抨爲彈正，枰爲木平，義並近也。若斯之例，皆形聲字與所從聲母字義相近者。詳見前證

形聲字與所從聲母字義引伸可通者

如舀爲抒臼，包裹在內從中抒出義引伸有舒暢義，故慆爲說也；翟爲光明美好之鳥，光明美好義引伸有上引義，故躍趯擢⿱翟鬲並有上引義，（謂光明美好義引伸爲上引義，而不言上引義引伸爲光明美好義者，非謂翟是字根，故當首列也。蓋語義之起早於文字，翟字未造之時，躍擢之義已在矣，今以語義之起形容之詞最假，動詞名詞次之，故謂光明美好義引伸爲上引義也。）昌爲美言，美義引伸有樂義，故倡爲樂也；石爲堅重有力之物，堅重有力義引伸有開展義，故磔祏並爲開張也；又如乍有礙迫之義，礙迫義引伸有起作義，故作作並有起作義也，起作義引伸有詐譌義，故詐爲欺也，詐僞義引伸得有慙愧義，故怍詐並有慙義也；又如嗇爲藏積，藏積引伸有鬱結義，故歔爲悲也，藏積吝嗇引伸又有不滑義，故濇爲不滑也。若斯之例，皆形聲字與所從聲母字義引伸可通者。詳見前證

形聲字之字義不取自所從之聲母，而取自同從一聲之形聲字者

如璪爲玉飾，字从㬥聲，㬥聲字多有眾多盛大之義，然璪不取眾多盛大義，而取其有水藻之文，蓋自藻而得義者也。又如阼爲主階，胙爲祭福肉，並从乍聲，乍聲字多有逼迫之義，阼胙並不取逼迫義，而取荅酢、酢祭義，蓋自酢得義也。若斯之例，皆形聲字之字義不取自所從之聲母，而取自同從一聲之形聲字者。（詳見前證）

形聲字之聲母或因多音而有多義之現象者

如从皀得聲之字，皀爲穀之馨香，又讀若香，故鄉卽香字（段玉裁說），從皀爲聲。芳香章明爲一義之引伸，故卿爲章也，從皀爲聲。芳香章明與遠聞爲一義之引伸，遠聞與聲響爲一義之引伸（馨爲香之遠聞與聲字同從殸聲可證也），故響也（聲響鬭門也）、蠁（知聲蟲也）亦皆從皀爲聲，若此諸字，皆取「讀若香」（古韻十部）之義，然皀又有彼及切（古屬七部之韻音字與讀若香之聲韻迥異）一音，而鵖字卽從以爲聲，是則鵖鳥之得名，究自鳴聲如皀（彼及切），抑或另有取義（爾雅謂鵖卽戴鵀，注謂卽戴勝鳥也。夫戴勝之鳥鳴聲喧急，或自「急」取義（急从心及聲，在七部，與彼及切之皀疊韻），或自頭頂有大羽冠之「戴」取義（段注謂鵖戴一音也）朱駿聲謂鵖䳢首毛有文如纖機縷之縢，故曰戴縢也，是自戴取義。抑或皀字本另有他義？）難以遽斷，故不得率爾謂「凡从皀得聲之字有香章之義」，鵖字與彼及切之皀當另成系例，不便牽合爲說。又如斯从其聲，斯在段氏古韻十六部，心紐，其在一部，羣紐。聲韻迥異莫能相通，是其聲古至少有二音也。其聲之字如璂騏騹其綦棊並有相間成文義（說見吳夌雲經說卷一），如諆其基並有謀義（說見王引之經義述聞卷十九）；而斯聲之字得有盡義（說見吳夌雲經說卷一），如斯凘嘶𣂑並有散析義（說見段玉裁說文解字注斲篆下）或謂斯聲字多有分析之義（說見沈兼士右文說），今以其聲字多音，是否古有多義，尚難詳悉，故斯聲字與其聲字之字義是否出於一源之引伸遂難碻定（近人杜學知文字孳乳序例謂：「製箕之竹，須先剖析，始可供用，引伸爲斯、析也。析則離散，故散木之設，稱㰚㯕也，他如水散稱澌，冰散稱凘，聲散稱𣂑，而悲聲嗜啞，則稱𣂑矣，是皆一義之引伸也。」）今爲審愼計，以其聲字既多音，古初或有多義，故亦不擬牽合爲說。再則如從一得聲之字有聿夅戌等，其所孳生之形聲字羣義則各別，如从聿得聲之字多有書述之義（聿筆律並有此義），从夅得聲之字多有取易之義（夅捀並有此義。埄之聲母爲低之假借，䧄之聲母爲地之假借、胮之聲母爲劦之假借，㸯之聲母爲脊之假借。）而从戌从歲得聲之字多有滅義傷義（戌威滅搣歲劌𨭆濊噦薉濊並皆有此義），蓋一字古有多義，故其形聲字羣並當分別言其義，不能牽合之謂从一得聲之字並有某義也。若此類形聲字，間有保存其聲母（無聲字）之佚音佚義者，自今視之，反覺聲義不能相應，然亦爲形聲字之正例也。

所從之聲母爲假借者

如秠爲牛駁如星，从平聲無所取義，聲母當爲星之假借；駰爲馬侌雜白毛，从因聲無所取義，聲母當爲侌（段注謂侌黑色是也）之假借；皦曉皎爲玉白日白月白，从敫聲堯聲交聲無所取義，聲母並爲皛之假借；嫗嫗並爲母老，从昷聲區聲無所取義，聲母當爲句之假借；譌爲言疾，从咼聲無所取義，聲母當爲匕之假借；奼爲美女，从乇聲無所取義，聲母亦當爲多之假借；媧爲化萬物之神聖女，从咼聲無所取義，聲母當爲匕之假借；睟爲耳聾，从卒聲無所取義，其聲母當爲巜之假借；盄爲斟器，从弔聲無所取義，聲母當爲了之假借；愴槍戕並取義於傷，从倉聲爿聲無所取義，聲母並當爲𡿨之假借；蓐溽縟並有濃厚義，辱無濃厚義，聲母並爲乳之假借；犡犅並爲牛白脊，从厲聲夅聲無所取義，聲母當爲脊之假借；髕爲膝耑踊骨，鯾爲縮項鯿魚，从賓聲便聲並無所取義，聲母並當爲扁之假借也；蹈爲道也，从舀聲無所取義；稻爲稻也，从道聲無所取義；知蹈从舀聲爲道聲之假借，稻从道聲爲舀聲之假借也。若斯之例，皆形聲字所從之聲母爲假借者。（詳見前證）

以聲命名者

如舊从臼聲，以舊之鳴聲似臼得名也；雅从牙聲，以雅之鳴聲似牙得名也。若斯之例，皆以聲命名者。詳見前證

狀聲詞

如嘔狀笑聲，瑲狀玉聲，鎗狀鐘聲，蹌艙𨘢並狀行動眾盛之聲，𧮦狀撾擊之聲，驅爲驅馬之聲，歐爲歐吐之聲，𪁪爲痛惜之聲。若斯之例，皆狀聲詞。詳見前證

由異域方語譯音所成之字

如珊瑚字从冊聲胡聲並無所取義，蓋自梵語「鉢羅娑禍羅娑禍」譯音而造之字；又如玬字从𤔔聲無所取義，蓋自「璧玬離」譯音而造之字。並見章太炎小學答問刪劉也條下 若斯之例，皆爲由異域方語譯音而造之形聲字。參見前證

由方語有殊後加聲符以注音之字

如𩂣，北方謂雨曰𩂣，𩂣卽雨字，以北方方語殊爲禹音，故於雨旁加禹聲以注其音；又如夥，夥卽多字，以齊地方語殊爲果音，故於多旁加果聲以注其音；又如鹺，河內謂鹹爲鹺字，鹺卽鹵字，以河內方語殊爲差音，故於鹵旁加差省聲以注音也。若斯之例，皆爲由方語有殊，後加聲符以注音之形聲字。詳見前證